韓_한 非_비 子_자

학술편수관

▌시작하는 말 ▌

중국은 5백 년 이상 춘추 전국 시대라는 특수한 시대를 겪었다. 춘추 전국 시대란 춘추 시대와 전국 시대를 아울러 부르는 말로, 기원전 770년 주(周) 왕조의 천도 후부터 기원전 221년 진시황제(秦始皇帝)의 통일까지를 말한다.

춘추 전국 시대에 이르러 중국 사회는 대변혁이 일어났다. 주나라 왕실의 힘이 약해지자 중앙 집권 체제가 무너져 각지에서 군웅이 할거하여 사회는 극도의 혼란에 빠졌다. 인구가 증가하고 민족이 대이동을 하였으며 정전 제도(井田制度)가 붕괴되자 그 때까지 유지되어 오던 봉건 체제가 파괴되어 주나라 왕실은 통제력을 잃어 버렸다. 제후(諸侯)들은 앞을 다투어 세력을 키우려 하였고 이는 먹지 않으면 먹히는 살벌한 투쟁의 시대를 만들었다. 따라서 전통 문화는 지배력을 상실하고 새로운 사상을 요구하는 환경이 되었다.

이런 변화는 거대한 영토를 통제할 새로운 힘의 출현이 필요한 시대의 필연적인 흐름이었다. 각 제후들은 철제 무기로 무장한 군대를 양성하고 인재를 등용하여 혼란한 시대의 주도권을 잡아 새로운 질서를 만들어 내기 위해 치열한 전쟁을 벌였다. 이에 수많은 사상이 등장하였고 뛰어난 왕과 장수들이 나타났다. 특히 천하 제패의 명분과 방책을 뒷받침하는 갖가지 사상이 개화한 시기이기도 하여, 이 시대의 수많은 사상가들을 제자(諸子)라 하였으며, 그 학파들을 백가(百家)라 불러 '제자백가'라는 말도 이 때에 나왔다. 새로운 지식인들은 당시 사회의 혼란을 타개하기 위해 자기들의 사상을 적극적으로 표현했다. 제자백가는 이런 지식인의 대표자들이며, 유가(儒家)·

도가(道家)·묵가(墨家)·법가(法家)는 그 중에서도 뛰어난 학파들이다.

이 책에는 혼란의 용광로 같은 이런 시기에 한비(韓非)라는 법가(法家)의 사상가가 지은 책 〈한비자(韓非子)〉에 그려진 역사 속의 이야기들을 오늘의 시각으로 다시 읽어 본 내용들이다.

여기에는 현자(賢者)들의 경세 철학이 있는가 하면 천하를 호령하는 영웅들의 목소리도 들어 있다. 그러나 낡은 목소리라는 생각은 전혀 들지 않는다. 현대를 살아가는 우리들에게도 생생하게 다가올 뿐 아니라 세상이 어지러워질수록 이 방법들은 어떤 이론이나 처세술보다도 뛰어나다는 생각이 든다.

'하늘은 스스로 돕는자를 돕는다'는 말은 이제 통하지 않는다. 성실하게 살면서 하늘의 도움을 믿는 사람들은 많고 많다. 도전과 경쟁의 세계 속에서 한 걸음 더 앞으로 나아가기 위해서는 새로운 방법론이 필요하다. 그런 방책들이 이 안에 들어 있다.

그러나 이 책이 반드시 처세술만을 말하는 것은 아니다. 인간의 심리와 세상사를 꿰뚫는 삶의 근본이 담겨 있어 간단치 않은 깊이를 느낄 수 있다. 춘추 전국이라는 혼란의 시기가 생존을 우선으로 여기게 만든 면은 있으나 이를 넘어서서 사람과 세상살이에 대해 좀 더 명징하게 파악할 수 있는 눈을 길러 주기도 한다.

단순한 방법론을 넘어 인생에 대한 혜안을 갖출 기회가 될 것이다.

평역자 김영진

▌차 례▐

제1편 왜 〈한비자〉를 읽는가

■ 제1편 왜 <한비자>를 읽는가

1. <한비자>는 어떤 책인가

<한비자>는 중국 전국 시대 말기에 한(韓)나라의 공자로 법치주의를 주장한 한비(韓非: BC280? ~ BC233)와 그 일파가 쓴 일종의 논설이다. 55편 20책에 이르는 대작으로 이는 지은이로 알려진 한비가 죽은 다음에 지금의 형태로 정리됐으리라 추정한다.

내용은 거의가 법치 지상주의(法治至上主義)를 강조하고 있다. 이 55편은 크게 여섯 갈래로 나눌 수 있다.

1) 한비가 쓴 것으로 추정되는 <오두(五蠹)> <현학(顯學)> <고분(孤憤)> 등

이들 저술은 인간의 성질을 타산적이고 사악한 것으로 파악하고 있다. 인정이라는 것도 힘이 없는 것이라 정치를 논할 때는 그 바탕이 될 수 없다고 하였다. 세상은 경제적 원인에 의해 끊임없이 변화하기 때문에 과거에 성립된 정책이 반드시 현세에 적용된다고 볼 수 없다 하였다. 유가(儒家)나 묵가(墨家)의 주장은 인간 사회를 너무 좋게만 관찰하여 허황한 공론에 지나지 않는다고 본다. 군주는 그러한 공론에 귀를 기울이지 말고 끊임없이 시세에 즉응하는 법을 펴고 관리들의 상태를 감독하여 상벌을 시행하고 농민과 병사를 아끼고 상공(商工)을 장악하지 않으면 안 되며, 군주는 측근과 유세가와 학자나 민중들에게 좌우되어서는

안 된다고 주장하였다.

2) 한비 일파의 강학(講學)과 토론으로 추정되는 〈난(難)〉〈난일(難一)〉
〈난이(難二)〉〈난삼(難三)〉〈난사(難四)〉〈난세(難勢)〉〈문변(問辯)〉<문
전(問田)〉〈정법(定法)〉 등

〈난세〉와 〈정법〉은 유가의 덕치론(德治論)은 물론 법가의 신자(愼子)·
신자(申子)·상자(商子)까지도 비판하고 수정한다. 그리하여 이 책을 법
가 학설의 집대성편으로 보고 있다.

3) 한비 학파가 전한 설화집 〈세림(說林)〉〈내외저설(內外儲說)〉〈십과(十過)〉 등

상고(上古)로부터 전해 내려오는 설화 3백여 가지를 독특한 체계로
배열하여 그 이야기들을 통해 법가 사상을 전하고 있다. 유머가 있으며
고대 단편 소설적인 특징이 있다.

4) 전국 시대 말기부터 한(漢)나라 시대까지 한비의 후학들이 정리한
것으로 추정되는 정론(政論)

편수가 가장 많다. 후학들의 주장에서 한비의 사상이 현저하게 조직
화되었다는 것을 알 수 있다. 특히 군신통어(群臣統御)나 법의 운용에
관한 술책을 세밀하게 고찰하고 있다. 그러나 군권 강화와 엄벌주의에
대한 주장만 농후하고 법의 최고 목적이 분명하게 밝혀져 있지 않다.

5) 도가(道家)의 영향을 받은 한비 후학들의 논저인 〈주도(主道)〉〈양각(揚榷)〉〈해로(解老)〉〈유로(喩老)〉 등

유가의 덕치를 부정하고 법치를 제창한 법가는 덕치와 법치를 모두 부정하는 도가와는 근본적으로 입장이 다르다. 〈육반(六反)〉〈충효(忠孝)〉 등에서는 강력하게 반발하고 있다. 그러나 군주는 공평무사하여야 하며 신하에게 인간적 약점을 보이지 않도록 마음을 다스릴 필요가 있다고 주장하는 것을 보면 법가 중에서도 도가의 허정설(虛靜說)을 도입한 일파가 있다는 것을 위의 4편을 통해 알 수 있다.

6) 한비 학파 이외의 논저인 〈초견진(初見秦)〉〈존한(存韓)〉 등 2편

2편 모두 한비와 결부시켜 책의 첫머리에 편입되어 있으나 전자는 유세가의 작품이며 후자는 한비의 작품을 모방한 상주문(上奏文)이 포함된 것이다. 그다지 중요하지 않은 자료들이다.

한비와 그 학파의 사상은 편향된 인간관 위에 세워졌다는 비판을 받고 있다. 특히 유가로부터는 냉혹하고도 잔혹한 술책이라는 비난을 받았다. 그러나 법가의 설들이 급소를 찌르는 적평(適評)인 것은 사실이다.

그들은 유가와 도가와 명가 등의 설들을 집대성하여 법을 독립된 관찰 대상으로 삼았다. 이는 일종의 유물론적이고 실증주의적인 사상 체계임에 분명하다. 이에 진나라의 시황제나 한나라의 고조 유방까지도 설득당하여 그들의 법형제도(法刑制度)에 강한 영향을 끼쳤다.

이들은 문학적으로도 독특한 한 일파를 이루었다. 감상을 뿌리친 간결한 산문이나 인간의 이면을 그린 설화들은 고대 문학의 한 전형이 되었다.

2. 한비는 누구인가

사마천(司馬遷)은 〈사기(史記)〉의 '노자·한비열전(老子韓非列傳)'에서 한비(韓非)의 전기를 다음과 같이 기술하고 있다.

한비는 한(韓)나라의 여러 공자(公子: 지체가 높은 집안의 아들)들 중의 한 사람이다. 그는 형명법술(刑名法術: 법으로 나라를 다스리는 방법과 기술)을 좋아했으며 학문을 황로(黃老: 장자[莊子]와 노자[老子])의 학설에 귀착시켰다. 한비는 말더듬이여서 말은 잘 하지 못했지만 글은 잘 썼다. 이사(李斯)와 함께 순경(荀卿: 순자[荀子])을 스승으로 섬겼는데, 이사는 자기의 재주가 한비를 따르지 못한다는 것을 알고 있었다.

한비는 고국인 한나라가 땅은 깎이고 국력은 쇠약해져 가는 것을 보고 한나라 왕에게 자주 글을 올려 진언했지만 왕은 그의 의견을 듣지 않았다.

그러자 한비는 한나라 왕이 나라를 다스리는 데 법제(法制)를 분명하게 하고 왕의 권세로 신하를 제어하며 나라를 부유하게 하고 군대를 강하게 훈련하며 인재를 구하여 현인(賢人)을 임용하여야 하는데도 불구하고 경박하고 탐욕스럽게 나라를 좀먹어 들어가는 벌레 같은 인간들을 공로가 있는 사람보다 높이 등용하고 있는 현실에 분노를 느끼게 되었다.

유학자(儒學者)들은 글로 법률을 어지럽히고 협자(俠者)들은 무력으로 금령(禁令)을 범하고 있었다. 지배자들은 평소에는 그 유학자들과 협자들을 존중하면서도 긴급할 때에는 갑옷을 입은 군인들을 사용했다. 지금 나라에서 양성하고 있는 사람들은 긴급할 때 도움이 되지 못하고 오히려 도움이 되는 것은 평소에 기용되지 못한 채 버림받고 있던 사람들이라고 생각한 한비는 강직한 선비들이 사악한 신하들 때문에 등용되지 못하는 현실을 슬퍼했다. 그리고 그 때까지의 역사에서 성공과 실패의 변화를 살펴 '고분(孤憤)' '오두(五蠹)' '내외저(內外儲)' '세림(說林)' '세난(說難)' 등 10여만 자의 글을 지었다.

한비는 사람을 설득하는 것이 얼마나 어려운 일인가를 잘 알고 있었기 때문에 '세난'에서 그것을 자세히 설명하고 있다. 하지만 그 자신은 진(秦)나라에서 설득에 실패하고 살해되는 바람에 스스로 자신이 말한 위험에서 벗어나지 못했다.

그 연유는 이러하다 어떤 사람이 그가 지은 책을 진나라에 전하자 훗날 진시황(秦始皇)이 된 진왕은 '고분' '오두'를 읽고 이렇게 말했다.

"아아, 이 글을 쓴 사람을 만나 교분을 맺을 수 있다면 죽어도 여한이 없겠다."

그러자 이사(李斯)가 말했다.

"이 글은 한비라는 자가 쓴 것입니다."

그 말을 들은 진왕은 한비를 만나기 위해서 즉시 한나라를 공격했다. 한나라 왕은 그 때까지 한비를 등용하지 않았는데 긴급한 사태가 벌어지자 한비를 사신으로 기용하여 진나라에 보냈다.

진나라 왕은 한비를 만나 기뻐했으나 마음이 충분히 통할 정도까지는 사귀지 못했다.

진나라의 재상이었던 이사(李斯)와 요가(姚賈)는 이 무서운 경쟁 상대를 매장시키기 위해 진왕에게 이렇게 중상했다.

"한비는 한나라의 공자입니다. 그러므로 왕께서 제후국을 병합하고 있는 지금 한비를 등용하신다면 그는 결국 자기 나라인 한나라를 위해 한나라에 유리한 방법을 도모할 것이므로 우리 진나라에는 도움이 되지 않을 것입니다. 그것은 인간의 상정이므로 당연하다고 해야 할 것입니다. 또한 등용하지 않은 채 오랫동안 우리 진나라에 머물게 한 뒤에 그대로 귀국시킨다면 훗날의 화근을 남기게 됩니다. 그러므로 적당한 죄를 씌워 죽이는 것이 가장 현명한 일인 줄 압니다."

진왕은 그럴 수도 있다고 생각하여 한비를 하옥시키고 죄를 묻도록 했다.

이사는 한비에게 독약을 보내 자살할 것을 권했다. 한비는 진왕에게 자신의 무죄를 변명하고 싶었지만 진왕을 만날 수가 없었다. 진왕은 곧이어 성급했던 자신의 결정을 후회하고 사면의 사자를 보냈다. 그러나 한비는 이미 이사가 보낸 독약을 마시고 죽은 뒤였다.

한비에 대한 〈사기〉의 기록은 이것이 전부이며 너무 간단하다. 그 뒤의 연구에 의하면 한비는 기원전 280년경에 태어나 기원전 233년에 죽었다는 것이 정설로 되어 있다.

3. 법가 역시 시대의 산물이다

전설에 의하면 중국 최초의 제왕은 황제(黃帝)였다. 이 황제의 뒤를 이어 요(堯), 순(舜), 우(禹)의 세 제왕이 나라를 계속 다스렸다. 우의 대에 이르러 하 왕조(夏王朝)가 세워졌다. 이 왕조 중에서 현재 고고학적으로 존재가 확인된 것은 은 왕조 이후이다. 당시 중국 문명은 청동기(靑銅器) 시대의 단계를 밟고 있었고 이미 한자(漢字)의 원형 문자(原形文字)를 사용했다.

기원전 13세기경부터 은나라는 황하의 중류 지역을 지배하고 있었다. 씨족끼리 마을을 형성하고 몇 개의 마을이 모여 연합체를 형성했다. 은나라도 이 연합체들 중의 하나로서 다른 연합체를 누르고 맹주(盟主)의

자리를 굳혔으리라고 추측된다. 이와 같이 은나라는 연합체의 맹주였다.

그러나 기원전 12세기경이 되자 이들 연합체 중에서 서쪽에 있던 주(周)나라의 세력이 점차 커지면서 은나라는 주왕(紂王)을 끝으로 맹주의 위치에서 사라지고 주나라가 새로운 맹주로 등장했다. 그런 주나라 시대가 되어서도 이 연합체를 이끄는 통치 방식은 기본적으로 변하지 않았다. 주나라는 왕족이나 공신들을 각지에 배속하고 전부터 있던 제국(諸國: 여러 나라)은 그대로 지위를 인정하며 통치를 계속했다.

주 왕조는 4세기에 걸쳐 지배자의 위치를 지켰다. 그러나 차츰 혈연 관계가 희박해지면서 내부의 결속이 해이해지고 제국(諸國)이 독립성을 띠기 시작했다. 그러는 동안 기원전 8세기경 서북쪽에 있는 유목민 견융(犬戎)의 침공을 받았다. 견융이 주나라의 수도 호경(鎬京)을 공격했을 때 제국들은 주나라를 도우려 하지 않았다.

그리하여 주나라는 도읍을 동쪽인 낙읍(洛邑)으로 옮겨 왕조의 명목은 유지했지만 이미 제국을 통합시킬 힘은 없었다. 그렇게 되어 제국은 사실상 독립국으로 분립해 나갔다.

이 때부터 일곱 강국인 전국칠웅(戰國七雄)이 각축전을 벌이는 전국 시대까지를 중국의 역사에서는 춘추 시대라고 말한다.

춘추 전국 시대란 춘추 시대와 전국 시대를 합한 이름이다. 춘추 시대는 기원전 5세기경까지의 약 3백 년 동안을 가리키며 공자가 지은 〈춘추(春秋)〉라는 역사서에서 따온 이름이고, 전국 시대는 춘추 시대가 끝난 뒤부터 약 2백 년 동안 제국의 항쟁이 한층 격화된 시대로 한(漢)나라 유향이 지은 〈전국책(戰國策)〉이라는 역사서에서 따온 명칭이다.

주(周)나라 왕실은 이미 춘추 시대부터 쇠약했다. 그러나 이 춘추 시대에는 170여 개에 달하는 제후(諸侯)들의 나라가 있었고 이 제후의 나라를 이끄는 패자(覇者)들이 차례로 나타나 주나라 왕실을 받들며 명목

상의 질서를 유지하고 있었다.

이 춘추 시대의 중반부터 쇠(鐵)로 된 농기구가 나타나기 시작했으며 전국 시대에 접어들면서 널리 보급되었다. 그리고 대규모의 관개 공사(灌漑工事)가 행해지고 농업 생산이 급격하게 향상되었다. 따라서 상공업이 발달하고 화폐가 유통되고 토지가 매매되기 시작했다. 그러자 경(卿), 대부(大夫) 등 가신(家臣)들에게 분배된 영지에도 변화가 일어나 씨족 단위의 공동체가 이루어지고 가족 단위의 자영 농민이 생겨났다.

이와 같은 배경 속에 전국 시대로 들어서면서 주 왕실의 권위를 인정하는 세력이 없어지고 약육강식의 전란 시대가 되었다. 군주들은 살아남기 위해 앞을 다투어 부국강병(富國强兵)을 실현하려 했다. 그들은 자영 농민으로 정착한 백성들을 유사시에 병사로 징집했으며 그들에게 세금을 부과하여 나라의 재정을 튼튼히 했다. 이렇게 자기 나라의 부국강병책을 도모하면서 기회만 있으면 작은 나라를 공격하여 영토를 넓혀 나갔다.

전국 시대로 들어서면서 오랫동안 강국으로 군림해 오던 중원(中原)의 진(晋)나라와 산동(山東)의 제(齊)나라가 그들의 신하에게 임금 자리를 빼앗겼고, 오랜 전통을 가진 작은 제후국들은 강한 나라에 병합되어 갔다.

거대한 진(晋)나라가 한(韓), 조(趙), 위(魏)의 세 나라로 갈라지고, 나머지 땅을 진(秦), 초(楚), 연(燕), 제(齊)의 네 나라가 차지했다. 역사가들은 이들을 전국칠웅(戰國七雄)이라 부르며 이 칠웅이 2백 년 동안의 전국 시대에 각축전을 전개한다.

이들 중에서도 진(秦)나라의 효공은 연좌제를 채용하고 부국강병책을 실시하여 전국칠웅 중 가장 부강한 나라가 되었다. 진나라는 일찍부터 법치주의를 채용하여 새로 확장한 토지를 직할지로 하고 이 직할지를 군(郡), 현(縣)이라 부르며 중앙집권적인 정치를 펴기 시작했다. 이 법치주의와 중앙집권주의는 진나라를 다른 나라보다 앞서가는 강대국으로 만들었다. 진나라가 독보적인 강국이 되자 칠웅의 상쟁 속에서 아슬아슬하게 유지되어 오던 세력 균형이 무너지기 시작했다.

이러한 시대적 정치 환경 속에서 생겨난 부류가 이른바 종횡가(縱橫家)이다.

소진(蘇秦)이란 사람은 진나라를 제외한 여섯 나라를 돌아다니며 임금을 만나 약소국인 여섯 나라가 힘을 합쳐 진나라에 대항해야 살아남을 수 있다는 이론을 설파했다. 여섯 나라들은 소진의 말에 따라 서로 싸우지 않고 강대국 진나라에 대항하기 위하여 힘을 모았다. 이 소진의 술책을 합종책(合縱策)이라고 역사에서는 말한다.

그러자 진나라에서도 가만있지 않았다. 장의(張儀)라는 사람이 여섯 나라를 돌아다니며 반대 이론을 설파하여 합종책의 결속을 와해시켰다. 장의의 주장은 강한 진나라와 손을 잡아야 나라를 오래도록 지탱할 수 있다는 것이다. 이 전략을 역사에서는 연횡책(連衡策)이라고 한다. 이와 같은 장의의 연횡책에 의한 외교의 힘을 입어 진나라는 원교근공책(遠交近攻策)을 써서 여섯 나라를 하나하나 멸망시킨 끝에 마침내 천하를 통일했다.

한비의 나라인 한(韓)나라는 전국칠웅 중에서 가장 작고 약한 나라였다. 나라 땅이 작은 데다 서쪽은 진나라, 동쪽은 제나라, 북쪽은 위나라, 남쪽은 초나라에 둘러싸여 있었다. 그래서 작은 나라들 여럿이 강한 나라와 싸움을 할 때면 한나라가 가장 먼저 피해를 입었고, 여섯 나라가 연합하여 진나라를 공격할 때는 그 선봉이 되어야 했다.

한나라로서는 합종책을 따르나 연횡책을 따르나 어렵기는 마찬가지였다.

이 한나라의 어려움은 한비의 '존한편(存韓篇)'에도 잘 나타나 있다. 한나라는 지금껏 진나라를 섬겨 왔으니 제발 멸망시키지 말아 달라는 한비의 말이 실려 있다.

"한나라가 진나라를 섬겨 온 지 삼십여 년 동안 나아가서는 방패가 되고 들어와서는 깔개 구실을 해 왔습니다. 진나라가 날쌘 군사를 보내 남의 나라 땅을 빼앗을 때는 한나라가 이를 도와 줌으로써 한나라는 천하의 원한을 감수했고 그 공로는 강한 진나라에 돌아갔습니다. 그리고 한나라는 공물(貢物)을 바쳤으니 나라가 아니라 진나라의 한 고을과 다름이 없습니다…."

진시황에게 이렇게 말하는 한비의 심정은 어떠했을까?

이처럼 한나라의 어려운 현실을 앞에 두고 고심하던 한비는, 합종책이나 연횡책이나 모두 나라를 구하는 방법은 되지 못하며, 약한 나라를 구하는 길은 오직 엄한 법으로 백성들을 다스려 나라의 힘을 한 길로 동원함으로써 부강하게 되는 것뿐이라고 생각했다. 이처럼 한비의 법가 사상은 전국 시대의 혼란과 한나라의 어려운 처지를 배경으로 발전했다.

사마천의 〈사기〉에 기술되어 있듯이 한비는 기원전 3세기 초에 한(韓)나라 왕 안(安)의 아들로 태어났다. 그의 출생 신분은 서공자(庶公子)였다. 서공자란 왕의 아들 중에서도 어머니의 신분이 낮은 후궁의 소생이라는 뜻이다. 따라서 한비는 왕족(王族)의 일원이지만 신분이 낮은 위치였다.

진나라는 기원전 4세기에 상앙(商鞅)의 법치주의를 채용하여 국정 개혁을 단행했기 때문에 급속하게 강해져 다른 6개국을 누르고 중국 통일을 도모하게 되었다.

한비가 태어난 한나라도 소후(昭侯) 때에는 신불해(申不害)를 등용하여 정치 개혁을 단행하고 국력을 충실히 했었다.

그러나 그 뒤에는 쇠퇴의 길을 걸어 한비의 시대에 한나라의 운명은 이미 강대한 진나라 앞에 놓인 풍전등화와 같았다. 젊은 공자 한비는 정치 개혁을 단행하여 부국강병을 이룩한 상앙이나 신불해 같은 개혁자들의 사상에 관심을 갖지 않을 수 없었다.

그리하여 한비는 당시 대표적인 학자였던 순자(荀子) 밑에서 공부를 했다. 그 때 순자의 제자 중에는 뒤에 진나라의 재상이 되어 한비를 죽인 이사(李斯)도 있었다. 그런데 이사는 한비의 재능에 훨씬 미치지 못했다.

한비는 순자에게 배운 후 여러 학파의 설을 받아들이고 비판함으로써 부국강병에 도움이 되는 독자적인 학문을 완성했다.

그러나 부국강병을 성취시킬 수 있는 학문을 힘들여 완성했다 하더라도 이것을 정치에 적용하기 위해서는 우선 자기 나라 왕에게 인정을 받아야 했다. 그러나 한비는 말을 제대로 하지 못했다.

사마천의 〈사기〉에 의하면 그는 말을 더듬었다. 그래서 글을 써서 자기 의견을 왕에게 전달했는데 그의 글은 너무 날카로웠다. 한비의 이 글들을 모은 기록이 곧 〈한비자(韓非子)〉 55편이다. 사람 이름이 그대로 저서의 이름이 된 것이다.

한비 사상의 핵심은 법(法)과 술(術)이다.

한비보다 선배인 '법가(法家)'로는 앞에서 말한 진나라의 상앙과 한나라의 신불해 등이 있다. 한비는 상앙이 주장한 '법'과 신불해가 주장한 '술'을 종합하여 '법술' 이론을 완성하고 이것이 국가 통치의 근본 원칙이라고 주장했다.

한비가 말하는 법이란 법령을 말한다.

'법이란 문서로 만들어 관청에 두고 백성에게 알리는 것이다…. 법은 모두에게 알려야 한다.(세난편)'

그리고 한비는 법이야말로 모든 백성이 지켜야 할 유일하고 절대적인 기준이라고 했다.

'밝은 군주가 다스리는 나라에서는 서책(書册)은 무용지물이다. 법, 그 것이 가르침이기 때문이다.(오두편)'

기준이 되는 법이 철저히 완비되어 있으면 나라라는 기구도 완비된다. 군주는 그 기구의 정점에서 운용만 하면 되는 것이다. 이 법의 운용만 알고 있으면 아무리 범상한 군주라도 정치를 훌륭하게 할 수 있다. 이와 같은 법을 운용하는 방법이 바로 '술(術)'이라고 한비는 말하고 있다.

'술이란 군주가 마음속에 간직하고 이것저것 비교하여 은밀하게 신하를 제어하는 것이다…. 그러므로 술은 남이 알게 하면 안 된다.(난편)'

정치란 인간을 상대로 하는 일이다. 그리고 군주가 직접 상대하는 대상은 신하이다. 따라서 이 '술'이란 신하를 조종하는 방법이다.

신하를 조종하려면 우선 신하의 언행에 대해서 알아야 한다. 그러므로 밝은 군주는 멀리서나 가까이서나 신하가 어디에 있든 그 눈과 귀를 뻗쳐 잘못을 놓치지 않고 알아내야 한다. 그렇다고 군주가 자기 자신의 눈과 귀로 직접 보고 들을 수는 없는 일이다.

'군주가 보기 위해서는 나라 안의 모든 눈을 이용하고 듣기 위해서는 나라 안의 모든 귀를 이용한다.(정법)'

군주는 나라 안에 정보망을 펴야 한다는 말이다. 그러기 위해서는 밀고를 장려하지 않을 수 없다. 그러나 이렇게 해서 얻은 신하의 언동에 관한 모든 정보가 과연 그들의 참된 모습일 수 있을까? 신하들의 위장된 언동도 있다고 보아야 한다. 그러므로 이 위장을 간파할 수 있는 '술'이 필요한 것이다.

'의심스러운 말을 하여 부하를 속여 보아야 한다…. 알고 있으면서도 모르는 척하는 신하를 시험해 보아야 한다.(내저설편)'

이렇게 시험해 보면 신하의 본성을 꿰뚫어볼 수가 있으며 신하는 위장할 수 없게 된다고 한비는 말한다.

이처럼 만전을 기하고 엄격한 근무 평가 기준을 미리 준비해 이를 근거로 신하에게 일을 시킨 다음 그 일의 결과가 제출한 계획과 일치하면

상을 주고 부족한 경우는 물론이거니와 성과가 계획을 초과하더라도 벌을 주어야 한다는 것이다.

이것이 바로 한비가 말하는 술(術), 즉 '신하를 조종하는 방법'이다.

그러므로 한비는 이 '법술'을 군주가 채용하는 것만이 부국강병을 실현시키는 유일한 길이라고 역설한다.

이처럼 부국강병을 주장한 한비는 철두철미하게 힘의 우위를 신봉하고 있었다. 한비는 다음과 같이 정세의 변화를 포착하고 있다.

'상고 시대에는 도덕으로 서로 다투었다. 중세에는 지모(智謀)로 싸웠다. 그러나 지금은 힘으로 서로 견주고 있다. 제(薺)나라가 노(魯)나라를 공격하려고 했다. 노나라에서는 자공(子貢)을 파견하여 공격을 중지하라고 설득했다. 그러자 제나라 왕은 이렇게 말했다. 당신이 하는 말은 나도 잘 알고 있소. 그러나 내가 원하는 것은 땅이오. 내가 원하는 것은 당신이 말하는 그런 이론이 아니라 더 넓은 땅이오.'

이 제나라 왕의 말처럼 한비가 살았던 시대는 눈 깜짝할 사이에 상황이 변하여 도덕이 아니라 힘으로 자기 욕망을 달성하는 시대가 된 것이다. 옛날처럼 하나의 정의(正義)를 내걸면 좋건 싫건 그 정의를 따라야 하는 일은 이미 통용되지 않았다. 정의는 힘을 잃고 그 대신 힘이 정의가 되었다. 그러므로 살아남기 위해서는 이처럼 변화하는 상황에 스스로를 적응시켜야 했다. 그래서 한비는 정의를 믿지 않았다. 물론 정의라고 하면 어떤 시대에나 약간은 모호한 존재이지만 한비는 분명하게 이 정의를 부정하고 있다. 그런 정의 대신에 변화하는 상황에 자신을 적응시키기 위하여 한비는 악의(惡意)를 선택했다.

어쩌면 '악의'란 또 하나의 선의(善意)이며 동시에 형태를 달리한 '선의'일지도 모른다. 그리고 악의란 선으로부터 한없이 소외되어 있는 인간의 선의에 대한 갈망이라고 할 수도 있다. 그러므로 한비에게는 이 악의야말로 상황의 변화를 깊이 통찰할 수 있는 유일한 관점이었는지도 모른다. 나아가서는 상황의 변화를 유도해 내려는 원동력이었는지도 모른다.

"옛날에 우(禹)가 강을 다른 곳으로 흐르게 했다. 그러자 마을 사람들은 돌과 기왓장을 우에게 던졌다."

이 말을 한 한비의 저의는 무엇일까? 자연 그대로 살려고 하는 사람들에게는 강을 다른 곳으로 흐르게 하고 자연을 정복하려는 행위는 틀림없이 악(惡)이었을 것이다. 그러나 이 우 임금이 실현한 악에 의하여 홍수는 다스려지고 인간은 농사를 지으며 잘살게 되었던 것이다.

문화는 항상 악의에 의하여 창조되어 온 것이다. 기존의 관념과 질서를 거역함으로써 위대한 창조와 발전이 성취되었기 때문이다. 그러므로 선의는 언제나 고통으로 인해 눈물을 흘리며 진보가 없는 상황을 유지하지만 악의는 새로운 일을 성취시킨다. 그러므로 한비의 악의란 저 메피스토펠레스처럼 끊임없이 악을 탐하면서 선을 성취시키는 그런 악의인 것이다

한비의 악의는 상실된 사랑에 대한 슬픔이기도 하고 분노이기도 했다. 인간이 사랑을 상실한 것은 오래 전의 일이며 그렇기 때문에 더욱 사랑을 부르짖는 것이지만 그럴수록 그 메아리는 공허하다.

그러나 21세기를 살아가는 인간은 오히려 한비 식으로 악의를 가지고 현대의 불합리한 상황에 대응하라고 말하고 싶다. 왜냐 하면 애정이 존재하지 않는 오늘날에는 이 악의야말로 우리에게 남겨진 오직 하나의 진정한 인간 관계인지도 모르기 때문이다.

한비는 철저하게 사랑을 신용하지 않았다. 어쩌면 한비는 울고 싶을 정도로 사랑을 믿고 싶었기 때문에 가식적인 사랑을 내세우거나 베푸는 사람들에게 이 악의를 돌려주었을 것이다. 이와 같은 한비의 생각에서

우리는 인간적인 면을 발견할 수 있다.

이와 같은 역설적인 악의를 잘못 해석하고 한비의 사상은 인간 불신(人間不信)의 철학이라고들 흔히 말한다.

법이란, 특히 성문법이란 모두 인간 불신에서 출발하고 있기 때문에 인간을 신용하고 있으면 법은 전혀 필요치 않다.

오늘날 관청에 용무가 있어 찾아가면 어김없이 본인이 누구인지를 증명할 수 있는 서류 제출을 요구한다. 자기가 자기라는 사실은 자명한 일인데도 이 자명한 일을 증명한다는 것은 어려운 일이다. 그럼에도 불구하고 관청에서 이것을 요구하는 까닭은 자기가 자기라는 사실을 신용하지 않기 때문이고, 자기가 자기라는 사실을 의심하고 있기 때문이다. 이것만 보아도 오늘날은 근본적으로 인간을 믿지 않는 인간 불신 시대라고 할 수 있다. 악의를 너무 정당화한 것 같지만 어쨌든 한비는 효용을 중시하고 욕망을 긍정했다. 이는 한비다운 인간 파악과 관련이 있다.

한 사람 한 사람이 실로 가지각색이며 다른데, 이런 개별적이고 구체적인 인간을 모두 개별적·구체적으로 받아들인다는 것은 우리에게는 도저히 불가능한 일이다. 그러므로 인간을 파악할 때는 개괄적으로 판단하는 것이다.

한비는 이 개별적·구체적인 인간을 노동력으로 또는 전투력으로 단일화하고 또 조직화하여 관리해야 한다고 말하고 있다. 말하자면 한비는 인간을 추상화하고 있는 것이다. 그러나 이것이야말로 조직 속의 인간인 우리들이 놓여 있는 상황임에 틀림없다.

한비는 2천 년 전에 근대 산업사회의 상황을 선취했다. 한비는 그것을 관리하는 수단으로 효용을 중시하고 욕망을 긍정했다. 이 밖에도 여러 가지 독자적인 의견을 제시하고 그것을 종합하는 도구로 법을 주장했다. 이것이 한비를 제자백가(諸子百家)에서 법가(法家)라고 부르게 된 이유이다.

이 책에서는 이와 같은 한비의 사상 전부를 설명하지는 못했다. 인간성에 대한 깊은 통찰력과 인관 관계에 대한 한비의 날카로운 분석을 설명함으로써 우리가 사는 오늘날의 상황을 이해하고 대처해 나갈 수 있는 지혜를 창출하는 데 도움이 되도록 노력했을 뿐이다.

빠른 속도로 변화하는 메마른 오늘의 상황에서 이 한비의 '악의'로 현대를 보다 잘 이해하고 보다 효율적으로 살 수 있게 된다면 그것으로 이 글의 목적은 달성되었다고 생각한다.

그러므로 한비라는 인간 전체의 윤곽을 알아보기 위하여 〈한비자〉 55편에 대한 개략적인 설명을 첨부한다. 이 설명을 보면 이 책이 방대한 한비의 사상을 간추려 체계를 세웠다는 것을 알 수 있을 것이고, 아울러 〈한비자〉 전체 윤곽을 이해하는 데 도움이 될 것이다.

〈한비자〉는 모두 55편으로 구성되어 있다. 이 55편은 사마천의 〈사기〉처럼 10만여 단어의 문장으로 되어 있다. 55편은 그 내용과 형식으로 보아 크게 두 가지로 분류할 수 있다. 하나는 자기 주장을 직접 기술한 논문체와 문답체의 문장들이고, 다른 하나는 설화와 고사(古事)를 인용한 문장들이다. 이 두 가지의 비율은 반반이다.

〈한비자〉 55편의 구성은 다음과 같다.

제1권: 초견진편/존한편/난언편/신애편/주도편

제2권: 유도편/이병편/양각편/팔간편

제3권: 십과편

제4권: 고분편/세난편/화씨편/간겁시신편

제5권: 망징편/삼수편/비내편/남면편/식사편

1) 초견진편(初見秦篇)

이 편은 진시황 14년에 한비가 한나라 사신으로 진나라에 가서 진왕(후에 진시황)을 만나 상주했다는 글이다. 내용은 여러 제후들이 힘을 모아 진나라에 대항하려는 '합종책'을 타파하면 진나라가 패권을 누릴 수 있다는 한비의 의견을 쓴 것이다. 풍부한 자원과 강력한 군사력을 갖추고 있음에도 불구하고 진나라가 패자가 되지 못하고 있는 까닭은 진나라에 지모가 뛰어난 신하가 없기 때문이라는 주장이다. 한비 자신이야말로 그것을 성취시킬 수 있는 지략이 있는 사람이라는 점을 암시하고 있다.

2) 존한편(存韓篇)

이 편은 한나라를 치지 말아 달라고 진왕에게 올린 한비의 글과, 거기에 반박하는 이사(李斯)의 글, 그리고 이사가 한나라 임금에게 올린 글을 합쳐 놓은 것이다. 조국인 한나라를 구하려는 한비의 절실한 주장과 울분과 강개가 구구절절이 흐르고 있다.

3) 난언편(難言篇)

한비가 초년에 한왕에게 진언한 글로, 시사 문제들이 많다. 그리고 진언하는 말이 올바르게 전달되지 않는다는 사실이 논리적으로 전개되어 있다. 사실 당시의 제자백가들은 임금을 설득시키는 일이 무엇보다도 중요한 문제였다. 말이란 참으로 어려운 것이어서 너무 유창하면 실속이 없어 보이고 너무 신중하여 요점만 말하면 졸렬하다는 인상을 면치 못한다고 말하면서 그 이유를 12가지 조목으로 나누어 제시하고 있다.

바른말은 본래 귀에 거슬리는 법이라고 말하면서, 임금에게 자기 말을 들어 달라고 당부하며 이 편을 끝맺고 있다.

4) 신애편(臣愛篇)

임금이 신하나 애첩 또는 형제들을 너무 귀히 여기면 그들이 방자해져서 임금을 위태롭게 만든다. 때문에 임금은 이러한 것을 경계해야 한다는 내용이다. 전제 군주로서 그의 권세를 오래 지탱하기 위해서는 남에게 권력을 맡겨서는 안 된다고 주장하고 있다.

5) 주도편(主道篇)

임금이 지켜야 할 도를 해설하고 있다. 여기서 말하는 도(道)는 '만물의 근원이며 시와 비의 기준'이라는 노자의 도가(道家) 철학에 근거를 두고 있다. 그러나 아무런 작위(作爲)도 없이 나라를 자연 그대로 다스려야 한다는 도가의 무위철학에는 반대하고, 무위는 오직 임금의 개인적인 도이므로 임금은 언제나 임금의 입장에서 신하를 엄히 다스려야 한다고 주장하고 있다.

6) 유도편(有道篇)

나라를 다스리려면 법도가 있어야 한다는 주장을 하고 있다. 나라에 법이 있어 누구나 사심 없이 법을 잘 지키면 나라가 잘 다스려진다는 법가사상을 주장하고 있다.

7) 이병편(二柄篇)

이병은 손에 쥔 두 개의 자루인데, 이 두 개의 자루를 조종함으로써 나라를 다스릴 수 있다는 정치의 기교를 설명하고 있다. 한비가 말하는 두 개의 자루란 '법'과 '덕'을 가리키며, 이 형벌과 덕(상[賞])을 엄격히 시행해야 나라가 잘 다스려진다는 것을 설명하고 있다.

8) 양각편(揚摧篇)

노자의 철학을 바탕으로 임금이 지녀야 할 기본적인 태도를 설명한 글이다. '양각'이란 겉으로 드러내 여론을 조성하여 권한을 널리 알려야 함을 강조한 것이다. 군주가 권력을 독차지해야 한다는 주장이다.

9) 팔간편(八姦篇)

이 편에서는 신하가 간사한 행동을 하는 여덟 가지 방법을 해설하여 경계심을 불러일으키고 있다.

1. 임금과 잠자리를 함께 하는 것

2. 측근으로 있는 것

3. 부형의 힘을 빌리는 것

4. 임금의 향락심을 자극하는 것

5. 무지한 백성들을 이용하는 것

6. 유창한 말을 사용하는 것

7. 권세를 남용하는 것

8. 이웃 나라의 힘을 빌리는 것

이 여덟 가지는 임금의 개인적인 약점을 파고드는 비수이며, 이것을 잘 막아야 한다고 말하고 있다.

10) 십과편(十過篇)

임금의 열 가지 잘못을 들어 설명하고 있다.

1. 하찮은 충성에 흡족해 하는 것

2. 작은 이익에 관심을 갖는 것

3. 편벽한 행동을 하는 것

4. 정치에 힘쓰지 않고 음악을 좋아하는 것

5. 탐욕스러운 것

6. 여자의 교태에 빠지는 것

7. 나라를 떠나 멀리 여행하는 것

8. 충신들의 말을 듣지 않는 것

9. 자기 힘을 모르고 남을 믿는 것

10. 나라가 작으면서 무례한 짓을 하는 것

이 열 가지를 들고 이 같은 과오를 범하면 나라가 망하기 쉽다고 설명하고 있다.

11) 고분편(孤憤篇)

고분은 글자 그대로 '외로운 울분'이라는 뜻을 가졌다. 올바른 법술을 지닌 사람은 반드시 대신들의 방해로 말미암아 임금에게 재능을 인정받지 못하고 외롭게 울분만 지니게 된다. 한비는 이러한 울분을 토하면서 대신들의 횡포가 심했던 당시의 정치 정세를 비판하고 있다. 〈한비자〉 중에서 중요한 편이다.

12) 세난편(說難篇)

임금을 설득시키는 어려움을 논하고 있다. 여러 가지로 성격이 다른 임금을 상대로 여러 나라를 돌아다니며 유세하는 어려움이 잘 나타나 있으며, 뛰어난 재능이 있으면서도 뜻을 펴지 못하는 한비의 정열이 글 속에 넘치고 있다. 이 편은 〈한비자〉 중에서 유명한 내용으로 〈사기〉의 '노자한비열전'에도 전문이 소개되어 있다.

13) 화씨편(和氏篇)

못난 임금을 깨우치기 위하여 유능한 사람이 얼마나 고생하는가를 '화씨의 구슬'과 관련된 이야기를 들어 설명하고 있다. 여기서도 뜻을 펴지 못한 한비의 울분이 비유적으로 표현되어 있다.

14) 간겁시신편(姦劫弑臣篇)

이 편에서는 임금을 협박하고 죽이는 간신이 왜 생겨나는가를 설명하고, 이런 자들을 없애려면 법술을 써야 한다고 주장하고 있다. 어지러운 세상을 법으로 다스려야 한다는 법가의 사상이 잘 나타난 글이다.

15) 망징편(亡徵篇)

나라가 망하는 징후에 대한 구체적인 예 47가지를 들어 조목조목 자세히 설명하고 있다. 그리고 한비의 사상인 법술로 나라를 다스리면 이런 일이 일어나지 않는다고 설파하고 있다. 이처럼 자기 생각을 조목별로 들어 이야기하는 것은 '이병편'과 '팔간편'에서도 사용한 방법이다. 논리의 전개에까지 법가다운 냉혹성이 엿보이는 글이다.

16) 삼수편(三守篇)

'삼수'란 나라를 보전하는 데 꼭 지켜야 할 세 가지 일을 가리킨다. 여기에 든 세 가지 사항을 잘 지켜야 나라가 편안해진다는 뜻이다. 후반 부분에서는 삼겁(三劫)에 대해 설명하고 있다. '삼겁'이란, 첫째 사겁(事劫)으로서 신하가 나라의 권세를 휘두르는 것, 둘째는 명겁(明劫)으로서 신하가 공공연하게 임금을 협박하는 것, 셋째는 형겁(刑劫)으로서 신하가 나라의 형벌과 명령을 멋대로 하는 것이다. 이 삼겁이 나라를 망친다고 경계하고 있다.

17) 비내편(備內篇)

'내부에서 해치려는 사람에 대비하라'는 이론을 펴고 있다. 신하는 물론 처자도 믿을 수 없다는 내용이다. 한비의 철저한 인간 불신의 면모를 보여 주고 있다.

18) 남면편(南面篇)

옛날에는 임금은 남쪽을 향해 앉아 여러 신하들과 조회를 했다. 그러므로 남면하고 앉는 사람은 임금뿐이다. 따라서 신하들은 북면(北面)하고 앉아야 했다.

이 편에서는 임금이 어떻게 신하들을 제어하고 정치를 하여야 하는가를 말하고 있다. 앞의 '비내편'처럼 법설에 대한 주장이 그 대부분을 차지하고 있다.

19) 식사편(飾邪篇)

'식사'란 신하들이 사악한 마음을 수식한다는 뜻을 가진 말이다. 임금이 법술을 버리고 사사로운 마음을 따라 행동하면 신하들은 사악한 마음을 위장하여 임금에게 아부한다고 말하고 있다. 그리고 점치는 것과 점성술 같은 미신은 법의 반대가 되는 사도(邪道)라고 주장하고 있다.

20) 해로편(解老篇) · 21) 유로편(喩老篇)

'해로'란 노자의 구절들을 해설한다는 뜻을 가지고 있다. '유로'란 노자의 구절을 비유로 삼아 역사상 사건을 풀이한 것이다. 두 편 모두 노자 학설에 대한 한비의 주장과 입장을 밝힌 글이다.

22) 세림상편(說林上篇) · 23) 세림하편(說林下篇)

'세림'이란 '말로 달래어 자신의 의견을 듣도록 한다'는 '세(說)'의 고사를 많이 모아 놓았다는 뜻을 가지고 있다. 이 편은 여러 가지 유형의 유세(遊說)에 대한 고사 34편으로 이루어져 있다. 분량이 많기 때문에 상편과 하편으로 나누었을 뿐 상하편에 특별히 다른 특징은 없다.

24) 관행편(觀行篇) · 25) 안위편(安危篇) · 26) 수도편(守道篇)

'관행'이란 군주가 스스로의 행위를 돌이켜본다는 뜻을 가지고 있다. 이 편에서는 인간의 운명과 요·순에 관한 이야기가 나온다. 사람의 운명이란 여러 사람의 능력을 동원하면 타개해 나갈 수도 있다는 것이 글의 요점이다. '안위편'에서는 나라를 편안하게 하는 일곱 가지 방법과 위태롭게 하는 여섯 가지 방법을 조목조목 설명하고 있다. '수도편'에서는 도를 잘 지키는 신하와 그에 관한 문제를 논하고 나라를 지키는 도에 대해서 설명하고 있다.

27) 용인편(用人篇) · 28) 공명편(功名篇) · 29) 대체편(大體篇)

'용인'은 군주가 신하를 부리는 용인술을 말하며, 그 무기 중에서는 상과 벌이 가장 효과적이라고 주장한다. '공명'은 군주가 공을 세우고 명예를 이룰 수 있는 방법을 설명하고 있다. '대체'란 사지수족(四肢手足)을 가리키는 소체(小體)의 상대 개념으로 '본체(本體)'를 뜻하는데 물고기가 물을 벗어날 수 없듯이 신하와 백성이 법을 떠날 수 없도록 해야 한다는 통치의 강령(綱領)을 강조하고 있다.

30), 31), 32), 33), 34), 35), 내외저설(內外儲設) 육편(六篇)

'내저설(內儲說)'은 뒤에 '외저설'이 나오므로 '내편(內篇)'이란 뜻을 가지고 있고, '외저설'은 '외편(外篇)'이라는 뜻을 가지고 있다. '저(儲)'는 저(貯)와 통해 '저축하는 것' 또는 '모아 놓는 것'이라는 뜻을 가진 말이다. 따라서 임금을 위한 여러 가지 교훈적인 이야기를 모아 놓은 기록이 이 '내저설'과 '외저설'이다.

'내저설'은 경과 설로 나뉘어져 있는데, 경은 원칙적인 논리를 기술한 것이고, 설은 그것에 대한 해설이다. '외저설'에는 경이 있고 그것에 대한 해설로 전(傳)의 형식을 취한 소설체의 성격을 띤 단편적인 이야기들이다. 여기에 담겨 있는 '칠술(七術)'은 신하들을 다스리는 일곱 가지 술법이며, '육미(六微)'란 은밀하게 일을 처리하여 상대가 알아차릴 수 없게 해야 효과가 극대화되는 여섯 가지 경우이다.

이 '내외저설 육편'의 내용도 역시 임금이 지켜야 할 일, 조심해야 할 일, 생각해야 할 일들을 이야기를 곁들여 설명하고 있다.

36), 37), 38), 39), 난일(難一) ~ 난사편(難四篇)

여기서 '난(難)'이란 '반박' 또는 '논란'이라는 뜻을 가진 말이며, 1부부터 4부까지 4편이 있다. 내용을 보면 모두 일반적으로 좋은 일이라고 생각되는 이야기를 한 다음, '어떤 사람이 말하기를(或曰)' 하고 서두를 꺼내면서 그 이야기에 대한 불합리성과 불완전성을 정확한 고증을 통해 비평하고 있다. 대개 유가(儒家)의 덕치주의를 논하면서 법가의 의견을 말하고 있다.

40) 난세편(難世篇)

이 편에서는 법가의 선구적인 사상가 신도(愼到)의 '세(勢)'에 의한 세치주의(世治主義)를 논박하고 있다. '세'라는 것은 다스리는 데 있어서 편리하기는 하지만 나라를 어지럽히기도 한다. 때문에 권세도 중요하지만 그것을 이용하는 사람의 자질이 중요하다고 강조하고 있다.

41) 문변편(問辨篇)

당시 성행했던 변론(辯論)이 어디에서 생겨났는가에 대해서 논한 글이다. 한비 사상의 일면이 잘 나타난 글로서, 혜시와 공손룡 등 명가의 주장을 공격하고 있다. 논리는 궤변일 뿐 실제적인 효용이 없다고 지적하고 있다.

42) 문전편(問田篇)

'서거(徐渠)라는 사람이 전구(田鳩)에게 물었다'는 첫 구절에서 두 글자를 딴 이름이다. 이 편의 전반부는 서거와 전구의 대화이고, 후반부는 당계공과 한비의 대화로 구성되어 있다. 위태로운 전국 시대에 자기 몸을 돌보지 않고 유세하는 것은 어지러운 세상을 걱정하기 때문이라는 그의 심정이 잘 나타나 있다.

43) 정법편(定法篇)

법가의 선구자인 신불해와 상앙의 사상과 업적을 통해 '법술'에 대해서 논했으며, 한비의 새로운 학설이 요약되어 있다. '정법'이란 법술 또는 법 사상을 안정시킨다는 뜻을 가진 말이다.

문체가 문답식으로 구성되어 있으며, 신불해의 '술'과 상앙의 '법'에 대해서 논했다.

한비는 이 두 사람과 앞에서 소개한 신도의 '세치주의'는 정치에 있어서 빠져서는 안 되는 것이라면서 이 셋을 통합하여 하나로 하고, 여기에 다시 정치의 도를 가미하고 있다.

44) 설의편(設疑篇)

'설의'란 비슷하면서도 옳지 않은 여러 가지를 설명하여 밝힌다는 뜻을 가진 말이다. 이 편에서 한비는 왕도 정치의 개념을 철저하게 부인하고 있으며 독단에 흐르고 있다. 인의예지(仁義禮智)의 정치는 불가능하며 군주는 오로지 법을 중요시해야 한다는 그의 주장이 펼쳐져 있다.

45) 궤사편(詭使篇)

군주의 욕구는 실제 정치와 서로 어긋남을 비판하는 글이다. 위에서 하달되는 명령이 현실적으로 그것을 시행하는 과정에서 차질을 초래하는 경우가 많다. 이는 인간의 사사로운 이해가 개입되기 때문이며, 이를 시정하기 위해서는 법령을 확립하는 길밖에 없다. 이 편에서는 법의 엄정성과 냉혹성을 강조하고 있다

46) 육반편(六反篇)

'반'이란 이치에 위배되며 정도에 어긋남을 뜻한다. 백성의 이익에 위배되는 사례를 들어, 잘못된 성격의 사람인데 세상에서 대접받는 여섯 가지 유형과, 성실하고 훌륭한 사람인데 세상에서 경시를 받는 여섯 가지의 유형에 대해 설명하고 있다.

47) 팔설편(八設篇)

법치에 어긋나는 여덟 가지 인간상을 나누어 거론한 것이다. 그 내용이나 구성은 앞의 '육반편'과 똑같다. 육반편을 보충하기 위해 쓴 것 같다. 세상에서는 훌륭하다고 칭찬을 받지만 실은 나라에 해를 끼치고 있는 사람들이 많다는 한비의 사회관을 웅변하고 있다.

48) 팔경편(八經篇)

나라를 다스리는 데 중요한 여덟 가지 사항을 조목조목 서술하고 있다. '혼란이 어째서 일어나는가 잘 살펴야 한다' '신하들이 말한 것과 그 행동이 일치하는가 살펴야 한다'는 등의 사항이 기술되어 있다.

49) 오두편(五蠹篇)

'두'는 나무를 파먹는 좀 벌레라는 뜻을 가진 말로서, 나라에도 좀벌레처럼 나라를 병들게 하는 다섯 종류의 인간들이 있다는 내용이다. 이 '오두편'은 '세난편' '현학편'과 함께 옛날부터 〈한비자〉를 대표하는 유명한 글이다.

50) 현학편(顯學篇)

'현학'은 세상에 잘 알려진 학문이라는 뜻을 가지고 있다. 전국 시대에 세상에 가장 잘 알려진 학문은 유가와 묵가였다. 여기에서는 이 학파들의 모순을 비판하면서 법가 사상의 유용성을 주장하고 있다.

51) 충효편(忠孝篇)

유가들의 충효 사상을 비판하고 참된 충효란 무엇인가에 대해 법가의 사상을 바탕으로 전개하고 있다.

52) 인주편(人主篇)

사람의 주인, 즉 임금 된 자는 어떤 통치술과 용인술을 써야 하는가에 대해서 논하고 있다. 앞의 내용들과 겹치는 부분이 많아 학자들은 후학들이 쓴 것으로 보고 있다.

53) 칙령편(飭令篇)

'법령을 명확히 정비하여 빈틈없이 실행에 옮기다'라는 뜻이다. 임금의 명령을 잘 초안하여 전달해야 나라가 잘 다스려진다는 것을 강조한 글로, 상앙의 〈상자〉 '근령편'과 비슷하다.

54) 심도편(心度篇)

'심도'란 민심의 척도라는 뜻을 가진 말이다. 나라를 다스리려면 민심이 법도를 따르도록 잘 헤아려 정책을 실현해 나가야 하며, 무조건 백성의 욕망을 따라서는 안 된다는 것을 강조한 글이다.

55) 제분편(制分篇)

'제분'은 분별을 제정한다는 뜻을 가지고 있다. 여기서 분별이란 형벌과 시상을 바르게 행하는 것을 뜻한다. 이 글의 뒷부분에서 연좌제와 고발을 권장하고 있는데, 이는 상앙 이래 법가의 전통적인 치안 정책이기도 하다. 사람을 쓸 때도 역시 사람을 기준으로 하지 말고 법을 기준으로 해야 한다고 주장하고 있다. 한비 사상의 결론이라고 할 수 있는 글이다.

이상으로 〈한비자〉 55편의 골자를 모두 소개했다.

여기에서 알아 두어야 할 것은 한비의 법가 사상이 진리가 아니라 나라를 다스리기 위한 하나의 편법이라는 사실이다. 또한 한비의 사상은 어지러운 전국 시대에 살아남기 위한 냉엄한 철학이었다는 점이다.

그러므로 불황이라든가 여러 가지 객관적 요인으로 처지가 어려울 때 그 어려움을 극복하고 살아남기 위하여 〈한비자〉를 공부하는 것은 매우 의미 있는 일이다.

제2편 변전 무쌍한 세객들의 외교술
(變轉 無雙 說客 外交術)

▌제2편 변전 무쌍한 세객들의 외교술
(變轉 無雙 說客 外交術)

교섭에 탁월하고 대인 관계에 능란한 중국인의 자질은 기나긴 전란 시대를 통해 길러진 전통일 것이다. 특히 교섭술을 보면 전국 시대에 활약한 세객(說客: 자기 의견을 선전하는 사람들로 유세객[遊說客]이라고도 함)들의 전통을 무시할 수 없다. 그 시대에 세객들이 갈고 닦은 교섭술이야말로 중국식 교섭술의 원류이다.

중국의 전국 시대는 실로 흥미진진한 시대이다.

강국이 몇 나라씩 병립하여 격렬하게 싸우기도 했지만 그 이상으로 외교 교섭에 역점을 두어 허허실실의 흥정이 전개되었다. 그 때의 외교 전략을 총칭하여 '합종연횡(合縱連衡)'이라 한다.

전국 시대의 특징적 현상은 외교 전문가들이 많이 배출된 것이다. '세객'이라든가 '유세객'라고 부르는 선비들이 바로 그들이다. 그야말로 구변 하나만 믿고 여러 나라를 떠돌아다니며 자기 선전이나 알선, 외교 교섭을 위한 변설 경쟁을 벌였다. 이러한 세객들의 배출이 전국 시대에 화려한 색채를 더하는 한편, 교섭술의 발전에 크게 공헌했다.

전국 시대는 중원의 대국이었던 진(晋)나라가 한(韓), 위(魏), 조(趙)로 분할되어 독립한 기원전 403년에서부터 진(秦)의 시황제(始皇帝)가 천하를 통일한 기원전 221년까지의 182년 동안을 말한다. 기나긴 중국 역사에서도 드물게 보는 격동의 시대였다.

당시의 세력 배치를 살펴보면 한, 위, 조 세 나라가 중앙부에 몰려 있으며, 이를 끼고 북으로 연(燕), 동으로 제(薺), 서로 진(秦), 남으로 초(楚)의 네 나라가 자리하고 있었다. 이 일곱 나라를 '전국 칠웅(戰國七雄)'이라고 불렀다. 칠웅이란 일곱 개의 웅국(雄國: 매우 강한 나라)이라는 뜻이다. 이 칠웅 외에도 송(宋), 위(衛), 중산(中山) 등의 소국들이 끼어 있었으나 이들 소국은 격심한 무력 항쟁으로 사라지고 말았다.

전국칠웅 중에서 최초로 두각을 나타낸 것이 위(魏)나라이다. 위나라는 문후(文侯: 재위 기원전 445~396) 때 오기(吳起)와 그 밖의 인재들을 등용하여 부국강병에 성공, 한때 천하의 주도권을 잡았다. 그러나 이 위나라의 우위도 오래 가지 못했다.

그에 대신해 세력을 뻗치기 시작한 것이 진, 제, 초 등 주변부에 위치한 나라들이다. 위를 비롯한 한, 조와 같은 나라들은 원래 국토가 좁은 데다 중앙부에 자리하고 있었던 까닭에 무력 항쟁에 휩쓸리는 일이 잦아 그만큼 국력 소모가 심했다. 그에 반해 주변의 여러 나라들은 원래 국토가 넓고 무력 항쟁에 휘말리는 일도 적었기 때문에 비교적 여유 있게 군대를 기를 수 있었다.

그 중에서도 기원전 359년 상앙(商鞅)이라는 혁신 정치가를 등용하여 국정을 근본적으로 개혁하는 데 성공한 진나라는 전국 시대의 중반기를 지날 무렵부터 다른 나라들을 제압하여 서서히 우위를 굳혀 나갔다. 그리하여 기원전 221년 시황제의 천하 통일이 실현되어 전국 시대는 종언을 고한다.

각도를 달리하여 바라보면 그것은 하극상의 시대였으며 실력주의의 시대였다. '강자는 흥하고 약자는 망한다'는 법칙이 냉혹하리만큼 철저히 관철된 시대였다. 때문에 각국은 앞을 다투어 인재를 영입하여 부국강병을 꾀했다. 그리고 그 정책에 성공한 진나라가 최후의 승리자가 되었다.

패권을 둘러싼 적자생존의 싸움은 냉엄했다. 그러한 가혹한 싸움이 정치·경제·군사 등 사회의 모든 면에 걸쳐 펼쳐진 시대가 바로 이 시대이다.

그렇게 되자 해마다 가중되는 진나라의 위협에 어떻게 대처하느냐가 다른 여섯 나라의 절실한 과제가 되었다. 특히 진나라와 이웃하여 직접 위협을 받는 한, 위, 조의 세 나라에게는 국가의 존망이 걸린 커다란 문제였다.

어쨌든 진나라는 강대국이었다. 단독으로 그에 대항할 수는 없었다. 그래서 생각해 낸 것이 '합종(合縱)'이라는 외교 전략이었다. 합종이란 열세에 몰린 한, 위, 조, 제, 초, 연의 여섯 개 나라가 종적으로 동맹하여 진나라에 대항하는 전략이다.

물론 진나라도 앉아서 구경만 하고 있지는 않았다. 온갖 수단을 써서 합종을 분열시키려는 공작에 나서는 한편, 한나라나 위나라와 각각 동맹을 맺어 그들에게 대항했다. 이 같은 동맹 관계를 '연횡(連衡)'이라 한다. 합종의 종(縱)에 대해 연횡이란 가로(衡: 橫)로 연결되는 개념이다.

그렇게 해서 진나라의 우위를 배경으로 합종론자와 연횡론자가 뒤범벅이 되어 활약하면서, 오늘은 합종, 내일은 연횡, 그리고 그 반대 상황도 펼쳐지는 변전 무쌍한 외교적 국면이 나타나게 되었다.

'합종연횡'은 원래 진이라는 강대국을 축으로 하여 생각해 낸 외교 전략의 총칭이었으나, 일반화시켜서 말하자면 어디와 손을 잡고 어디와 대항하느냐 하는 흥정과 다를 바 없다. 따라서 이 전략은 나라끼리의 외교뿐만 아니라 다극 구조를 형성하여 대립하고 있는 국면에서는 어느 상황에서나 항상 유효하다. 말하자면 대외 관계나 대인 관계를 강화하려면 합종연횡의 전략을 알아야 한다.

참고로 합종론과 연횡론의 대목을 〈전국책(戰國策)〉에서 하나씩 소개한다.

우선, 합종론자가 한나라 왕에게 합종을 설득하고 있는 경우는 다음과 같다.

"한나라는 북으로는 공(鞏), 낙(洛), 성고(成皐)의 요지, 서로는 의양(宜陽), 상판(常阪)의 요새, 동으로는 완(宛), 위수(渭水), 남으로는 형산(陘山)이 있으며, 영토는 사방으로 천 리, 병력은 수십만인 대국입니다. 천하 최강의 활이나 쇠뇌(弩 : 여러 개의 화살을 한꺼번에 쏘는 활)는 모두 한나라에서 만들어지고 있어 한나라의 병사가 그것을 쏘면 연달아 백 발이 날아가 먼 데에 있는 자라도 가슴을 맞출 수 있고, 가까이에 있는 자는 심장을 꿰뚫을 수 있습니다. 또 한나라 군대의 칼은 모두 명산(冥山)에서 만들어진 것으로, 탄탄한 갑옷이나 투구도 두 동강을 낼 수 있습니다. 그 밖에도 정강이나 팔을 보호하는 방구(防具), 활을 쏠 때 쓰는 가죽 장갑, 방패 등 없는 것이 없습니다. 원래부터 용감한 한나라 군대가 단단한 갑주, 강력한 쇠뇌, 날카로운 칼을 들고 나선다면 혼자서 능히 백을 상대로 싸울 수 있습니다. 국력이 강대하며 현명한 대왕을 받들고 있는 나라가 창피를 무릅쓰고 진나라의 속국으로 전락한다면 그 이상의 국치(國恥), 그 이상의 웃음거리는 없을 것입니다."

다음에는 연횡론자가 역시 똑같이 한나라 왕을 설득하고 있는 경우이다.

"한나라는 산악 지대가 많은 나라이기 때문에 추수를 해 봐야 보리나 콩이 고작입니다. 백성은 콩밥에다 콩잎 국으로 끼니를 때우고 흉년이 들면 지게미나 겨죽조차 배불리 먹을 수 없습니다. 게다가 면적은 사방

9백 리에 못 미치고 비축된 식량은 2년치가 채 못 됩니다. 병사들은 잡역부, 운반부를 합쳐도 30만이 채 안 되고 거기서 국경 지대의 척후나 성채 지키는 군사를 빼면 상비 병력은 기껏해야 20만입니다. 그에 비해 진나라는 병사 백 만, 병거(兵車) 천 량, 기마 만 기(騎)를 가진 대국입니다. 게다가 진나라 군사들은 일기당천(一騎當千)의 장병들입니다. 그런 용맹한 군대가 약소국을 치는 것은 반석으로 달걀을 내리치는 것과 같지 않겠습니까? 한나라를 위해서는 무엇보다도 진나라를 받드는 전략이 상책입니다."

양자가 설득하는 바는 전혀 방향이 다르지만 설득력은 막상막하이다.

피로 피를 씻는 무력 항쟁의 뒤안길에서는 이러한 합종연횡의 외교 교섭이 활발하게 전개되었다. 그리고 그 역할을 맡은 사람들은 이 시대에 뒤를 이어 배출된 세객들이었다.

전국 시대에 이르자 경(卿), 대부(大夫), 사(士)와 같은 신분 제도가 무너지고 그 때까지 경, 대부 등의 그늘에 가려 능력을 발휘할 기회가 없었던 '사'가 대거 사회의 표면으로 나왔다. 그리고 그들 중에서 수많은 세객들이 배출되어 외교 교섭에서 실력을 발휘했다. 물론 '사'라 할지라도 그 태생은 가지가지이다. 분류한다면 다음과 같은 세 부류이다.

첫째, 주로 외교 교섭을 담당한 세객들. 이 부류에 속하는 사람들은 소싯적에 설득술이나 교섭술을 배우고 여러 나라를 유세하여, 운수 좋게 재능을 인정받은 행운아는 대신이나 재상으로 등용되어 대외 관계의 절충을 맡았다. 묵은 분류법에 따르면 '종횡가(縱橫家)'라고 부르는 사람들로 소진(蘇秦), 장의(張儀)가 그 대표적인 인물이다. 종횡가란 '합종연횡'

에서 온 말이다.

둘째, 이론 연구에 종사하여 저술을 남긴 사람들. 맹자(孟子)나 한비 (韓非)가 그 대표적인 인물로 유가(儒家) 또는 법가(法家)라고 불렀다. 이 부류도 여러 나라를 유세한 경험을 갖고 있으나 그것으로 입신하는 것을 단념하고 이론 연구의 길로 들어섰다.

셋째, 병법가 부류. 오기(吳起), 손빈(孫臏)이 그 대표적 인물로 묵은 분류표에서는 병가(兵家)에 속한다. 그들은 첫째 부류가 교섭술 등을 배워 입신 출세를 꾀한 데 비해 병법을 공부하여 입신, 장군이나 군사(軍師)로 활약했다.

이 세 부류 중에서 압도적으로 많은 것이 첫째 부류의 세객들이다. 병법가를 뺀 나머지는 거의가 이 부류들이다.

세객들은 대개 '사' 출신이다. 당시의 '사'는 귀족에서 몰락한 자나 소작농에서 벼락치기로 소지주가 된 자들로 구성되어 있었다. 따라서 그들에게는 앉아서 먹고 지낼 만한 자산도 없었고 문벌이라는 배경도 없었다. 문자 그대로 적수공권, 스스로의 능력인 변설 하나만으로 출세를 바라보지 않으면 안 되었다. 그들이 모두 불우한 시절을 보낸 까닭은 그 때문이었다.

세객들은 교섭술 공부를 대충 마치면 유세의 길에 나섰다. 각국의 왕이나 중신들에게 면회를 청해 자기 자신의 선전을 꾀하는 것이다. 그러나 왕을 만나기 위해서는 그럴 만한 소개자가 있어야 했다.

그러려면 어느 정도 운동 자금도 마련하지 않으면 안 되었는데, 우물우물하다가는 많지도 않은 자금마저도 삽시간에 바닥이 나고 말았다. 그래서 세객들은 대개 줄을 찾아 각국의 유력자 밑에서 기식(寄食)하게 되었다. 이들을 '식객(食客)'이라 했다. 장의, 인상여(藺相如), 범수(范雎,

또는 범저[范雎]라고도 함) 등의 쟁쟁한 세객들은 모두 이 식객 시절을 경험한 자들이었다. 유능한 식객을 거느리고 있으면 거느리고 있는 측의 지위 강화에도 힘이 되었다. 제나라의 맹상군 같은 사람은 수천에 이르는 식객을 거느려 군주를 능가하는 성위(盛威)를 뻗쳤다.

식객이 되어 유력자 밑에서 기식하게 되면 의식주가 보장되어 생활은 안정된다. 하지만 거기에 만족하고 있다가는 출세는 부지하세월(不知何歲月)이다. 식객 생활은 어디까지나 입신을 위한 첫걸음에 지나지 않는다.

고생 끝에 왕을 알현할 기회를 잡았다 해도 단판 승부인 만큼 '다시 한 번'의 기회는 없다. 왕에게 인정을 받으려면 헌책(獻策)의 내용도 중요하지만 변설에 여러 모로 묘수를 곁들여 인상을 깊이 심어 주어야 하고 관심을 끌 필요가 있다. 상대를 감탄하게 하려면 재치 있는 기지도 있어야 했다. 섣불리 행동했다가는 등용은커녕 주살(誅殺)을 당할지도 모를 판국이었던 만큼 그들의 변설에는 헤아릴 수 없는 처세의 지혜가 담겨 있다. 난세에 대처하는 예지가 넘쳐흐른다.

뜻대로 인정을 받게 되면 대신이나 재상의 자리가 기다리고 있다. 그러나 그 자리에 앉으면 일국의 존망을 양 어깨에 짊어지고 외교 교섭의 비방을 쥐어짜지 않으면 안 된다. 자칫 잘못하면 나라의 멸망, 일신의 파멸로 이어지기 때문에 문자 그대로 진지한 자세로 임해야 했다. 그 변설에는 그들의 생명이 달려 있었다. 예를 들면, 소진(蘇秦)은 반간(反間: 첩자) 활동이 발각되어 비명에 죽었다. 그것은 비단 소진 한 사람에 한한 일이 아니라 여러 나라를 돌아다니며 활약한 세객들에게 그림자처럼 따라다니게 마련인 운명이었다.

세객들의 교섭술은 이러한 가혹한 상황 속에서 갈고 닦였다. 그런 그들의 예지에는 배울 점이 너무나도 많다. 따라서 세객들의 활약상을 살펴보는 것도 의미 있는 일이며 〈한비자〉의 실용주의와 그 시대의 상황을 이해하는 데 도움이 된다. 그 중에서도 특히 뛰어난 네 명의 세객이 있었으니, 천하의 제후들을 떨게 만든 장의, 고급 모략을 구사한 소진, 기지에 뛰어난 순우곤, 지용(智勇)을 겸비한 인상여가 그들이다. 이들은 세 치 혀로 천하를 주름잡은 최고의 변술가들이다. 한비가 말더듬이였다는 사실이 흥미롭게 대비된다.

1. 장의(張儀)

장의(張儀)는 연횡책(連衡策)을 주장한 거물이다. 일개 세객(說客)에서 입신하여 진나라와 위나라의 재상이 되었고, 자신 있는 변설의 힘을 빌려 시대를 뒤흔들었던 거물 책사이다. 그렇지만 그에 대해서는 옛날부터 평가가 갈라져 있다. 우선 그에 대한 대표적인 이야기를 보자.

"공손연(公孫衍)과 장의야말로 진짜 대장부가 아닙니까? 그들이 일단 여러 나라를 유세하면 천하에 전운(戰雲)이 감돌아 제후들이 두려워하고, 은퇴해서 집에 틀어박히면 천하는 조용해지니까요." [〈맹자〉 등문공편(騰文公篇)]

이것은 경춘(景春)이라는 세객이 맹자에게 한 말이다. 공손연이란 장의와 같은 시대에 합종책(合縱策)을 실현시키기 위해 분주하게 뛰어다닌 인물로 장의와는 정적(政敵) 관계에 있었다.

다른 견해는 다음과 같다.

"삼진(三晉: 韓, 魏, 趙)에는 권모술수를 일삼는 인물들이 많았다. 합종연횡(合縱連衡)을 주장해서 진(秦)나라를 강하게 만든 이들은 거의 모두 삼진 사람들이다…. 요컨대 이 두 사람(장의와 소진)은 틀림없이 위험한 인물이다" [〈사기〉 장의열전(張儀烈傳)]

이것은 〈사기〉의 저자 사마천(司馬遷)이 평한 말이다.

어느 쪽이 맞는가 하면 양쪽 다 맞는다고 대답하지 않을 수 없다.

장의는 앞에서 말했듯이 세 치 혀의 변설(辯舌)만으로 대국 진나라의 재상 자리에 올랐고, 진나라의 힘을 배경으로 천하의 정세를 흔들어 제후들을 벌벌 떨게 만들었다. 그 같은 화려한 활약으로 볼 때 '어찌 진짜 대장부가 아니겠느냐'라는 견해는 당연하다고 하겠다.

반면에, 장의가 천하 정세를 뒤흔든 방법을 보면, 비록 권모술수는 어쩔 수 없다 하더라도 때로는 거짓말을 줄줄 늘어놓으면서 사기꾼 비슷한 술책을 부리는 일이 적지 않았다. 신의(信義)라는 것은 처음부터 염두에도 없었다. 그 점을 앞세울 경우 '틀림없이 위험 인물이다'라는 사마천의 평도 정곡을 찌르는 말이다.

이 두 가지 대조적인 평은 장의라는 인물의 겉과 속을 바르게 지적하고 있다.

전국 시대는 격동의 시대였다. 천하가 거대한 도가니가 되어 혼돈 속에서 얼마 후에 닥쳐 올 새 시대를 준비한 '과도기'였다. 그런 시대에 장의는 가난한 처지에서 입신하여 변설 하나를 무기로 삼아 악착같이 살아 나갔다. 좋든 나쁘든 그는 당시에 활약한 수천 혹은 수만 세객들의 전형(典型)이었다. '대장부'인 동시에 '위험 인물'이었으며, 무엇보다도 시대의 총아였다.

나중에 크게 활약한 세객들도 젊었을 때는 대부분 고난의 시대를 보냈다. 무리가 아니었다. 의지할 만한 배경이 없을 뿐만 아니라 자신의 변설 하나에 의지해 세상에 나가지 않으면 안 되었던 만큼 예삿일이 아니었다. 생각처럼 쉽게 성공을 거둘 리가 없었다.

 장의의 경우도 예외는 아니었다.

 그는 위나라 출신이었다. '위'라고 하는 나라는 사마천이 '삼진에는 권모술수를 일삼는 인물들이 많았다'고 말하고 있는 그 삼진 중의 하나이다. 여기서 삼진이란 진(晉)나라에서 갈라져 나온 위, 한, 조 세나라를 가리킨다. 이들 여러 나라는 '전국칠웅(戰國七雄)'의 중간 지대에 위치하고 있었기 때문에 다른 나라의 공격 목표가 되는 경우가 많았으며, 그 공격을 피하기 위해서는 아무래도 외교 교섭을 중시하지 않을 수 없었다. 많은 세객들이 배출된 이유는 그런 지리적 환경 때문이었다.

 장의도 역시 젊었을 때 귀곡(鬼谷) 선생 밑에서 유세술 이론을 대충 배운 다음 유세의 길에 나섰다. 여러 나라를 돌아다닌 끝에 초(楚)나라로 들어가 그 곳에서 재상의 식객(食客)이 되었다. 아직 햇빛을 보지 못한 세객들은 권문(權門)의 식객이 되어서라도 당장의 의식주 문제를 해결하지 않으면 안 되었다.

 그 무렵의 일이다. 장의도 참석한 자리였는데 재상이 자랑하는 구슬이 없어지고 말았다. 혐의는 장의에게 집중되었다.

 "저 사나이가 수상하다. 돈도 없는데다 어쩐지 처음부터 믿을 수 없는 데가 있었어."

 일동은 그 자리에서 장의를 붙잡아다 고문을 가하기 시작했다. 장의는 자기가 저지른 일이 아니기 때문에 완강히 버틴 끝에 간신히 석방되었다.

허둥지둥 고향으로 돌아온 장의는 아내에게 일의 자초지종을 들려주었다. 그 이야기를 들은 아내가 말했다.

"유세인지 뭔지 따위를 공부하니까 그런 꼴을 당하지 않습니까? 이제는 제발 그만두세요!"

그 때 장의가 아내에게 한 말이 바로 이런 질문이었다.

"내 혀를 보시오. 아직도 있소? 없소?"

잔말 말고 내 혀가 아직 붙어 있는지 보라는 뜻이었다.

"그야 붙어 있고말고요."

아내가 대답하자 장의가 외쳤다.

"됐어, 나는 꼭 하고 말 거야!"

자기의 변설에 대해 뻔뻔스러울 정도로 자신감을 가지고 있던 장의의 진면목을 여실히 말해 주는 일화이다.

나중에 장의는 진(秦)나라에 가서 유세를 하여 인정을 받은 끝에 최고 고문에서 재상으로 등용되었으며, 원한이 있던 초나라의 재상에게 다음과 같은 뜻의 도전장을 보냈다.

'일찍이 귀하의 식객으로 연회 자리에 초대되었을 때 귀하는 구슬을 훔쳤다는 누명을 씌워서 나에게 고문을 가했다. 그 답례로 이번에는 귀하의 영지를 훔칠 생각이다. 깊이 명심하고 수비를 튼튼히 하는 것이 좋으리라.'

고난 속을 헤매던 시절에 받은 마음의 상처가 이런 말을 내뱉게 한 것이겠지만, 뒤에 장의는 실제 행동에 나서서 철저하게 초나라를 괴롭혔다.

장의의 교섭술은, 자유롭게 변환하여 대응하는 말재주를 구사한 세객들 중에서 유달리 철저한 것이었으며, 목적을 위해서는 수단과 방법을 가리지 않는다는 특성을 가지고 있었다. 때로는 거짓말을 서슴없이 늘어

놓으면서 상대방을 사기극에 말려들게 하는 일도 예사로 했다. 그 전형적인 예가 '상오 육백 리(商於六百里)'라는 고사(故事)이다.

장의가 진나라의 재상이 된 후에 일어난 일이다.

진나라가 제(薺)나라를 공격하려 했다. 그러나 제나라는 초나라와 동맹을 맺고 있었으므로 섣불리 행동을 일으킬 수 없었다. 때문에 진나라는 제나라를 공격하기 전에 제나라와 초나라 사이를 이간시키려는 목적으로 재상인 장의를 초나라에 파견했다.

장의를 맞이한 초나라의 회왕(懷王)은 최고의 예우로 대하였을 뿐만 아니라 몸소 숙소로 찾아가서 말했다.

"우리 초나라는 원래 벽지(僻地)인데도 불구하고 이렇게 먼길을 찾아와 주시니 무슨 좋은 책략이라도 있는지 듣고자 합니다."

장의가 대답했다.

"대왕께서 저를 신뢰해 주신다면 아무쪼록 제나라와 국교를 단절해 주십시오. 그 대신 진나라에서는 상오(商於)의 땅 사방 6백 리를 헌상하고 거기에 더하여 진나라의 왕녀를 왕의 측실로 삼아 모시도록 하겠습니다. 그리고 초나라에서도 왕녀를 진나라에 보내 양국이 형제의 인연을 맺었으면 합니다. 다시 말해서 서쪽으로는 강국인 진나라에 은의(恩義)를 베푸는 동시에 북쪽의 강국인 제나라의 위협을 제거하자는 말씀입니다만 초나라로서는 더 이상의 묘책은 없을 것입니다."

초왕은 그 말에 귀가 솔깃해져서 따르기로 했다. 신하들도 모두 왕의 결단을 칭송했으나 그 중 오직 한 사람의 반대가 있었다. 진진(陳軫)이라는 세객이었다. 그는 일찍이 진나라를 섬기고 있었으나 재상 장의와 의견이 맞지 않아 진나라를 떠나 초나라로 와서 회왕을 섬기고 있었다. 장의와 정적(政敵) 사이였던 만큼 장의의 속셈을 훤히 꿰뚫고 있었다.

그 진진이 나섰다.

"그건 안 됩니다."

초왕은 모처럼의 솔깃한 제의에 반대하고 나서는 진진을 보고 벌컥 화를 냈다.

"군사적인 행동을 일으키지도 않고도 사방 6백 리 영토를 얻는 기회이다. 신하들은 너나없이 모두 기뻐하는데 그대만 반대하니 무슨 까닭인가?"

진진이 대답했다.

"그렇지 않습니다. 제 생각으로는 상오의 땅이 굴러들어올 까닭이 없습니다. 뿐만 아니라 제나라와 국교를 단절하면 오히려 제진 연합(齊秦聯合)을 촉진하게 됩니다. 제진 연합이 성립되면 초나라가 궁지에 몰리게 될 것이 뻔합니다."

"모를 일이로다. 까닭을 말해 보라!"

"진나라가 초나라를 중시하는 이유가 무엇이겠습니까? 뒤에 제나라가 붙어 있기 때문입니다. 그런 제나라와 국교를 끊으면 초나라는 고립됩니다. 진나라가 그런 고립무원(孤立無援)인 나라에게 사방 6백 리나 되는 상오의 땅을 줄 리가 없습니다. 장의가 진나라로 돌아가면 반드시 약속을 깨뜨릴 것입니다. 그렇게 된다면 초나라는 제나라와 국교를 단절한데다 진나라와도 일을 벌이게 됩니다. 양국의 군대가 연합해서 쳐들어올 것은 불을 보듯이 명백한 사실이 아닙니까? 그래서 제 생각을 말씀드릴 것 같으면 제나라와는 표면상 단교한 것처럼 꾸며 두십시오. 그렇게 해 둔 다음 장의에게는 감시자를 붙여 두는 것이 상책이라고 생각합니다. 제나라에 대한 완전한 단교는 진나라로부터 땅을 받고 난 다음에 해도 늦지 않습니다."

"그만두어라! 나는 내 방법으로 영토를 넓히겠다."

달콤한 미끼에 눈이 먼 초왕은 진진의 진언(進言)을 물리치고 제나라와 국교를 끊었다. 장의는 그것을 확인한 다음 허수아비나 다름없는 초나라 장군을 사자로 대동하고 귀국했다.

그런데 장의는 귀국한 다음에 자꾸만 말을 피하면서 상오의 땅을 주겠다는 약속을 지키지 않았다. 마침내는 일부러 수레에서 굴러 떨어진 다음 그것을 핑계로 3개월 동안이나 자기 집에 틀어박힌 채 두문불출했다.

그 소식을 초왕이 들었다.

"내 방법이 아직도 불충분하다고 생각하는 모양이군."

그러고는 일부러 용사를 제나라로 보내 제왕(薺王)을 헐뜯게 했다. 화가 난 쪽은 제왕이었다. 즉시 보복 조치를 취한 다음 진나라에 머리를 숙여 국교 수립을 요청했다. 사태는 그렇게 일전하여 진·제 연합이 성립되었다.

그러자 장의는 비로소 조정으로 나와서 초나라 사자에게 말했다.

"나는 사방 6리의 영지를 가지고 있으므로 그 땅을 초나라에 주겠다."

그 말을 들은 초나라 사자가 항의했다.

"저는 상오의 땅 사방 6백 리라고 듣고 왔습니다. 6리 사방이라니 당치도 않습니다."

장의는 상대하지 않았다. 사자는 하는 수 없이 귀국하여 초왕에게 보고했다.

화가 난 초왕은 군대를 동원해 진나라로 쳐들어갔으나 진·제 연합군에게 크게 패했으며, 결국에는 두 개의 성읍(城邑)을 떼어 주기로 하고 강화(講和)를 맺었다.

진나라는 장의의 외교술로 감쪽같이 제나라와 초나라를 이간시켰을 뿐만 아니라 성읍 두 개까지 얻게 된 것이다.

이것이 '상오 육백 리'의 고사인데 이 이야기는 뒷맛이 개운치 않다. 왜냐 하면 장의가 한 짓은 분명히 사기이며 결코 칭찬할 짓이 못 되기 때문이다.

그러나 한편으로는 외교 교섭에는 이와 같은 술책이 으레 따라다니기 마련이었으니, 장의는 그것을 약간 야비한 형태로 추진했을 뿐이라는 변호도 성립된다. 달콤한 미끼가 탐이 나서 덤벼든 쪽이 나쁘다는 이야기이다.

신뢰하고 있는 친구가 배반하면 친구에게 화를 내기보다도 신뢰해서는 안 될 인물을 신뢰한 자기 자신의 어리석음을 부끄러워해야 한다. 친구 관계에서조차도 그렇다. 하물며 정면으로 이해 관계가 맞부딪치는 외교 교섭에 있어서야 더욱 그렇지 않겠는가.

장의의 속임수는 결코 칭찬할 만한 일이 못 되지만 그 속임수에 호락호락 걸려든 초나라의 회왕이 한층 더 칠칠치 못했던 것이다.

'상오 육백 리'와 같은 야비한 교섭은 교섭으로서는 성공했다고 해도 상대방의 미움을 사지 않을 수 없다. 따라서 장의는 언제나 위험한 다리를 건너며 줄타기 교섭을 하지 않을 수 없었는데, 그것 역시 만만찮은 교섭술이었으나, 그 후에도 여러 가지 어려운 일들을 교묘하게 타개해 나갔다.

그 후의 일이다.

진나라가 초나라에게 상오의 땅과 초나라 영토인 검중(黔中)을 교환하자고 제의했다. 그러자 초왕은 조건을 내놓았다.

"땅은 교환하지 않겠다. 다만 장의의 신병(身病)을 인도해 준다면 검중은 공짜로 주겠다."

배반당한 보복으로 장의를 잡아다가 능지처참을 하겠다는 속셈이었다.

진나라 혜왕은 그 조건에 마음이 움직였다. 하지만 차마 장의에게 '가도록 하라'고 말할 수가 없었다. 그런데 그것을 장의가 자청했다.

"저를 보내 주십시오."

장의의 입장은 매우 미묘했다. 혜왕의 신임을 받아 재상으로 등용되기는 했지만 결국 그는 타국 사람이었다. 중신들 중에는 그의 활약에 반감을 품고 있는 사람도 많았다. 또 혜왕의 기분을 거스르는 날에는 그의 신뢰가 언제까지 지속될지도 의심스러운 일이었다. 그래서 장의는 도박을 걸었던 것이다.

장의가 자청하자 혜왕은 마음이 놓이기는 했지만 한편으로는 역시 장의의 신상이 마음에 걸렸다.

"그대는 상오의 땅을 주겠다고 약속해 놓고 그 약속을 지키지 않았다. 초왕은 원한을 풀기 위해 만반의 준비를 하고 기다리고 있을 것이다. 아마 무사히 돌아오지 못할 텐데 그래도 좋단 말인가?"

"좋습니다."

그리하여 장의는 사자의 자격으로 초나라로 향했다.

장의는 죽을 작정이었을까? 그는 그렇게까지 순진한 사나이는 아니었다. 장의는 전부터 초왕의 측근인 근상(謹商)과 절친한 사이였다. 그리고 근상은 초왕의 총희(寵姬)인 정수(鄭袖) 부인의 심복이기도 했다. 장의는 이 두 사람을 이용한 공작에 기대를 걸고 근상과 충분히 사전 교섭을 해 둔 후에 초나라로 갔던 것이다.

장의를 보자 초왕은 두말 없이 그를 붙잡아서 죽이려고 했다. 아니나 다를까, 즉각 구출 공작에 나선 근상이 정수 부인을 설득했다.

"심상찮은 사태이옵니다. 왕의 총애도 이제는 끝장이 날 것 같아 걱정이 되옵니다."

"대체 무슨 일이 있다는 거요?"

"주군께서는 장의를 죽일 생각이십니다. 그런데 장의는 진왕의 신임을 두텁게 받고 있는 사람입니다. 그를 구출하기 위해서 상용(上庸)의 여섯 현(縣)과 아름다운 왕녀를 우리 임금께 선물하겠다고 제의했습니다. 왕녀에게 가무(歌舞)가 뛰어난 시녀들을 많이 딸려 보낸다고 합니다. 임금께서는 땅을 선물 받으신 데 대한 보답으로라도 당연히 진나라의 왕녀를 총애하실 게 틀림없습니다. 부인을 위해 말씀드립니다만, 이번에는 어떻게 해서든지 장의를 석방시켜 주어야 합니다.”

여자의 약점을 교묘하게 찌른 설득이었다. 장의의 교사(敎唆)라는 것을 상상하기는 어렵지 않다.

정수 부인은 사랑을 빼앗길 수 없다는 생각에서 필사적으로 왕을 졸라 댔다.

“신하가 임금을 위해 온갖 노력을 다하는 것은 당연한 일이 아니옵니까? 장의만 책망하시는 것은 가혹한 처사이옵니다. 게다가 아직 땅을 떼어 주지도 않았는데 진나라 쪽에서 장의를 사자로 보낸 것은 폐하를 존경하고 있다는 가장 좋은 증거이옵니다. 그런데도 주군께서는 사자로 대우하기는커녕 오히려 죽이려 하십니다. 그렇게 되면 진나라의 노여움을 살 뿐입니다. 도대체 진나라가 공격해 오면 어떻게 하실 작정이옵니까? 저는 꼼짝없이 앉아서 죽기는 싫습니다. 아무쪼록 우리 모자가 함께 궁에서 떠나게 허락해 주십시오.”

생각을 되돌린 초왕은 장의를 석방했다.

장의는 근상과 정수 부인의 구출 공작으로 간신히 위기를 벗어났다. 궁정 내부의 상층부에 대한 이면 공작의 승리였다.

위기일발로 사지(死地)를 벗어난 장의였지만 이런 모험만 하고 있었던 것은 아니다. 때로는 여유작작하게 책사다운 빈틈없는 교섭술을 보여 주기도 했다.

그 무렵의 일이 〈전국책(戰國策)〉에 이렇게 실려 있다.

초나라로 갔다가 돈이 떨어져서 어려움을 겪게 된 장의는 한 가지 계책을 생각해 초왕에게 회견을 신청했다.

초왕은 정수 부인이 울며 매달리는 바람에 장의를 석방하기는 했지만 마음속으로는 결코 용서하지 않고 있었다. 그런 만큼 그를 돌봐 줄 생각은 조금도 없었다. 물론 장의도 그것을 잘 알고 있었다.

장의는 이렇게 말을 꺼냈다.

"이제 왕께서는 제가 필요하지 않으실 터이니 지금부터 북쪽의 여러 나라를 돌아볼까 합니다."

"좋겠지."

"그런데 그들 나라에서 구하실 물건은 없으십니까?"

"우리 나라에는 황금, 옥, 코뿔소, 코끼리, 무엇이든 다 있다. 갖고 싶은 것은 아무것도 없다."

"여자도 필요 없다는 말씀이십니까?"

"여자…."

"정(鄭)나라나 주(周)나라의 거리에서 가끔 볼 수 있는 여인들의 아름다움은 타관에서 온 사람에게는 마치 하늘에서 내려온 선녀들처럼 보입니다."

"초나라는 그대도 알다시피 아주 외진 나라이다. 그런 만큼 중원(中原)의 여러 나라 미인들과는 인연이 없었기에 한 번쯤 그런 여자를 거느려 보고 싶은 마음이 없지도 않다."

왕은 그 비용에 쓰라면서 주옥(珠玉)을 주었다.

그 때 초왕에게는 정수라는 애첩 외에 남후(南后)라는 정부인이 있어 둘이서 왕의 사랑을 나누어 누리고 있었다.

왕과 장의 사이에 오간 이야기는 곧 두 여인의 귀에 들어갔다. 그 말을 들은 두 여인은 걱정이 되어 안절부절못했다.

남후의 특사가 지체 없이 장의의 숙사로 찾아갔다.

"장군께서 머지않아 북쪽의 여러 나라를 향해 길을 떠나신다는 말을 들었습니다. 여기 금 천 근이 있습니다. 바라건대 노자에 보태 쓰시기 바랍니다."

정수 부인도 금 5백 근을 선물했다. 두말할 것도 없이 북쪽의 미인은 데려오지 말 것이며 부득이 데리고 와야 한다면 우리보다 못생긴 여자를 데리고 와 달라는 뜻이었다.

장의는 두 여자로부터 1천 5백 근의 노자를 긁어 낸 다음 초왕에게 하직 인사를 하러 갔다.

"여러 나라가 모두 왕래를 엄중히 단속하고 있는 만큼 언제 또다시 만나 뵈올 수 있을지 모르겠습니다. 바라옵건대 이별의 술잔을 받고자 합니다."

"좋겠지."

왕은 술을 하사했다. 알맞은 틈을 엿보아 장의는 공손하게 말했다.

"대왕과 저 두 사람만으로는 쓸쓸하옵니다. 마음에 드시는 분을 부르시어 상대를 하도록 하실 수는 없겠사옵니까?

"그도 그렇군."

왕은 남후와 정수 두 여인을 불러서 술을 따르게 했다.

장의는 또다시 공손하게 말을 올렸다.

"제가 죄송한 짓을 하였사옵니다."

"무슨 일인가?"

"저는 각국을 돌아다녀 보았습니다만 이토록 아름다운 분들을 뵈온 것은 처음이옵니다. 그런 줄도 모르고 미인을 구해 오겠노라고 허튼 말씀을 드렸습니다."

"괜찮다. 걱정 말라. 나도 사실은 천하에 이 두 사람만한 미인은 없을 것이라고 생각하고 있던 중이다."

이렇게 해서 장의는 아무런 부담 없이 두둑한 자금을 손에 넣을 수 있었다. 같은 속임수라고 해도 이런 방법은 뒷맛이 나쁘지 않다. 멋진 교섭술이라고 할 만하다.

〈사기〉에 의하면, 정수 부인의 주선으로 석방된 장의는 초나라 회왕에게 다시 진나라와 손을 잡는 것이 유리하다고 설득해서 승낙을 받았으며, 그런 다음에 한(韓), 제(薺), 조(趙), 연(燕)등 여러 나라를 유세하여 연횡론(連衡論)을 내세운 끝에 모두 진나라와 동맹을 맺게 하는 데 성공했다. 위나라는 이미 진나라와 손을 잡고 있었으므로 여섯 나라 전부가 진나라와 동맹을 맺은 셈이다. 연횡론이 완성된 것이다. 장의는 의기양양하게 귀국길에 올랐다.

그러나 장의에게는 불행하게도 도성에 도착하기 전에 혜왕이 죽고 무왕(武王)이 즉위해 있었다. 무왕은 태자 시절부터 장의와 마음이 맞지 않았기 때문에 그가 즉위하자마자 기다렸다는 듯이 신하들 중에서 장의를 비방하는 소리가 강력하게 터져 나왔다.

"그 사람은 신용할 수 없습니다. 자기 몸의 안전을 위해서는 나라까지 팔아먹을 놈입니다. 지금 왕께서 또 그 사람을 등용하신다면 그야말로 천하의 웃음거리가 될 것입니다."

어느 시대에도 그렇지만 '민완가(敏腕家)'라느니 '수완가(手腕家)'라느니 하는 말을 들을 정도의 인물들은 상사나 동료의 반감을 사는 경우가 많다. 실력 있고 이해해 주는 사람이 위에 있어 바람막이를 해 주는 동안은 괜찮지만 그것이 없어지면 순식간에 비판의 대상으로 바뀌고 만다.

장의의 경우도 그랬다. 새로 왕위에 오른 무왕은 처음부터 장의를 싫어하고 있었기 때문에 더욱 곤란했다.

얼마 후에 장의와 무왕 사이가 원만하지 못하다는 소문이 여러 나라로 퍼져 나갔다. 때문에 그 소문을 들은 제후들은 잇달아 연횡책을 파기하고 다시 합종(合縱)하게 되었다. 장의의 노력이 수포로 돌아간 것이다.

그 위에 제나라에서는 장의를 문책하는 사자까지 보내면서 때를 놓칠세라 장의의 실각을 꾀했다. 장의의 입장은 더욱 괴로워졌다.

보통 책사라면 아마 여기서 끝장났을 것이다. 그렇지만 장의는 역시 강인했다. 장기(長技)인 변설로 역경을 이겨 내고 정치 생명을 지속시켜 나갔다.

그는 자청해서 무왕에게 다음과 같이 제의했다.

"저에게 좋은 생각이 있습니다만….."

"말해 보라."

"우리 진나라로서는 동쪽의 여러 나라에 큰 동란이라도 일어나지 않는 한 더 이상 영토를 확장할 수 없게 되었습니다. 그런데 제왕(齊王)이 저를 눈엣가시로 여기고 있다고 합니다. 그렇다면 제가 가는 곳에는 반드시 대군을 파견할 것이 아니겠습니까? 제가 위나라로 갔다는 사실을 알면 제나라는 틀림없이 위나라로 출병할 것입니다. 위나라와 제나라 양군이 대치(對峙)해 빼도 박도 못하는 상태가 되면 그 때 왕께서 중원으로 출병해서 주(周)나라에 위압을 가하십시오. 그렇게 하면 주나라에 계신 천자를 배경으로 하여 천하를 호령할 수 있지 않겠습니까? 이것이야말로 왕자(王者)의 대업이옵니다."

또다시 위험한 줄타기를 하려는 속셈이었다.

그러나 무왕으로서는 밑져 봐야 본전이었다. 당장 장의에게 전거 30

승을 주어 위나라로 가게 했다.

아니나 다를까, 제나라는 대군을 동원해서 위나라로 쳐들어왔다. 당황한 쪽은 위나라의 애왕(哀王)이었다. 그러자 장의가 나섰다.

"걱정하실 것 없습니다. 아무쪼록 저에게 맡겨 주십시오."

일단 애왕을 달래 놓고 식객인 풍희(馮喜)를 초나라로 보내 초나라 사자의 명의를 빌어 제나라로 가게 했다.

"왕께서는 장의라는 사나이를 누구보다도 미워하고 계시다는데, 실제로 하시는 일은 일부러 그 사나이의 이름을 높여 주는 것과 다를 바가 없지 않습니까?"

"그게 무슨 소린가? 장의는 도저히 그냥 둘 수 없는 놈이다. 그 녀석을 감싸 주는 나라는 어느 나라건 쳐부수고 말 테다. 그것이 어째서 이름을 높여 주는 짓이 된단 말인가?"

풍희는 이 때라는 듯이 변설을 늘어놓았다.

"그 말씀을 듣고 저의 의견이 옳다는 생각이 더욱 분명해졌습니다. 사실 장의가 위나라로 간 까닭은 진나라 무왕과 다음과 같은 밀약(密約)이 있었기 때문입니다.

'진나라로서는 동쪽의 여러 나라에서 동란이 일어날 때야말로 영토를 확대할 수 있는 절호의 기회다. 지금 제나라 왕이 장의를 눈엣가시로 여기고 있는 것을 잘 이용해서 위나라와 제나라 사이에 분쟁을 일으키자. 위나라와 제나라 양군이 대치해서 빼도 박도 못하는 상태가 되었을 때 그 틈을 이용해서 출병한다. 그렇게 하면 진나라는 손쉽게 패업을 달성할 수 있다.'

그 후의 경과를 보아하니 완전히 장의의 생각대로 일이 진행되고 있습니다. 왕께서는 장의를 미워하신 나머지 뻔히 아시면서 국력을 피폐(疲弊)케 할 뿐만 아니라 동맹국까지 적으로 돌리려 하고 계십니다. 그렇게 되면 진나라 왕은 더욱 장의를 신뢰하게 될 것입니다. 일부러 장의의 신용을 높여 주고 계시다는 말씀을 드린 까닭은 바로 그렇게 될 것이기 때문입니다."

"잘 알았다."

제왕은 즉각 철수를 명령했다.

전에는 초나라를 마음대로 농락하고 이번에는 진나라와 제나라 양 대국을 마음대로 농락한 외교 교섭은 거물 책사의 본령이 발휘된 것이다.

〈사기〉에 의하면 그 일 다음에 장의는 1년간 위나라 재상으로 있었으며 재임 중에 파란 많은 생애를 마쳤다.

2. 소진(蘇秦)

연횡론의 거물이 장의라면 합종론(合縱論)을 대표하는 인물은 소진(蘇秦)이다. 소진은 장의에 필적하는 거물 책사로 평가된다.

이와 같은 소진(蘇秦)의 인물상은 주로 〈사기〉의 '소진열전' 때문이다.

그에 따르면 소진은 젊었을 때 귀곡(鬼谷) 선생 밑에서 유세술을 배웠으며, 학문을 이룬 뒤로는 여러 나라에서 유세를 했으나 도무지 받아들여지지 않았다. 가난한 생활 속에서 굳게 결심을 한 그는 고심 노력한 끝에 '췌마'라는 일종의 독심술을 고안해 낸 다음 다시 유세의 길을 떠났다.

처음에는 알아주는 사람이 없었으나 얼마 후에 진나라에 대항하는 '육국합종(六國合縱)'이라는 웅대한 천하 전략을 구상하여 차례차례 여섯 나라 왕들을 설득한 끝에 그것을 실현시켰다. 그리고 자기 자신도 그 전략의 책임자 자리에 앉아 여섯 나라 재상의 일을 겸무하기에 이르렀다. 진나라의 장의가 연횡을 실현하기 위해 분주하게 뛰어다니기 전의 일이다.

그렇지만 그 후 '육국합종'의 파탄과 더불어 연나라에 몸을 의지하고 연나라와 제나라 사이를 왕래하면서 활동하기도 했는데, 기원전 317년에 제나라에서 비명(非命)에 죽었다.

〈사기〉의 이 같은 기술에 따르면 소진은 장의보다 약간 앞선 시대에 '육국합종'을 실현시켜 천하의 정세를 마음대로 주물렀던 거물 책사라 할 수 있는데, 이에 대해서는 당시의 역사적 사실과 부합되지 않는 점이 있다는 이유로 그 기록이 인정을 받지 못했다. 그 중에는 소진이라는 사람의 존재 여부까지 의심하는 학자도 있다.

그 중에서 양관(揚寬)이라는 역사학자가 〈전국책〉과 기타 기술을 토대로 소진이 활약했던 연대를 제나라의 민왕(湣王: 재위 기원전 300~ 284년) 시대로 단정하고, 그 무렵에 연나라의 지원을 받아 제나라의 재상으로 임명되어 합종의 실현을 도모했다는 설을 발표하여 주목을 받았다. 그러던 중 1973년에 장사(長沙)의 '마왕퇴(馬王堆) 3호 한묘(漢墓)'에서 발굴된 〈백서·전국책(帛書戰國策)〉이 뜻하지 않게 이 설을 뒷받침해 주었다.

〈백서·전국책〉은 모두 합쳐 27개의 설화로 정리되어 있으며, 그 중의 반에 가까운 13개의 설화는 모두 소진이 제나라의 민왕 및 연나라의 소왕(昭王: 재위 기원전 312~279년)에게 보낸 서신과 헌책(獻策)으로 꾸며져 있다. 이들 자료에 의해서 소진이 활약했던 연대 및 그 내용이 밝혀진 것이다.

두 종의 〈전국책〉을 바탕으로 소진의 모습을 그려 보면, 그는 연나라 소왕의 밀명을 받고 제나라 및 그 밖의 나라에 파견된 세객이었다고 할 수 있다. 그의 목적은 제나라의 공격 목표를 연나라 이외의 나라로 돌려놓고 아울러 제나라의 국력을 약화시키는 데 있었다. 말하자면 '반간공작(反間工作: 첩자 활동)'을 한 것이다. 기원전 300~296년과 기원전 288년 등 두 번에 걸쳐 제나라에 가서 이 같은 활동을 거의 성공시켰다.

이어 기원전 287~286년에 걸쳐 위나라와 조나라에도 갔다. 이 때의 활동 목적은 표면상으로는 제나라를 위해 다섯 나라에 공작하여 진나라에 대한 '합종'을 실현시키는 일이었으나, 뒤로는 연나라의 소왕을 위해 비밀리에 위나라 및 조나라와 연락을 취하면서 반제연합(反薺聯合) 결성을 꾀하는 데 있었다.

그 후에도 소진은 제나라에 세 번 갔다. 그리고 제나라에서 '반간공작'이 발각되어 사형당했는데 그 기록은 아마도 사실일 것이다. 그런데 그 시기는 〈사기〉의 기술보다 30~40년 쯤 내려간 기원전 280년대의 일이었다.

이와 같이 두 종류의 〈전국책〉에 그려진 소진의 모습은 〈사기〉의 내용보다는 초라하다. '육국합종'을 실현시킨 끝에 각국의 재상을 겸무하고 있었다는 것도 허상(虛像)이다. 실제 소진은 그 정도의 거물은 아니었다.

〈사기〉의 소진은 혼란스럽게 기록된 것이다. 그에 대해 사마천도 '소진열전' 말미에 이렇게 변명하고 있다.

"세상에 유포되어 있는 소진에 얽힌 이야기는 이설(異說)이 많다. 생각건대 그것은 시대를 달리한 유사한 일들이 모두 소진이 한 일일 것이라고 억지로 끌어다 붙였기 때문일 것이다."

사마천의 시대부터 소진은 이미 전설 속의 인물이 되어 있었던 모양이다. 그리고 사마천도 굳이 정리하기를 피하고 유사한 이야기의 대부분을 그대로 소진의 사적(史蹟)으로 적었던 모양이다. 그 결과 소진의 이미지는 실물보다 크게 부풀려졌다는 것이 진상일 것이다.

하지만 그런 진상의 베일을 벗기고 보더라도 소진은 당시 활약한 세객들의 전형이었음에 틀림없다. 합종론과 연횡론의 인맥 속에서 파악한다면 분명히 합종론 부류에 속하고 있으며, '그 술(術)은 권변(權變)에 뛰어났다(〈사기〉)'라고 말하고 있듯이 만만찮은 교섭술도 충분히 몸에 익히고 있었다. 소진이 일류 세객이었다는 사실은 의심할 여지가 없다.

우선 소진의 화려한 설득술의 본보기를 두 가지 들어 보자. 모두 〈전국책〉에서 인용한 것이다.

제나라의 재상 맹상군(孟嘗君)이 진나라의 초대를 받아 진나라로 가려고 했다. 제나라와 진나라는 원래 견원지간(犬猿之間)이었다. 그런 곳으로 어슬렁거리고 가면 어떤 위험이 기다리고 있을지 알 수가 없는 일이었다. 맹상군의 신상을 걱정한 친구와 식객들이 연달아 찾아와서 중지할 것을 진언했으나 맹상군은 받아들이지 않았다.

이때 소진은 연나라 소왕의 밀명을 받고 제나라에 묵고 있었다. 그의 목적은 제나라의 공격 목표를 연나라 이외의 나라로 돌리고 아울러 제나라의 국력을 피폐케 하는 데 있었다. 그는 소위 '반간 활동'에 종사하는 고급 모략 요원이었다. 이 같은 활동 목표로 보면 맹상군의 진나라 방문은 매우 불리한 일이었다. 왜냐 하면 그 방문을 계기로 제나라가 원수인 진나라와 손을 잡기라도 하는 날에는 당장 연나라에 중대한 위협이 되기 때문이었다.

소진은 어떤 일이 있어도 맹상군이 진나라로 가는 것을 저지하지 않으면 안 되었다. 때문에 그 소문을 듣자 즉시 재상 관저로 찾아가 면회를 요청했다.

진나라 방문을 중지하라는 권유객들 때문에 매우 짜증이 나 있던 맹상군은 이맛살을 찌푸린 채 지시했다.

"이 세상 이야기는 이제 듣기에 싫증이 났다. 저승 이야기라면 들어주기로 하지."

허울 좋은 문전축객(門前逐客)이었다. 그러나 그 정도에서 물러난다면 고급 모략 요원의 임무는 수행할 수 없다. 소진은 끈덕지게 버텼다.

"물론 이 세상 이야기를 할 생각은 없습니다. 저승 이야기를 하러 왔습니다."

이쯤 되면 쫓아 보낼 수도 없는 일이었기에 맹상군은 마지못해 일어났다. 소진은 이렇게 말을 꺼냈다.

"방금 치수(治水)의 곁을 지나왔는데 그 때의 일입니다. 진흙 인형과 나무 인형이 말다툼을 하고 있었습니다. 나무 인형이 진흙 인형에게 이렇게 말하더군요. '너는 근본을 따지면 서안(西岸)의 진흙이다. 이겨져서 사람의 모양이 되었을 뿐 팔월에 비가 내려 치수가 범람하면 너 따위는 끝장이야.' 진흙 인형도 지지 않고 반박했습니다. '당치도 않은 소리. 확실히 나는 서안의 진흙이다. 그러니 서안으로 돌아가면 그뿐이다. 그런데 너는 어떠냐. 동국(東國) 태생의 나무 인형이 아니냐. 사람 모양으로 새겨져 있기는 하지만 비가 많이 와서 치수가 범람하면 어디까지 떠내려 갈지 알 수 없지 않은가.' 그런 식으로 서로 말다툼을 하고 있었습니다.

그런데 상공께서 가시려고 하는 진나라는 비밀주의 나라이며 위험하기 짝이 없는 곳입니다. 일단 들어가면 돌아올 수 있을지 알 수 없습니다."

그 이야기를 들은 맹상군은 생각을 바꾸어 진나라 방문을 보류했다.

이 이야기가 재미있는 점은 그 같은 비유에 있다. 비유로 설득력을 높인 언변도 놀랍거니와 순간적으로 이 정도의 비유를 생각해 낸 소진은 보통 세객이 아니었다.

맹상군은 이 때 일단 진나라 방문을 단념했지만 나중에 반대를 무릅쓰고 진나라로 갔다가 가까스로 도망쳐 나오게 된다.

조나라가 연나라를 치려고 했을 때의 일이다. 소진이 연나라 왕의 명을 받고 조나라로 가서 조나라의 혜왕을 설득하게 되었다.

"이리로 오는 도중에 역수(易水)를 건너왔습니다만, 마침 보아하니 모래 위에 마합(馬蛤: 말조개)이 나와 있었습니다. 거기에 도요새가 날아와서 그 살을 쿡 쪼았습니다. 마합은 두고 보라는 듯 껍질을 닫아 도요새의 부리를 꽉 물고 말았습니다. 도요새가 '이놈, 이삼 일만 비가 오지 않으면 너는 죽고 말 것이다' 하고 호통치자, 마합도 지지 않고 '무슨 말을 하는 거야. 이대로 있으면 너야말로 죽고 만다'라고 반박했습니다. 서로 버티며 양보하지 않았습니다. 그 때 어부가 다가오더니 둘 다 잡아가 버렸습니다.

그런데 조나라는 지금 연나라를 치려 하고 있습니다. 그렇지만 싸움을 오래 끌어 백성들이 피폐해지면 진나라가 어부지리를 차지하지 않겠습니까. 숙고(熟考)하심이 마땅합니다."

"과연 그렇구나!"

조나라의 혜왕은 그 즉시 연나라 공격을 중지했다.

이 이야기도 비유가 재미있으므로 설득력이 높다. '어부지리'라느니, '휼방지쟁(鷸蚌之爭)'이니 하는 말의 출전(出典)이다.

소진이 연나라로 돌아가던 길에 있었던 일이다. 제나라가 대군을 동원해 연나라로 쳐들어가 성읍을 열 개나 빼앗은 사건이 일어났다.

당황한 연왕이 소진을 불러들였다.

"전부터 경에게 수고를 부탁해 왔는데 그 보람도 없이 이런 꼴이 되고 말았소. 그러므로 아무쪼록 제나라로 가서 무사히 일이 수습되도록 해 주시오."

사실대로 말하면, 이렇게 된 것은 네 책임이니 네가 가서 해결을 하고 오라는 뜻이다. 소진은 크게 부끄러워하면서 제나라로 갔다.

"꼭 해결하고 오겠습니다."

빼앗긴 땅을 아무런 대상(代償)도 없이 도로 찾아 가지고 오라는 주문이었기 때문에 매우 어려운 교섭이었다.

〈사기〉에 의하면 소진은 제왕 앞으로 나아가 문안을 드리면서 '엎드려서는 경하(慶賀)하고 우러르고는 애도(哀悼)했다'고 한다. '엎드려서 경하하다'란 '이번에 영토를 넓히셨니 참으로 경사스럽습니다'라는 축하의 말을 했다는 뜻이고, '우러르고 애도했다'는 서서히 머리를 들고 '그렇지만 제나라의 명맥도 이제 끝장이 아닐까 생각합니다'라는 조문(弔問)의 말을 했다는 뜻이다. 축하의 말과 조문의 말을 덩달아서 들으면 제나라 왕이 아니더라도 무슨 일인가 하고 순간 깜짝 놀랄 것이다.

의표를 찔린 제왕은 엉겁결에 그 까닭을 물었다.

"이 어찌 경조(慶弔)가 그렇게도 빨리 잇닿는단 말인가?"

소진은 지체 없이 일장 변설을 늘어놓았다.

"이런 이야기를 들은 적이 있습니다. '굶어 죽기 직전인 사람이라도 오훼(烏喙: 독초인 바꽃)만은 먹지 않는다. 먹으면 먹을수록 죽음을 재촉하기 때문이다.' 연나라는 소국이지만 연왕은 진왕의 사위가 됩니다. 그런 연나라의 영토를 빼앗은 만큼 귀국은 저 강국인 진나라를 적으로 돌리게 되었습니다. 소국인 연나라의 머리 짓누른 것을 트집 잡아 천하의 정병(精兵)이 귀국으로 쳐들어온다면 이는 바로 오훼를 먹는 것과 다를 바가 없지 않겠습니까?"

제왕은 안색이 확 변했다.

"그렇다면 어떻게 하면 좋겠는가?"

소진은 내심 '됐다' 하면서 말을 이었다.

"옛날부터 성공하는 사람은 '화를 복으로 바꾸고(轉禍爲福) 패하여 공을 이룬다'고 들었습니다. 그래서 제 생각입니다만, 지금으로서는 빼앗은 땅을 즉각 연나라에게 돌려주는 것이 최선의 방법이 아닐까 생각합니다. 뜻하지도 않게 빼앗겼던 땅이 돌아온다면 연나라는 기뻐할 것입니다. 또 진왕은 진나라의 위세를 두려워해서 돌려주었다고 생각할 터이므로 그들 또한 기뻐할 것입니다. 구원(舊怨)을 버리고 친교를 맺는다는 말은 바로 이런 경우를 두고 하는 말입니다. 그것이 계기가 되어 연나라와 진나라 양국이 제나라에 신종(臣從)한다면 다른 제후들도 왕의 뜻대로 될 것입니다."

정세론부터 설명하기 시작하여 이해득실까지 언급하며 어르고 달래는 등 완전히 상대를 마음대로 희롱했다.

여기서도 속담류가 효과적으로 사용되고 있다. 비유나 속담을 많이 쓰는 것이 그의 설득술의 큰 특징이었다.

제왕은 '잘 알았다' 하면서 빼앗았던 성읍을 고스란히 연나라에 돌려주었다. 소진은 아무런 대가도 치르지 않고 어려운 반환 교섭을 성공시켰다.

'반간공작'이라는 것은 어차피 줄타기와 같은 일이다. 제나라에 있으면서 연나라의 이익을 도모할 경우 '연나라를 위해서'라는 게 표면에 드러나면 금세 발각되어 파멸을 면할 수 없다. 그것을 피하려면 연나라의 이익을 도모할 경우라도 표면상으로는 '제나라를 위해서'라는 형태를 취하지 않을 수 없다. 그렇게 되면 이번에는 연나라 쪽에서 '도대체 저놈은 연나라를 위해서 일하고 있는 거냐, 제나라를 위해서 일하고 있는 거냐?' 하고 의심하는 눈으로 보게 된다.

소진은 타고난 설득 재주로 쌍방의 왕을 교묘하게 구슬렸으나 많은 가신(家臣)들의 의심까지는 풀어 줄 수 없었다.

영토의 반환 교섭에 성공했을 때도 나중에 제왕에게 이렇게 진언한 사람이 있었다.

"소진이라는 놈은 변설로 나라를 팔아먹는 신용할 수 없는 사나이입니다. 좋지 않은 일을 꾸미고 있음이 틀림없습니다."

이 소문을 얼핏 들은 소진은 주살(誅殺)당할 것을 두려워하여 서둘러 연나라로 돌아갔다.

그러나 연나라에서도 소진의 평판은 좋지 않았다. 연왕의 태도 역시 냉담했다. 반환 교섭을 성공시킨 공로자인데도 여기서도 '소진은 믿을 수 없는 놈'이라고 왕에게 중상하는 사람들이 많았다.

이 때 소진은 연왕에게 다음과 같이 변명했다.

"왕께서는 이런 이야기를 알고 계십니까? 어떤 사나이가 관리가 되어 먼 곳에 부임했는데, 집을 비운 사이에 그 아내가 다른 남자와 밀통(密通)을 했습니다. 얼마 후에 남편이 돌아온다는 연락이 왔습니다. 상대방 남자는 당황했습니다. 그러자 그 아내가 말했습니다. '걱정하실 것 없습니다. 돌아오면 독을 탄 술을 마시게 할 테니까요.' 그로부터 사흘쯤 지나 남편이 돌아왔습니다. 아내는 곧 하녀에게 독을 탄 술을 가져오라 하여 남편에게 권하려 했습니다.

하녀는 술의 비밀을 알고 있었습니다. 그렇지만 그것을 주인에게 알리면 아내가 쫓겨나게 됩니다. 그렇다고 알리지 않으면 주인의 목숨이 위험합니다. 하녀는 고민하던 끝에 일부러 발을 헛디딘 체하고 넘어져서 술병을 뒤엎고 말았습니다. 주인은 화가 머리끝까지 나서 하녀에게 쉰

대의 매를 때렸습니다. 넘어지면서 술을 쏟아 버린 하녀의 기지가 주인의 목숨을 구하고 아내의 자리를 지켜 준 셈인데도 불구하고 하녀는 매질을 당했던 것입니다. 불행하게도 지금 저의 경우도 이와 마찬가지라 아니할 수 없습니다. 아무쪼록 통촉해 주십시오.”

이쪽과 저쪽 사이에 끼여 궁지에 빠진 사람의 고충이다. 소진은 그사정을 직선적으로 털어놓지 않고 교묘한 비유를 써서 간접적으로 말하여 상대의 이해를 환기하려 했다. 이 경우 곡선적인 화법이 설득 효과를 높이고 있다.

〈손자〉의 병법에 ‘우직지계(迂直之計)’라는 전략이 있다. 우회(迂廻)의 효과라는 것인데 이 ‘우직지계’를 설득술에 응용하면 결과적으로 이런 표현이 되는 것이다.

이렇게 해서 연왕의 신뢰를 회복했지만 결국 그것도 오래 가지는 못했다. 조정 안팎에서 소진을 중상하는 소리가 여전히 그치지 않았다. 신변의 위험을 느낀 소진은 자진해서 연왕에게 청원했다.

“제가 이렇게 연나라에 머물러 있는 이상 세월만 흐를 뿐이지 연나라의 세력을 확대시킬 수가 없습니다. 다시 한 번 제나라로 가서 연나라를 위한 공작을 펼쳐 볼까 합니다만, 어떻겠습니까?”

“그렇게 하도록 하라.”

소진은 연나라에서 죄를 지어 쫓겨난 죄인처럼 꾸미고 제나라로 도망쳤다. 제왕은 그런 소진을 기꺼이 맞아들여 객경(客卿: 다른 나라에 와서 높은 공경의 지위에 있는 사람)으로 등용했다.

소진은 곧 제왕을 설득해서 선대(先代)의 제사를 성대하게 올려 천하에 효심을 보일 것과 궁전과 정원을 크고 높게 하여 위세를 과시할 것을 권했다. 그렇게 함으로써 제나라의 경제를 피폐하게 만들어 연나라에 유리하게 이끌려 했다.

소진의 공작은 제대로 진행되는 것처럼 보였다. 그러나 비록 제왕의 신임은 얻었지만 중신들의 눈은 냉담했다. 그러던 어느 날 밤에 소진은 자객의 습격을 받아 거의 죽을 지경에 이르는 중상을 입었다. 제왕은 팔방으로 사람을 풀어 범인을 잡아들이도록 했으나 끝내 체포하지 못했다.

소진은 제왕에게 이렇게 유언을 남겼다.

"제가 죽거든 시체를 능지처참하시고 '소진은 제나라에 내란을 일으켜 연나라의 이익을 도모하려 했던 불순한 놈이었다'는 소문을 시중에 퍼뜨리십시오. 그렇게 하시면 저를 습격한 범인을 체포하실 수 있을 것입니다."

소진의 유언대로 했더니 과연 범인이 자수했다. 제왕은 곧 그 사나이를 잡아 주살했다.

이 이야기가 전해지자 연나라에서는 이렇게들 수군거렸다.

"소진의 원한을 풀어 주다니 제나라 친구들도 꽤나 어리숙하군."

소진이 죽은 후 그가 연나라를 위해 제나라 세력을 약화시키려 획책했다는 사실이 판명되었다. 제나라는 연나라의 처사를 괘씸하게 여겼으며 연나라는 제나라의 보복이 두려워 전전긍긍했다.

소진은 눈을 감을 때 이미 거기까지 내다보고 있었는지 모른다. 소진만한 책사라면 그 정도의 일은 충분히 해낼 수 있었을 것이다.

3. 순우곤(淳牛髡)

〈사기〉에 '골계열전(滑稽列傳)'이라는 권(卷)이 있으며 사마천은 거기에 몇 사람의 골계가(滑稽家)들을 등장시켰다.

골계라는 말은 '익살맞음' '해학(諧謔)'이라는 뜻을 가지고 있으며 '기지(機知)'라는 말과 가깝다. 골계가들은 모두 탁월한 기지를 가지고 있으며, 섣불리 말하다가는 상대방의 격노(激怒)를 살지도 모르는 말도 완곡하게 하여 어느샌가 상대방을 자기편으로 끌어들이고 마는 특기를 가지고 있었다. 그 교섭술은 어디까지나 곡선적이었다. 그런 의미에서 난세를 통해 연마된 교섭술이라고 할 수 있다.

순우곤(淳牛髡)은 골계가들 중 대표적인 인물이었다. 그는 제나라의 어느 집 데릴사위였는데 키는 보통 사람의 어깨밖에 오지 않는 난쟁이였으나, 기지가 풍부하고 응변(應變)에 능하였기 때문에 사자가 되어 종종 제후들을 만났다. 그리고 그 때마다 장기인 곡선적 교섭술을 구사하여 임무를 완수했다. 굴욕을 당한 적이 한 번도 없었다.

순우곤이 살았던 때는 위왕(威王), 선왕(宣王), 민왕(湣王)의 시대였으며 제나라가 가장 융성하던 시기였다. 그는 이 3대의 왕들과 밀접한 관계를 유지했는데, 그 관계는 보통의 군신 관계라기보다는 왕의 최고 정치 고문 같은 것이었다.

〈사기〉에 의하면 순우곤이 정치 무대에 등장한 시기는 위왕이 즉위한지 몇 년 되지 않았을 때였다. 위왕은 제나라 발전 기반을 닦은 명군인데, 즉위 초에는 음탕하게 밤새 놀며 술 마시기를 즐겨하여 나랏일을 돌보지 않고 정치는 경대부에게 맡겨 버렸다. 때문에 관리들의 기강은 문란해지고 제후들이 동시에 침략하여 나라의 존망이 아침저녁으로 절박한 지경에 놓였다. 그런데도 측근이나 중신들 중에서 누구 하나 간(諫)하는 사람이 없었다. 무리도 아니었다. 전제 군주(專制君主)의 의향을 섣불리 거슬렀다가는 자기 목이 날아갈 우려가 있었다.

이 때 순우곤이 나서서 위왕에게 간했다고 하는데 어떤 자격, 어떤 신분으로 면회를 요청했는지는 알 수 없다. 당시는 세객(說客)들의 전성 시대였지만, 그렇다고 간단히 왕을 만날 수 있었던 시절은 아니었다. 왕을 면회하기 위해서는 적당한 소개자가 있어야 했다. 소개자가 유력자일수록 좋을 것임은 두말할 나위가 없다.

순우곤은 왕 앞으로 나아가서 수수께끼 놀이를 핑계 삼아 간했다.

"나라 안에 큰 새가 있는데 궁전 마당에 앉아 있으면서 삼 년 동안 날지도 않고 울지도 않습니다. 왕께서는 그 새가 어떤 새인지 아시겠습니까?"

왕은 이렇게 대답했다.

"그 새는 날지 않으면 그만이지만 한 번 날았다 하면 하늘 높이 날아오르고, 울지 않으면 그만이지만 한 번 울었다 하면 사람들을 놀라게 할 것이다."

그러고는 즉시 각 현의 현령과 현장 72명을 조정으로 불러들여 상벌(賞罰)을 내리는 것으로 기강을 숙정(肅正)했다.

이때의 기강 숙정은 다음과 같은 식으로 시행되었다. 위왕은 먼저 즉묵(卽墨)의 대부(大夫)를 불러들여 말했다.

"그대가 즉묵으로 부임하고부터 그대를 비방하는 소리가 매일처럼 들려 왔다. 그렇지만 사람을 보내 알아보게 했더니 즉묵의 들판은 잘 경작되어 있고, 물자는 골고루 미치고 있으며, 관의 사무도 순조롭게 처리되고 있다는 보고였다. 그대는 지사로서 잘해 주었다. 비방하는 소리가 일어난 까닭은 그대가 내 주위에 있는 사람들의 비위를 굳이 맞추려 하지 않았기 때문이겠지."

그렇게 말하고 그를 만호(萬戶)의 읍에 봉했다.

이어서 위왕은 아(阿)의 대부를 불러들였다.

"그대가 아로 간 다음부터 그대를 칭찬하는 소리가 매일처럼 들려 왔다. 그렇지만 사람을 보내어 시찰케 했더니 아의 들판에는 풀이 무성하게 자라고 있으며, 백성들은 빈곤으로 괴로워하고 있었다. 또 이웃 현인견(鄄)이 조나라의 공격을 받았을 때 그대는 구원병을 보내지 않았다. 대부로서 정말로 태만하다. 그런데도 그대의 평판이 높았던 까닭은 그대가 내 주위에 있는 사람들에게 뇌물을 듬뿍 바치고 있었기 때문이다. 괘씸하기 짝이 없는 놈이다."

이렇게 질타(叱咤)한 후 곧 아의 지사를 정확지형(鼎鑊之刑: 큰 솥에 삶아 죽이는 극형)에 처하고 그에게서 뇌물을 받고 있던 측근들도 전원 주살해 버렸다.

이 같은 단호한 처리로 위왕은 면목을 일신했으며 병사들의 사기를 일으켜 침략국을 향해 출정했다. 그러자 제후들은 크게 놀라 그 동안 침략하여 빼앗았던 제나라 땅을 모두 돌려주었다. 또한 그 때부터 36년 동안 제나라는 위엄을 떨쳤다.

위왕은 주색에 빠져 있으면서도 가만히 부하들의 움직임을 관찰하며 쇄신(刷新)의 기회를 노리고 있었던 것이다. 순우곤의 수수께끼 놀이는 단순히 그 계기를 준 것에 지나지 않았다.

그렇지만 이 때의 수수께끼 놀이로 위왕은 순우곤을 '재미있는 사람'으로 인정하고 그의 존재를 마음에 새기었다. 그 후로부터 순우곤은 왕의 고문으로 정치 상담을 맡게 되었다.

위왕 7년(기원전 349년)에 초나라가 대군을 집결하여 제나라에 진공했다. 걱정이 된 위왕은 순우곤을 사자로 삼아 조나라에 구원을 요청토록 했다. 그 때 조왕에게 줄 예물로 금 백 근, 사두마차 열 대가 준비되었다. 그러자 순우곤이 갑자기 하늘을 우러러보며 웃었다. 너무나 호들갑스럽게 웃었기 때문에 갓끈이 모두 끊어져 버렸다. 왕이 물었다.

"그대는 선물이 적다고 생각하는가?"

"어찌 감히 그렇다고 하겠습니까?"

"웃는 데는 그만한 이유가 있을 게 아닌가? 연유(緣由)를 말하라."

"그러면 말씀드리겠습니다. 저는 동쪽에서 오다가 길가에서 풍년을 비는 사람을 보았습니다. 돼지 발 하나와 술 한 잔을 손에 들고 이렇게 빌고 있었습니다.

높은 밭에서는 광주리에 넘치고
낮은 밭에서는 수레에 가득 차도록
오곡이 풍성하게 익어
우리 집에 넘쳐 나게 하소서.

저는 그가 손에 들고 있는 것은 그처럼 적으면서 원하는 것은 그처럼 큰 것을 보았기 때문에 그것을 생각하고 웃었습니다."

위왕은 당장 선물을 황금 천 일(鎰), 백벽(白璧) 열 쌍, 사두마차 백 대로 늘렸다.

이 때의 응대도 역시 '그대는 이것이 적다고 생각하는가' 하는 물음에 대해 일단 '당치도 않습니다' 하고 슬쩍 받아넘긴 다음 나중에 가서 서서히 완곡하게 말을 이어 나갔다.

'적다는 말인가'라는 물음을 받고 만약 '적습니다, 이러이러한 것이 더 있어야 합니다'라고 대답한다면 왕의 조치에 노골적으로 트집을 잡는 셈이 되므로 뜻하지 않은 긴장이 생길 우려가 있다. 그런 직선적인 응답을 피하고 곡선적으로 응대한 점이 소위 '기지'인 것이다.

이렇게 해서 순우곤은 조나라로 가서 구원 약속을 받아 냈다. 조나라 왕은 그에게 정예 병사 십만과 전거 천 대를 내주었다. 초나라는 그런 움직임을 알자 밤중에 군대를 철수시켰다.

위왕은 대단히 기뻐하며 성대한 주연을 베풀고 순우곤의 수고를 위로 했다. 그 자리에서 왕이 물었다.

"선생은 어느 정도 마셔야만 취하는가?"

"저는 한 말을 마셔도 취하고 한 섬을 마셔도 취합니다."

"한 말을 마시고 취한다면 어떻게 한 섬을 마실 수 있는가? 그 까닭을 들려 줄 수 있겠는가?"

순우곤이 대답했다.

"어전에서 술을 마신다고 하면, 옆에는 사법관이 있고 뒤에는 어사가 있어 저는 몹시 두려워하며 엎드려서 마시기 때문에 한 말을 제대로 마시기도 전에 바로 취합니다. 만일 부모님을 찾아오신 귀한 손님이 있으면, 저는 의복을 단정히 하고 꿇어앉아 상대를 하지 않으면 안 됩니다. 때로는 손님이 따라 주는 술잔을 받아 마시고 또 손님의 장수를 축하하여 술잔을 돌리기도 하기 때문에 저는 두 말을 마시기 전에 취해 버립니다. 만일 오래간만에 친구를 만나면, 너무나 기뻐서 지난날의 얘기로 흥을 돋우기도 하고 갖가지 수다를 떨면서 마시기 때문에 대여섯 말을 마시면 취합니다. 만약에 같은 고향 마을에서 신분이나 지위를 가리지 않고 마음놓고 즐기는 자리에서 마신다고 하면, 이런 날은 남녀가 자기가 앉고 싶은 자리에 앉아 서로 상대를 붙들고 권커니 잣거니 합니다. 마지막에는 주사위 놀이나 투호(投壺)까지 하면서 상대를 정합니다. 그렇게 되면 손을 잡든 추파(秋波)를 던지든 아무도 책망하지 않습니다. 여기저기에 귀걸이와 비녀가 흩어질 정도로 떠들썩해지는 경우라면 여덟 말쯤 마셔도 약간 취기가 돌 뿐입니다. 그러다가 날이 저물어 곤드레만드레가 됩니다.

또 주연이 바야흐로 절정에 이르면, 남은 술통들을 한데 모으고 서로 부르면서 남녀가 같은 장소에 모이기 시작합니다. 신발은 어지럽게 널리고 접시와 술잔들이 여기저기 흩어진 채 곧 등불이 꺼집니다. 주인은 저만 머물게 하고 다른 사람들은 돌려보냅니다. 문득 어둠 속으로 손을 뻗치니 풀어헤쳐진 비단 속옷자락이 잡히고 거기서 여인의 부드러운 살 갗의 아련한 향기가 풍겨 옵니다. 그러면 저의 마음은 몹시 즐거워 술을 한 섬은 더 마시게 될 것입니다. 때문에 '술이 극도에 이르면 어지럽고 즐거움이 극도에 이르면 슬퍼진다'고 하는데 모든 일이 다 그것과 같습니다. 사물이란 지나치면 안 되며 지나치면 반드시 쇠합니다."

순우곤은 그러한 말로 넌지시 위왕에게 풍간(諷諫)했던 것이다.

위왕이 말했다.

"좋은 말이오."

위왕은 그 후로 밤새워 술 마시는 짓을 그만두었으며 순우곤에게 제후들 사이의 외교 업무를 맡겼다. 왕실에서 주연이 열릴 때마다 순우곤은 언제나 곁에서 왕을 모셨다.

기원전 320년, 37년 동안이나 긴 치세를 한 위왕이 죽었다. 그 뒤를 이은 왕이 선왕(宣王)이다. 순우곤은 이 선왕에게도 최고 고문이 되어 섬겼다. 이 젊은 왕에 대해서는 사부(師傅)와 같은 느낌으로 대했으며 위왕을 대할 때보다도 한층 자유롭게 발언할 수 있었다. 하지만 그의 발언은 여전히 곡선적이었다.

〈세원(說苑)〉이라는 설화집에 이런 이야기가 실려 있다.

어느 날 선왕이 순우곤을 불러 환담을 하고 있었다.

"내가 어떤 것을 좋아하고 있는지 선생이 한 번 알아맞혀 보시오."

선왕이 말을 꺼냈다.

"네, 옛날의 왕께서는 네 가지 것을 좋아하셨지만, 주군께서는 그 중 세 가지를 좋아하고 계십니다."

"허어, 그러면 그 세 가지란 뭐요?"

순우곤이 대답했다.

"옛날의 왕께서는 말(馬)을 좋아하셨는데, 주군께서도 역시 말을 좋아하십니다. 옛날의 왕께서는 맛을 좋아하셨는데, 주군께서도 역시 맛을 좋아하십니다. 옛날의 왕께서는 색을 좋아하셨는데, 주군께서도 역시 색을 좋아하십니다. 옛날의 왕께서는 선비를 좋아하셨는데, 주군께서는 선비만은 좋아하시지 않습니다."

선왕은 입을 다물어 버렸다.

물론 인재 등용을 꾀하라는 뜻이지만, 이 경우에는 거리낌없이 왕의 단점을 지적한 것이다. 그렇지만 '직언(直言)'과는 조금 다르게 궁리를 짜냈다. 이런 식으로 말하면 선왕으로서도 화를 낼 수 없게 된다.

제나라는 그 당시 풍부한 재력의 힘을 빌어 학자와 문화인에게 융숭한 대접을 하고 있었다. 그들에게는 임치(臨淄: 제나라의 도성)의 직문(稷門: 성문) 주변에 광대한 저택을 지어 생활을 보장해 주었기 때문에 자유로운 논쟁이나 학문 연구에 힘쓸 수 있었다. 그러므로 여러 나라에서 유명 무명의 지식인들이 몰려와 크게 활기를 띠었다. '직하지학(稷下之學)'이 바로 그것이다. 사실은 순우곤도 이 직하지학의 학사(學士)들 중 한 사람이었다.

유가(儒家)인 맹자도 제나라로 유세를 와서 한때 여기에 체재한 일이 있어 순우곤과도 면식이 있었는데 이 두 사람은 세객으로서는 매우 대조적인 개성을 보였다.

순우곤은 이미 보아 왔듯이 매우 완곡하고 곡선적인 표현을 장기로 했으며, 진언을 할 때도 우선 상대방의 기분을 헤아려 안색을 살피고 저항감을 주지 않는 표현을 연구했다. 그에 비해 맹자는 상대의 기분 따위는 상관하지 않고 자기가 이상으로 삼는 왕도 정치(王道政治)를 주장해 마지않았다. 있는 그대로 직선적으로 자기 의견을 상대방에게 털어

놓았다. 맹자는 '성실한 인간'이었던 것이다.

어떤 의미에서 '불성실한 인간'이라고 할 수 있는 순우곤이 맹자 같은 '성실한 인간'을 보면 약간 조롱해 보고 싶어질 것이다. 맹자의 저서인 〈맹자〉에는 그런 느낌이 드는 두 사람의 대화가 실려 있다.

순우곤이 맹자에게 물었다.

"남녀가 손수 물건을 준다든가 받는다든가 하지 않는 것이 예의라고 생각합니다만, 어떻습니까?"

유가의 경전(經典)인 〈예기(禮記)〉에 '남녀는 친수(親受)하지 않는다'고 씌어 있으며, 특히 형수와 시동생 사이에는 손수 주고받는 일이 엄하게 금지되어 있었다. 그것을 재료로 삼아 맹자를 조롱했던 것이다.

"그야 물론이오."

맹자가 대답했다. 그러자 순우곤이 다시 물었다.

"그럼 형수가 물에 빠져 죽어 가고 있을 때 손을 내미는 것도 허용되지 않습니까?"

"아닙니다. 그럴 때 손을 내밀지 않는다면 짐승이나 마찬가지일 것입니다. 남녀가 손수 물건을 주고받지 않는 것이 예의라고는 할지라도 형수가 물에 빠져 죽게 되었을 때 손을 내미는 것은 임기응변의 조치라고 할 수 있을 것입니다."

"지금 천하는 물에 빠져 죽어 가고 있습니다. 그런데 선생은 왜 천하를 구하시지 않는 겁니까?"

"형수가 물에 빠져 죽어 갈 때는 손을 잡아 구해 주지만 천하가 물에 빠졌을 때는 도(道)로 구하는 법입니다. 당신은 지금 천하도 손으로 구하라고 하는 말씀인가요?"

안색이 변하여 대드는 것만 보아도 맹자는 '성실한 인간'이다.

순우곤의 기지 넘치는 응대 재능은 사자로 외국에 갔을 때 유감 없이 발휘되었다.

어느 날이었다. 순우곤이 선왕의 부름을 받았다. 무슨 일일까 생각하며 궁중으로 들어갔더니 초나라에 다녀오라고 했다. 곡(鵠)이라는 새 한 마리를 초왕에게 헌상하고 오라는 것이다. 곡이란 고니(백조)를 말하며 당시 중국에서는 선인(仙人)이 타는 새라고 해서 귀중히 여겼다.

그는 왕의 부탁을 공손히 받아들인 다음 물러나와 초나라로 향했다. 그러나 도성을 벗어나자 소중한 선물인 곡을 하늘로 날려 놓아 주고 빈 새장만 들고 초왕을 만나 이렇게 변명했다.

"저는 제왕의 심부름으로 곡을 헌상하기 위해 왔습니다. 그런데 도중에서 강가에 다다랐을 때 곡이 물을 먹고 싶어했기 때문에 새장에서 꺼내 주었더니 그대로 달아나 버렸습니다. 저는 책임을 지고 그 자리에서 자살하려고 했습니다. 그러나 우리 제왕께서 고작 새 한 마리 때문에 아까운 선비를 한 사람 죽게 했다고 비난받게 되지 않을까 걱정되어 마음을 돌렸습니다. 또 곡과 비슷한 새는 많기 때문에 그걸 사서 대용으로 삼을까 생각도 해 보았지만 그런 짓을 한다면 왕을 속이는 셈이 되므로 그것도 역시 단념했습니다. 차라리 어딘가 다른 나라로 도망칠까 생각했습니다만 그런 짓을 한다면 두 나라의 친선 관계에 금이 갈 것 같아 그것도 또한 단념했습니다. 그래서 이렇게 뻔뻔스럽게 빈손으로 오게 되었으니 어떠한 벌이라도 내려 주십시오."

초왕은 그 말에 깊이 감동했다.

"우러러볼 만한 사람이다. 제왕 밑에는 이 정도의 인물이 있었구나!"

이렇게 말하고 그에게 많은 선물을 주었다. 그 많은 선물은 곡을 무사히 헌상했을 때 받게 되었을지도 모를 선물의 세 배나 되었다고 한다.

　사실은 곡을 하늘에 놓아 주었을 때 그는 거기까지 내다보고 있었으며 그래서 자신만만하게 초왕을 만났던 것이다.

　또 이런 이야기도 전해지고 있다.

　어느 해 위나라에 갔을 때이다. 어떤 인물의 권고로 위나라 혜왕과 회견하게 되었다. 순우곤의 박학과 변설의 재능은 이미 널리 알려져 있었다. 혜왕은 호기심 가득 찬 마음으로 회견 장소로 나갔다.

　그런데 순우곤은 왕 앞에 나와 문안을 드렸으나 입을 다문 채 한마디도 하지 않았다. 그가 분명 좌우의 중신들을 꺼리고 있기 때문이라고 생각한 혜왕은 날을 바꾸어 다시 회견할 자리를 마련하고 측근들을 물리친 다음 두 사람만 이야기할 기회를 만들었다.

　그러나 순우곤은 이번에도 시종 말이 없었다. 혜왕은 어처구니가 없었다.

　'이 사나이는 변설의 능수이기는 고사하고 혹시 멍청이가 아닌가.'

　혜왕은 순우곤을 소개한 사람을 나무랐다.

　"그대는 그 사람을 관자(管子)나 안영(晏嬰: 두 사람 다 제나라의 명재상)도 미치지 못하는 인물이라고 칭찬했다. 그런데 막상 만나 보니 한마디도 하지 않는다. 나를 깔보았기 때문인가, 무슨 사정이 있단 말인가? 경우에 따라서는 그냥 둘 수 없다."

　순우곤은 그 이야기를 듣자 이렇게 말하며 변명했다.

　"그것은 당연합니다. 처음 배알했을 때 왕께서는 말(馬)에 대한 것만 생각하시는 기색이셨습니다. 두 번째 만나 뵈었을 때도 회견에는 마음이 없고 오로지 음악에 마음을 빼앗기는 기색이셨습니다. 그래서 저는 굳이 한마디도 드리지 않았던 것입니다."

그 말을 듣고 혜왕은 크게 놀랐다.

"아아, 순우 선생이야말로 진짜 현인(賢人)이다. 처음 선생을 만났을 때는 마침 누가 준마(駿馬)를 헌상한 일이 있어서 말을 보러 갈 참이었다. 그 때 선생이 왔던 것이다. 두 번째에도 누가 가희(歌姬)를 데리고 왔는데 나는 아직 그 노래를 들어 보지 않았다. 마침 그 때 선생이 왔기 때문에 나는 측근들을 물리치고 선생과 두 사람만의 자리를 마련했지만 그것은 형식에 지나지 않았다. 마음은 준마와 가희에게 가 있었다."

순우곤은 '뜻을 읽고 색을 보는 데 능했다(〈사기〉)'고 한다.

앞에서도 말했듯이 상대의 표정이나 태도를 자세히 관찰하며 그 마음의 움직임을 추측했다. 그런 순우곤이라면 회견에 마음이 없는 혜왕의 기색쯤은 간단히 간파했을 것이다.

얼마 후에 세 번째 회견이 실현되었는데 혜왕은 이번에야말로 진심으로 상대의 이야기에 귀를 기울이겠다는 태도를 보였다. 순우곤은 사흘 밤낮 계속해서 이야기하고도 지칠 줄을 몰랐다. 이야기를 하는 사람도 그렇거니와 듣는 사람도 어지간했다. 내용이 재미있었기 때문에 싫증나지 않았던 것 같다.

혜왕은 순우곤에게 홀딱 반해서 재상에 등용하려고 했다. 그러나 순우곤은 끝내 사양하고 많은 선물을 받은 후 제나라로 돌아갔다.

어느 해의 일이다. 순우곤이 제나라 민왕의 사자가 되어 초나라로 갔다가 귀로에 설(薛)이라는 고을에 들렀다. 설은 식객 3천으로 유명한 맹상군(孟嘗君)이 있는 성이었다.

맹상군은 제나라 민왕과 종형제간이며 선왕과 민왕의 2대에 걸쳐 재상 자리에 있었으나, 민왕과 뜻이 맞지 않아 재상을 사임하고 설로 물러가 그 곳에서 독립 세력을 이루고 있었다. 얼마 동안 휴양하며 재기를 기하려 한 것이다.

하지만 설과 인접한 남쪽의 대국 초나라가 대군을 동원해서 설로 쳐들어올 움직임을 보이자 휴양 운운할 처지가 아니었다. 초나라는 맹상군과 민왕의 불화를 기화로 단숨에 설을 쳐 없애고자 했다.

설과 초나라의 국력을 비교하면 하늘과 땅의 차이가 있었다. 정면으로 맞선다면 전혀 승산이 없었다. 일단 제나라에 원군을 청하고 싶었지만 민왕과 어색하게 결별한 지도 얼마 되지 않았기 때문에 결심을 못한 맹상군은 좋은 생각이 떠오르지 않아 머리만 싸매고 있었다.

그런 판에 순우곤이 찾아온 것이다. 순우곤은 민왕에게 영향력이 강했다. 더구나 순우곤과 맹상군은 이미 절친한 사이였다.

'그렇다. 그 사람이다. 부탁할 만한 사람은 그 사람밖에 없다.'

맹상군은 서둘러 교외까지 마중을 나가 성대한 환영연을 베풀고 이렇게 부탁했다.

"초나라의 공격을 받아 어려움을 겪고 있소이다. 아무쪼록 선생의 힘을 빌려 주시기 바라오."

맹상군은 다시 다짐을 했다.

"선생께서 걱정해 주시지 않는다면 이 문(文)은 다시 자리를 함께하는 일이 없을 것이오."

문(文)이란 맹상군의 이름이다. '선생에게 버림을 받는다면 내 운명도 끝장'이라는 뜻인 만큼 필사적인 표정으로 부탁했다.

그러자 순우곤은 아주 간단하게 부탁을 떠맡았다.

"삼가 명령을 받들겠소이다."

그 태도를 보면 순우곤은 처음부터 맹상군을 도울 생각으로 설에 들렀는지도 모른다.

순우곤은 도성 임치로 돌아오자 곧 민왕에게 배알을 신청했다. 사자의 임무 수행 결과를 복명하기 위해서였지만 목표는 다른 데 있었다. 설에서 궁지에 빠져 있는 맹상군을 돕기 위해서는 어떻게 해서라도 민왕에게서 원군을 보내겠다는 승낙을 받아 내야 했다.

복명을 끝내자 민왕이 물었다.

"초나라의 사정은 어떻던가요?"

순우곤은 그 기회를 포착했다.

"난처한 일입니다. 초나라도 완고하지만 설도 분수를 모릅니다."

의식적으로 화제를 설로 돌렸다. 민왕은 자기도 모르게 걸려들었다.

"그건 또 무슨 소리요?"

순우곤은 천천히 이렇게 설득했다.

"설은 자기 힘도 생각하지 않고 선대(先代)의 신주를 모신 사당을 지었습니다. 초나라는 그것을 공격하려 하고 있습니다. 무덤이 어떻게 될지 알 수 없습니다. 설은 분수를 모르고 초나라는 완고하다고 말씀드린 까닭은 그 점 때문이었습니다."

설에는 위왕과 선왕의 사당이 있었다. 맹상군이 아직 민왕과 사이가 나빠지기 전에 민왕에게 청원해서 만들어 두었던 사당이다. 만약 초나라가 설을 공격하여 그 사당을 파괴하기라도 하는 날에는 불효 자식이라는 비난을 받을 사람은 민왕이었다. 순우곤은 그 사당에 착안하여 민왕의 약점을 찔렀던 것이다.

그 말을 듣자 민왕은 표정을 부드럽게 하며 중얼거렸다.

"그렇군. 설에는 선대의 사당이 있었지."

그러더니 즉시 원군을 승낙했다.

이 일화는 〈전국책〉에 실려 있는데 보기 드물게 다음과 같은 평언(評言)이 붙어 있다.

‘당황스럽게 머리를 조아리며 부탁해 봤자 효과는 뻔하다. 뛰어난 교섭자는 모든 일의 추세와 방향만 설명해도 상대방은 즉시 응한다. 쓸데없이 떠들거나 하지 않는다.’

이 평언은 순우곤의 곡선적인 교섭술의 핵심을 정확히 표현하고 있다.

4. 인상여(藺相如)

앞에서 ‘화씨의 벽(和氏之璧)’ 이야기를 소개했다

후에 이 ‘화씨의 벽’은 돌고 돌아서 조나라 혜문왕의 손에 들어갔다. ‘화씨의 벽’은 이미 세상에 널리 알려진 명옥이었다.

그 소문을 들은 진나라의 소왕(昭王)은 곧 조나라로 사자를 보내 ‘화씨의 벽’과 열다섯 성읍을 교환하고 싶다고 제의했다.

그 같은 제의 때문에 혜문왕은 머리를 싸맸다. 진나라는 대국이고 조나라는 소국이었다. 딱 잘라서 거절하면 심한 보복 조치를 각오해야 한다. 그렇다고 ‘네, 그렇습니까?’ 하고 벽을 내놓으면 공짜로 빼앗길 우려가 있었다. 벽은 아깝지만 보복도 두려웠다. 중신 회의를 소집해 대책을 협의했으나 그 자리에서도 묘안이 나오지 않았다.

그 때 벽을 받들어 진나라로 가서 의연(毅然)한 교섭으로 진나라의 생트집을 딱 잘라서 거절하고 온 사람이 바로 인상여(藺相如)였다.

인상여는 무현(繆賢)이라는 내시 우두머리의 식객에 지나지 않았다. 그런 그가 중요한 사자로 뽑힌 배경은 무현의 추천이었다.

중신 회의는 난항(難航)을 거듭한 끝에 일단 벽과 성읍의 교환 제의에 응하기로 결정이 났는데, 문제는 사자를 인선하는 일이었다. 그 일 또한 쉽사리 결정이 나지 않았다.

그 때 무현이 앞으로 나서서 말했다.

"저의 집 식객 중에 인상여라는 자가 있습니다. 그 사나이라면 적임자가 아닐까 생각하옵니다."

"어떤 사람인지 말해 보라."

왕이 묻자 무현은 다음과 같이 대답했다.

"저는 일찍이 대왕께 죄를 지어 연(燕)나라로 도망치려고 한 적이 있사옵니다. 그 때 저를 말린 사람이 인상여입니다.

그가 '연왕과는 어떻게 아는 사이입니까' 하고 묻기에 '지난날 대왕께서 국경에서 연왕과 회견하실 때 수행한 적이 있는데, 그 때 연왕이 내 손을 잡고 아무쪼록 친구가 되어 달라는 말을 한 적이 있다. 그런 사이이기 때문에 연나라로 가고자 하는 것이다'라고 대답했습니다.

그러자 인상여는 '조나라는 대국이고 연나라는 소국입니다. 더구나 당신은 조왕의 총애를 받고 계셨습니다. 그래서 연왕은 친구가 되고 싶다는 말을 한 것입니다. 그렇지만 지금 연나라로 도망쳐 간다면 어떻게 될까요? 연나라는 조나라를 무서워하고 있기 때문에 공의 체재를 받아들이지 않을 뿐만 아니라 필시 체포해서 조나라로 송환하리라고 생각합니다. 그러니 도망을 칠 일이 아니라 성의를 다해서 대왕께 사과해야 합니다. 그렇게 하면 혹시 용서하실지도 모릅니다'라고 말하는 것이었습니다. 그래서 인상여의 말에 따랐더니 망극하게도 대왕께서 용서해 주셨던 것입니다. 그런 일이 있었기에 저는 인상여라는 인물은 용기와 지혜를 겸비한 사나이라고 판단했으며 사자로서 적임자라고 생각하게 된 것입니다."

그래서 왕은 인상여를 불러들였다.

"진왕이 열다섯 성읍과 나의 벽을 교환하자고 제의해 왔다. 어떻게 해야 좋은지 그대의 의견을 말해 주기 바란다."

"상대는 강대한 진나라이므로 그 제의를 받아들이지 않을 수는 없을 것입니다."

"그렇지만 벽만 빼앗기고 땅을 받지 못하게 되면 어떻게 하느냐?"

"진나라는 교환을 제의하고 있습니다. 벽을 주지 않으면 잘못은 조나라에 있는 셈이 됩니다. 한편, 벽만 빼앗기고 땅은 주지 않는다면 잘못은 진나라에 있는 셈이 됩니다. 어느 쪽이 득책(得策)인가 하면 진나라의 제의를 받아들여 잘못이 진나라에 있도록 만드는 것입니다."

왕은 고개를 끄덕였다.

"과연 그렇구나. 그런데 사자로 추천할 만한 사람이 있는가?"

"따로 적임자가 없다면 제가 가겠습니다. 성읍이 손에 들어온다면 벽은 두고 오겠습니다. 그러나 성읍이 손에 들어오지 않으면 벽을 가지고 돌아오겠습니다."

그렇게 해서 중신의 식객에 지나지 않았던 인상여가 일약 사자로 발탁되어 벽을 받들고 진나라로 가게 되었다.

그러나 사자의 임무는 간단하지 않았다. 진나라는 강국이어서 힘을 내세워 벽을 공짜로 얻겠다는 책략이 뻔했다. 어지간한 교섭으로는 벽만 빼앗기고 성읍은 받지도 못할 수 있으며 자칫하면 생명까지도 빼앗길 수 있었다.

인상여 일행이 진나라 도성 함양(咸陽)에 도착하자 학수고대하고 있던 소왕은 즉각 인상여를 불러들였다. 인상여는 들어가 공손히 벽을 바쳤다. 그러자 소왕은 희색이 만면해져서 옆에 시립해 있는 시녀와 측근에게까지 벽을 보여 주었다.

소왕의 좌우에서 일제히 만세 소리가 터졌다.

그러나 소왕은 교환 조건인 성읍에 대해서는 한마디도 언급하지 않았다. 그것을 보고 인상여는 한 걸음 다가앉았다.

"사실은 벽에 흠이 있사옵니다. 그 곳을 가리켜 드리겠습니다."

소왕이 벽을 인상여에게 돌려주었다. 벽을 받은 인상여는 재빨리 뒤로 물러나 기둥을 등지고 서서 외쳤다.

"대왕께서는 벽을 손에 넣으시려고 조왕에게 사자를 보내셨습니다. 조왕께서는 군신과 더불어 그 일에 대해 상의하셨습니다. 그리고 '진나라는 탐욕스러운 나라다. 부강함을 믿고 사리에 벗어나는 일을 억지로 하려 한다. 성읍과 교환하겠다는 것은 터무니없는 빈 약속에 지나지 않는다'는 의견이 강해 교환에 응하지 않기로 결정했습니다. 그렇지만 저는 그 때 이렇게 반론했습니다.

'서민들 사이에서도 사기 행위는 수치로 여기고 있습니다. 하물며 당당한 대국이 사술(詐術)을 쓸 리가 있겠습니까? 어찌 되었든 벽 하나 때문에 진나라와의 우호 관계를 손상시켜서는 안 됩니다.'

조왕께서는 제 의견을 들으시어 닷새 동안 목욕재계를 하신 다음 저에게 벽과 편지를 맡겨 대왕께 전하도록 하셨습니다. 이 모두가 대국에 대해 경의를 표하기 위해서입니다.

그런데 대왕의 태도는 어떻습니까? 벽을 손에 들자마자 여자들에게 자랑스럽게 보이시고 저를 우롱하는 대접을 하셨습니다. 예(禮)에서 벗어나기가 이만저만이 아니며 적어도 한 나라의 사자를 대접하는 방법이 아닙니다. 그야말로 대왕께서는 교환 조건인 성읍을 주실 의사가 없는 것 같습니다. 그러기에 이렇게 벽을 되찾은 것입니다. 자, 죽이려면 죽이시오. 그 이전에 내 스스로 벽과 함께 머리를 기둥에 부딪쳐 죽을 작정입니다."

인상여는 벽을 치켜들고 금세라도 기둥을 향해 던지려고 했다. 이를 본 소왕은 황급히 인상여에게 사과하는 한편, 측근에게 지도를 가져오게 했다. 그리고 지도를 손가락으로 가리키면서 여기서부터 여기까지 열다섯 성읍을 주겠다고 약속했다. 그렇지만 인상여는 그것이 빈 약속이라는 것을 간파하고 있었다.

그래서 이렇게 다그쳤다.

"화씨의 벽은 유명한 보옥입니다. 조왕께서는 귀국의 강대함이 두려워서 헌상하시지 않을 수가 없었습니다만 벽을 내놓으실 때 닷새 동안 목욕재계하셨습니다. 따라서 대왕께서도 이 보옥을 받으시려면 조왕과 같이 닷새 동안 목욕재계하시고 최고의 예로써 받으셔야 마땅합니다. 그렇다면 저도 기꺼이 벽을 헌상하겠습니다."

억지로 빼앗을 수 없음을 안 진왕은 하는 수 없이 목욕재계하기로 결정하고 인상여를 광성(廣成)이라는 최고의 저택에 묵게 했다.

그렇지만 인상여는 '성읍과 교환하겠다는 약속은 역시 공수표에 지나지 않는다'는 것을 알고 남몰래 종자(從者)에게 벽을 가지고 지름길을 따라 조나라로 돌아가게 한 다음 혼자서 진나라에 머물렀다. 물론 죽음을 각오하고 한 일이다.

한편, 소왕은 닷새 동안의 목욕재계를 마치자 다시 궁정에서 최고의 예를 다하여 인상여를 인견했다. 인상여는 소왕 앞으로 나아가 이렇게 말했다.

"귀국의 왕은 목공(穆公) 이래 20여 대가 되지만 그 동안 신의가 두텁다는 분의 이름은 아직까지 한 번도 듣지 못했습니다. 저는 대왕에게 속아 조왕의 신뢰를 배반하는 결과를 가져올 것이 우려되어 벽을 조나라로 몰래 다시 보냈습니다. 하지만 진나라는 강국이고 조나라는 약국입니다. 대왕께서 사자를 보내시기만 하면 조나라는 즉시 벽을 헌상할 것입니다. 하물며 강국인 진나라가 먼저 열다섯 성읍을 준다면 조나라는 벽을 아끼다가 대왕의 원한을 사는 어리석은 일은 저지르지 않을 것입니다. 대왕을 속인 죄가 죽음에 해당된다는 것은 물론 잘 알고 있습니다. 설사 삶아 죽이는 극형을 당할지라도 후회는 없습니다. 다만 그러기 전에 가신 여러분들과 충분한 심의를 해 주시기 바랍니다."

그 말을 들은 소왕은 측근들과 얼굴을 마주 바라볼 뿐이었다. 어이가 없다는 표정이었다. 그 중 두어 명이 일어서서 인상여를 체포하려고 했다. 그러나 소왕은 이를 말리면서 말했다.

"여기서 인상여를 죽인다 해서 벽이 손에 들어오는 것도 아니다. 뿐만 아니라 조나라와 우호 관계까지 손상될 것이다. 이번에는 인상여를 후하게 대접해서 귀국시키는 편이 득책이다. 조왕도 역시 벽 하나 때문에 진나라를 배신하거나 하지는 않겠지."

인상여는 무사히 귀국했다. 조왕은 사자의 사명을 완수한 공로를 치하하여 그를 상석(上席) 대부(大夫)로 등용했다.

그렇게 되어 인상여의 활동으로 진나라는 성읍을 주지 않는 대신 조나라도 벽을 내놓지 않게 되었다.

〈논어〉에 이런 말이 있다.

"사방에 사자로 가서 군명(君命)을 욕되게 하지 않다."

자공(子貢)이라는 수제자가 물었다.

"선비란 어떤 인물을 말하는 것입니까?"

공자가 맨 먼저 든 것이 이 말이었다.

인상여의 이 때 교섭 태도는 바로 그와 같았다. '완벽(完璧)'이라는 말은 이 고사에서 생겨났다. 원래는 '벽을 온전히 돌려보내다'라는 의미를 가진 말이었다.

그 후의 일이었다. 진나라가 조나라를 공격하여 석성(石城)을 공략했다. 그리고 이듬해(기원전 280년)에도 조나라로 진공하여 조나라 군사 2

만여 명을 죽였다.

진나라가 드디어 강대한 무력을 이용해서 본격적인 진공 작전에 나서기 시작했던 것이다. 그런데 진나라의 전략은 단순하지 않았다. 얼마 후 진나라의 소왕이 조왕에게 사자를 보냈다.

"두 나라의 우호를 위해 서하(西河) 남쪽 면지에서 회담하고자 한다."

〈손자〉의 병법에 '싸우지 않고 이기는 것'이 최고의 전략이라는 내용이 있거니와 이 때의 진나라도 싸우지 않고 조나라를 굴속시키려 했다.

이 제의에 대해 조왕은 처음에 겁을 먹고 응하기를 꺼려했으나 장군 염파(廉頗)와 인상여가 함께 간했다.

"가시지 않으면 조나라의 허약함과 비굴함을 천하에 알리는 결과가 될 것입니다."

그러자 마지못해 응하기로 했다.

인상여가 왕을 수행하게 되었다. 일행을 국경까지 배웅한 염파는 왕에게 하직 인사를 했다.

"아무쪼록 충분히 조심하옵소서. 여행 일수를 계산해 보니 회담을 마치고 돌아오실 때까지 30일도 채 걸리지 않습니다. 30일이 지나도록 돌아오시지 않으면 태자를 받들어 진나라의 야망을 꺾을까 합니다."

조나라 쪽에서 볼 때 이 회담은 국운을 건 회담이었다. 형편에 따라서는 어떤 사태가 벌어질지 알 수 없었다. 염파는 최악의 사태를 예상하고 그 후의 행동에 대해서 왕의 양해를 구했던 것이다. 왕은 그리 하라고 허락했다.

조왕은 면지로 가서 진나라의 소왕과 회담했다. 주연이 한창 무르익었을 때 소왕이 말했다.

"전부터 조왕께서는 음악을 좋아하신다는 말을 들었는데 거문고를 한 번 들려 주십시오."

조왕은 거문고를 탔다. 그러자 진나라의 기록관이 앞으로 나와서 기록했다.

'모년 모월 모일, 진왕은 조왕과 회담했으며 조왕에게 거문고를 타게 하다.'

그러자 이번에는 조왕 옆에서 대기하고 있던 인상여가 앞으로 나아갔다.

"진왕께서는 진나라의 음악에 뛰어나시다고 듣고 있습니다. 모처럼의 기회이니 분부로 장단을 맞추시어 장기인 목소리를 들려 주시면 함께 즐기고자 합니다."

'분부'라는 물건은 원래 술 따위를 담는 질그릇인데 진나라에서는 그것을 노래 장단을 맞추는 데 쓰고 있었다. 여기서 분부를 끄집어낸 데에는 진나라의 문화적 후진성을 우롱하는 의미가 담겨 있었다.

진왕은 발끈하는 기색이 되어 거절했다. 인상여는 무릎걸음으로 다가가 무릎을 꿇고 계속해서 진왕에게 청했다. 진왕은 그래도 응하지 않았다. 인상여는 언성을 높여서 진왕을 재촉했다.

"왕이 계신 곳까지 다섯 걸음의 거리밖에 안 됩니다. 끝까지 승낙하시지 않는다면 목숨을 빼앗겠습니다."

진왕의 측근들이 칼자루를 잡고 인상여에게 다가갔다. 그러나 인상여가 일갈하자 맥없이 뒤로 물러섰다. 진왕은 하는 수 없이 한 번 분부를 쳤다. 그러자 인상여는 조나라의 기록관을 가까이 불러서 '모년 모월 모일, 진왕이 조왕을 위해 분부를 치다'라고 기록하게 했다.

그렇게 되어 두 나라의 왕이 대등한 자격으로 회담에 임했다는 내용이 기록으로 남을 수 있었다. 인상여의 용기 있는 행동 덕분에 조왕은 면목을 지킬 수 있었다.

그 일이 있은 직후에 또 이런 응수가 있었다. 진왕의 한 측근이 말을 꺼냈다.

"우리 왕의 장수를 축하하는 뜻으로 귀국에서 성읍을 열다섯쯤 헌상하시면 어떻겠소?"

물론 무력을 내세워 꺼낸 생트집이었다. 하지만 이 때도 인상여는 한 걸음도 물러서지 않았다.

"귀국이야말로 우리 왕의 장수를 축하하는 뜻으로 도성인 함양을 헌상하시지요."

그렇게 되어 주연이 끝날 때까지 진왕은 끝내 조나라를 굴속시키지 못했다. 조나라 쪽도 호위하는 병사들을 늘려 진나라의 움직임에 대비했기 때문에 진나라로서도 함부로 손을 댈 수 없었다.

회담을 마치고 귀국하자 조왕은 인상여의 공적을 치하하여 상경(上卿) 대신으로 발탁했을 뿐만 아니라 같은 상경인 염파 장군보다 윗자리에 앉혔다.

염파는 누구라도 알 정도로 천하에 이름이 알려진 역전의 용장이며 조나라의 대들보였다. 그런 염파보다 인상여가 윗자리에 앉게 되었으니 염파로서는 기분이 좋을 리 없었다.

"나는 조나라의 총사령관으로서 공성야전(攻城野戰)에서 큰 공을 세웠다. 인상여는 말뿐인 활동을 한 것에 지나지 않는데도 자리는 그 쪽이 위다. 더구나 인상여는 비천한 출신이다. 내가 그런 사람 아래 있어야 한다니 참을 수 없다."

염파는 불만을 털어놓고 만나는 사람들에게 '그놈을 만나면 그냥 두지는 않겠다'고 공언했다.

한편, 그 말을 소문으로 들은 인상여는 염파와 얼굴이 마주치지 않도록 조심했다. 조정에 나가는 출사(出仕)도 서열 문제가 표면화되지 않도록 병을 구실로 미루고 있었다.

그러던 어느 날 인상여가 우연히 외출했을 때 저쪽에서 염파가 오고 있었다. 인상여는 황급히 옆집으로 도망쳐 들어갔다. 하지만 가신들이 가만히 있지 않았다.

"저희들이 고향을 버리면서까지 상공을 섬기고 있는 까닭은 오로지 높은 뜻을 경모하기 때문입니다. 상공께서는 이제 저 염파와 동렬의 신분을 가지고 계십니다. 그럼에도 염파의 갖은 욕과 악담을 꺼린 나머지 오로지 도망쳐 숨으려고만 하십니다. 재상이라는 분이 필부조차도 치사하게 여기는 행동을 하시며 더구나 조금도 부끄러워하는 기색도 보이지 않으시니 도대체 어찌 된 일입니까? 이젠 더 참을 수가 없습니다. 물러가도록 해 주십시오."

그러자 인상여는 가신들에게 이렇게 반문했다.

"그대들은 염 장군과 진왕 중에서 어느 쪽이 더 벅찬 상대라고 생각하는가?"

"당연히 진왕입니다."

"그런 진왕이지만 나는 궁정에서 당당하게 논전(論戰)했다. 가신들 따위는 마치 어린애 다루듯이 해 주었다. 그런 내가 어째서 염파 장군을 무서워하겠는가. 나는 이렇게 생각하고 있다. 그처럼 강대한 진나라가 요즈음 감히 우리 나라를 치려고 하지 않는 것은 염 장군과 내가 버티고 있기 때문이라고 말이다. 지금 두 사람이 싸우면 어느 한쪽이 상처를 입는다. 내가 이런 행동을 취하고 있는 까닭은 개인의 싸움보다도 국가의 문제가 더 중요하다는 것을 알고 있기 때문이다. 알겠느냐?"

그 말을 전해 들은 염파는 빈객(賓客)의 주선으로 인상여의 집을 찾아가서 웃옷을 벗고 사죄했다.

"이 어리석은 놈을 자세히 보아 주십시오. 상공의 관대한 마음도 헤아리지 못해 이런 꼴이 되었습니다."

두 사람은 그 사건을 기회로 화해했으며 '문경지교(刎頸之交)'의 관계를 맺었다.

'문경지교'란 서로를 위해서라면 목이 잘린다 해도 후회하지 않을 만큼 친한 교우 관계를 의미하는 말이다. 이 이야기가 그 출전(出典)이다.

이들 두 사람이 건재해 있던 동안에는 진나라를 비롯한 여러 외국이 조나라를 한 번도 멸시하지 못했다. '문경지교'를 맺은 두 사람이 조나라를 계속해서 지탱했던 것이다. 그것은 모두 용(勇)과 지(智)를 겸비한 인상여의 배려 때문에 얻어진 결과이다.

사마천은 인상여를 이렇게 평하고 있다.

'죽음을 각오하면 용기가 솟는다. 죽음 그 자체는 어렵지 않다. 죽을 장소를 가리는 것이 어려운 것이다. 인상여가 벽을 되찾고 벌떡 일어나 진왕의 측근들을 질타했을 때 죽음을 각오했을 것이다. 선비라고 해서 모두 이런 때에 용기를 일으키는 것은 아니다. 하지만 인상여는 용기를 불러일으켜 적을 위압했으며 물러나서는 염파와 굳이 일을 꾸미려 하지 않았다. 그 결과 드물게 보는 명성을 얻을 수 있었다. 그야말로 지용을 겸비한 사람이라고 말할 수 있다.'

인상여는 지(智)에 의지해 작전을 짜내고 용(勇)에 의지해 결단을 내려 당당한 외교 교섭을 전개하며 한 걸음도 물러서지 않았다. 그리고 그 지와 용으로 용장인 염파까지 고개를 숙이게 만든 뛰어난 인물이었다.

제3편 통솔하는 지혜

제3편 통솔하는 지혜

춘추 전국 시대(春秋戰國時代) 때 사람인 노(魯)나라의 복자천(宓子賤)은 공자의 수제자들 중 한 사람이었다.

그는 노왕(魯王)을 도와 단부(亶父) 지방의 장관 일을 보고 있었는데, 그가 애써 시정 계획(施政計劃)을 짜고 이를 시행하려고 하면 그 때마다 간신들이 들고 일어나 왕에게 간언을 하고 왕은 또 이를 받아들여 번번이 그의 계획을 방해하곤 했다.

복자천은 이를 크게 불만스럽게 여겨 여러 번 왕에게 간하여 시정을 요구하려 했으나 주위의 간신들 때문에 그 틈을 얻지 못하고 기회만 보고 있는 실정이었다.

그러던 중에 그는 이런 상소를 올렸다.

"이 곳에 유능한 관원이 부족하여 정사에 여러 애로가 있사오니 폐하의 측근에 있는 유능한 관리를 두어 사람 보내 주시어 저를 돕게 해 주십시오."

왕은 쾌히 승낙하고 측근의 여러 관리들 가운데 가장 유능하다는 평을 듣는 두 사람을 선발하여 그에게 보내 주었다.

복자천은 부임해 온 두 관원이 왕의 측근임을 확인한 뒤에 몹시 기뻐하며 그 지방의 모든 관리들을 한자리에 집합시켜 놓고 두 사람의 신임(新任)을 알리는 동시에 그들에게 각각 문서 작성의 책임을 맡겼다.

그들은 집무를 시작하자 유능한 관리답게 곧 붓을 들어 척척 문안(文

案)의 초를 잡고 문서 작성을 하는데 그 솜씨가 매우 능숙하고 틀이 잡혀 보기에 대단히 믿음직스러웠다.

그 때 옆에 있던 복자천이 불쑥 나서서 열심히 일하고 있는 그들의 팔을 툭 건드렸다.

"……?"

그들이 의아해하며 돌아보았으나 복자천은 아무 일도 없었다는 듯이 태연스러운 표정이었다. 그 표정을 보니 물어 보기도 민망하여 다시 글을 쓰기 시작했으나 복자천은 또 그들의 팔을 건드렸다.

이렇게 몇 번을 거듭한 끝에 가까스로 문서가 완성되기는 했으나 복자천이 여러 차례 건드리는 바람에 글씨가 형편없이 어지럽게 되었다. 그 어지러운 까닭이 실은 자기 탓인데도 불구하고 복자천은 몹시 화를 내었다.

"이것도 글씨인가? 나는 도무지 알아볼 수가 없군. 설사 알아본다 치더라도 이런 것을 관공서의 문서라고 하기에는 낯간지럽군."

이런 식으로 몹시 책망을 하니 두 사람은 그 고통을 못 이겨 사직할 뜻을 표했다.

그러자 복자천은 기다렸다는 듯이 호령호령하였다.

"글씨 하나 제대로 쓰지 못하는 너희 같은 것들은 차라리 조금이라도 빨리 그만두는 편이 낫겠다! 당장 돌아가거라!"

두 사람은 왔던 날로 다시 여장을 꾸려 도성으로 돌아가 노왕을 알현하였다.

"신들은 복자천 그 분을 모실 수가 없어 사직하고 돌아왔습니다."

"아니, 무슨 이유인고?"

왕은 깜짝 놀라는 표정이었다.

"네, 그분은 저희들에게 문서 작성을 명하시고는 글을 쓰기 시작하자

마자 곧 팔꿈치를 건드리셨습니다. 그러니 어찌 글이 잘 써질 리가 있겠습니까. 그러나 그분은 오히려 화를 내시더니 관원이 어찌 글씨를 못 쓰느냐고 다그치며 욕을 하시니 도무지 저희들은 이해할 수도 없었을 뿐만 아니라 그 곳의 모든 관리들도 저마다 그분을 비웃는 표정이었습니다. 그러니 저희들이 그런 분을 모실 수 없다고 생각한 것도 당연하다고 믿사옵니다."

이 말을 듣고 왕은 한동안 생각에 잠겼다. 복자천의 됨됨이로 보아 그런 멍청한 짓을 할 리가 없었다.

'그렇다면 무슨 이유로…?'

왕은 한참 만에 긴 한숨을 내쉬면서 무겁게 입을 열었다.

"음, 복자천이 이 일로 나의 잘못에 대해서 풍간(諷諫)을 하는구나. 내가 그 동안 복자천의 여러 가지 시정 계획을 번번이 방해한 일은 과연 글을 쓰게 해 놓고서 팔꿈치를 건드리는 짓과 다름없었다. 그러니 좋은 결과를 기대하는 것이 무리였음을 알 수 있다. 만약에 이번에 두 사람의 일을 내가 깨닫지 못하였더라면 이후에도 잘못을 모르고 되풀이할 뻔했구나."

노왕은 크게 깨달은 바 있어 그 이후부터는 터무니없는 상주를 물리치고 치정(治定)에 힘쓰니 그제야 복자천의 탁월한 재능도 빛을 보기 시작했다.

윗사람과 부하의 관계에 대하여 한비(韓非)는 다음과 같은 일화를 예로 들고 있다.

옛날에 한(韓)나라의 소후(昭候)가 술에 취해 선잠이 들었다. 관계(冠係: 머리에 쓰는 관을 관리하는 일)를 담당하는 사람이 소후가 춥겠다는 생각이 들어 잠을 자는 소후에게 옷을 덮어 주었다. 얼마 후에 소후가 눈을 떴다. 그리고 옷으로 추위를 막아 준 사람의 마음가짐을 가상히 여겨 주위 사람들에게 물었다.

"내게 옷을 덮어 준 사람이 누구인가?"

옆에 있던 사람이 대답했다.

"관계를 담당한 사람입니다."

그러자 소후는 의복계(衣服係)와 관계를 함께 처벌했다.

소후가 의복계를 처벌한 것은 그의 임무를 다하지 않았기 때문이며 관계를 처벌한 까닭은 자기 직분을 벗어난 일을 했기 때문이다.

추위가 고통스럽지 않은 것은 아니지만 남의 직무 분야를 침범하는 데에서 오는 폐단이 그 추위에서 오는 고통을 훨씬 능가한다고 생각했기 때문이다.

한비는 관계와 의복계를 동시에 처벌한 이유를 이렇게 설명하고 있다.

무척 냉혹하고 비정해 보이지만 개인적인 선의(善意)와 착한 마음씨를 높이 사는 것보다는 조직의 질서를 지키는 편이 훨씬 소중하다. 선의와 착한 마음이라 하여 칭찬하고 방치하면 질서가 문란해져 남의 영역을 더욱 침범하는 결과를 가져오며 이런 폐단들이 쌓여 조직 전체가 붕괴되는 일이 생기지 않는다고 단언할 수 없다.

한비는 남이 하는 일에 눈을 돌리기 전에 우선 자신의 임무를 확실하게 수행하고 전력투구하게 만들 엄격함이 필요하다고 주장하고 있다. 이는 반박의 여지가 없는 정론(正論)이라고 생각된다.

여기서 그친다면 너무나 무미건조한 정론에 불과하다. 그리하여 한비는 다시 다음과 같은 이야기를 하고 있다.

노(魯)나라 대신 맹손(孟孫)이 사냥하러 나갔다가 새끼 사슴을 산 채로 잡았는데 진서파(秦西巴)에게 명해 그것을 마차에 싣고 갔다. 그러나 어미 사슴이 눈물을 흘리며 마차 뒤를 따라오자 진서파는 불쌍하게 생각하여 새끼 사슴을 놓아 주었다. 집에 돌아온 맹손이 새끼 사슴을 데려 오라고 하자 진서파가 대답했다

"눈물을 흘리며 따라오는 어미 사슴이 측은하여 새끼 사슴을 놓아 주었습니다."

맹손은 크게 노해 진서파를 집에서 추방해 버렸다. 그러나 석 달 후 맹손은 추방했던 진서파를 다시 불러 자기 아들 돌보는 일을 시켰다.

"지난번에는 저 사람을 추방하셨는데 지금 다시 불러들여 아드님 돌보는 일을 시키시는 이유는 무엇입니까?"

측근 한 사람이 물었더니 맹손이 대답했다.

"진서파는 사슴 새끼에게까지 그 착한 마음이 미치는 사람이므로 내 아들에게도 그 착한 마음이 미치지 않을 수 없을 것이다."

'교사(巧詐)는 졸성(拙誠)만 못하다.'
(교묘한 거짓은 서툰 성실함만 못하다.)

한비는 이 진서파의 이야기를 악양(樂羊)의 일화와 대비시킨다.

악양은 적이 인질로 잡고 있던 아들을 삶아 그 국물을 보내자 태연하게 마시며 충성을 위장했지만 그 싸움에 이기고서도 중용(重用)되지 못했다. 악양의 교묘한 거짓보다 진서파의 서툰 성실이 낫다는 뜻이다. 그러므로 윗사람은 부하가 직무 수행을 완수하도록 요구하는 한편, 그 부하의 심정(心情)까지 지켜보면서 한비자가 말한 이 졸성(拙誠: 서툰 성실)을 확인한 다음에 알맞은 직책을 주어야 한다. 한비는 윗자리에 있는

사람의 모습은 이런 것이어야 한다고 생각했다.

인간에게는 선의가 있으며 그 선의는 아름답고 훌륭하다. 그러나 선의는 찰나적인 연소(燃燒)와 비슷하여 너무나 공허하다. 남의 선의를 기대하고 또 선의를 전제로 하여 여러 가지 계획을 입안하는 것은 아무리 치밀하게 생각해도 자살 행위와 비슷하다. 선의는 지속되지 않으며 그 지속을 보증할 수 있는 것은 아무것도 없다. 한비는 그 같은 사실을 잘 알고 있었다.

인간이란 기본적으로 비정(非情)하며 상황(狀況)은 시시각각으로 변화하기 때문에 선의는 언제라도 악의(惡意)로 전환될 수 있다는 것을 한비는 명확하게 이해하고 있었다. 그리고 선의는 왜 지속되지 않으며 선의의 지속을 대신할 수 있는 것은 없는지 한비는 찾고 있다.

한비자가 예로 든 다음의 이야기에서 우리는 그와 같은 노력을 엿볼 수 있다.

옛날에 미자하(彌疵瑕)는 위(衛)나라 영공(靈公)의 총애를 받고 있었다. 위나라 법률에 의하면 허가 없이 군주의 수레를 탄 사람은 발꿈치를 베는 월형(刖刑)을 받게 되어 있었다.

어느 날 미자하의 어머니가 병에 걸렸다. 밤늦게 남몰래 찾아와서 미자하에게 그런 사실을 전해 준 사람이 있었다. 미자하는 임금의 허락을 받았다고 거짓말을 하고는 임금의 수레를 타고 급히 어머니 곁으로 달려갔다. 위의 영공은 그 같은 사실을 알았으나 미자하가 어질다는 것을 알고 있었기에 이렇게 말했다.

"효자로구나! 어머니의 병을 걱정한 나머지 자기의 발꿈치를 베일 형벌도 두려워하지 않았다니!"

또 어느 날 미자하가 임금과 함께 과수원에서 놀고 있을 때였다. 열려 있는 복숭아를 하나 따서 먹어 보니 무척 맛이 있었다. 그래서 다 먹지 않고 반쯤 남은 복숭아를 임금에게 권했다. 임금은 다시 감탄했다.

"나를 극진히 사랑하고 있구나! 제 입에 넣었던 것을 잊고 내게 먹으라고 하다니!"

그러나 그 후 세월이 흘러 미자하가 나이를 먹어 고운 얼굴이 사라지자 영공의 총애도 사라졌을 때 임금에게 또 죄를 짓게 되었다. 그러자 임금이 말했다.

"이자는 전에 허락도 없이 내 수레를 탔다. 그리고 자기가 먹던 복숭아를 나에게 먹인 적도 있다."

미자하의 행동은 전에 비해 조금도 달라지지 않았다. 그러나 전에는 칭찬을 받은 이유가 문책을 받는 이유로 변하고 말았다.

한마디로 말해서 애증(愛憎)의 변화가 작용했기 때문이다. 그러므로 군주에게 사랑을 받고 있을 때에는 군주가 그 사람의 의견을 받아들여 점점 신임을 받게 마련이다. 그러나 군주의 미움을 받게 되면 그 사람의 의견은 받아들여지지 않을 뿐만 아니라 반대로 벌을 받고 더욱더 소원해진다. 그러므로 간하는 선비는 자신에 대한 임금의 애증을 살핀 뒤에 설득하지 않으면 안 된다. 이것은 한비의 예리한 통찰에서 나온 이야기이다.

다시 말하자면 부하는 윗사람의 인정과 후한 대접을 받는다고 해서 그 호의에 만족할 일이 아니라 언젠가는 그것이 냉정한 대접과 악의로 변할 수 있다는 점을 명심하고 윗사람의 마음을 파악하면서 상황 변화를 충분히 고려해야 한다고 한비는 충고하고 있는 것이다.

한비는 보다 적극적으로 마음의 움직임을 알 수 있는 방법을 설명해 주고 있다. 한비의 이야기 두 가지를 소개한다.

정곽군(靖郭君)은 제(齊)나라의 재상이었다. 그는 제나라 위왕(威王)의 정부인이 죽었을 때 위왕이 10명의 후궁 중에서 누구를 새로운 정부인으로 세울 생각인지 간절하게 알고 싶었다. 만일 그가 어떤 후궁을 정부인으로 추천하고 왕이 그 의견을 들어 준다면 새 정부인을 옹립한 공적을 인정받을 것이라고 생각했다. 그러나 그가 추천한 후궁을 왕이 정부인으로 맞지 않는다면 자신은 완전히 체면을 잃고 말 것이라고 생각했다. 그리하여 맹상군은 왕이 어느 후궁을 새 정부인으로 세우려 하는가를 비밀리에 알아내어 그 후궁을 정부인으로 삼으라고 왕에게 진언하기로 했다.

정곽군은 10개의 구슬 귀걸이를 만들었다. 그 중에서 하나만 특별히 아름답게 만들어 다른 9개와 함께 위왕에게 헌상했다. 위왕은 맹상군이 가져다 준 귀걸이를 10명의 후궁들에게 나누어 주었다. 다음날 맹상군은 특별히 아름답게 만든 귀걸이를 달고 있는 후궁을 위왕에게 권하여 정부인으로 삼게 했다.

초(楚)나라의 성왕(成王)은 상신(商臣)을 태자로 삼았다. 그러나 그 후에 후궁 소생인 공자 직(職)을 태자로 책봉하고 싶어했다. 상신은 그 소문을 들었지만 그것이 사실인지 확인해 볼 수가 없었다. 그리하여 자기의 스승 번숭(璠崇)에게 물었다.

"어떻게 해야 이 소문이 진실인지 확인할 수 있겠소?"

"대왕의 누이동생의 남편인 강우(江芋)를 초대하여 연회를 열고 일부러 실례되는 행동을 해 보시면 알 수 있을 것입니다."

번숭은 이리 대답했다. 태자는 번숭이 시키는 대로 했다. 그러자 강우가 화를 내며 말했다.

"정말 쓸모없는 사람이군. 왕께서 자네 대신에 직을 태자로 책봉하려는 생각도 이해가 되는군."

강우가 홧김에 한 이 말을 듣고 상신은 탄식했다.

"소문이 사실이었군."

그러자 번숭이 물었다.

"직이 태자가 되면 동생의 신하로서 봉사할 수 있겠습니까?"

"그렇게 할 수는 없소."

"그럼 타국을 방랑할 수 있겠습니까?"

"그것도 할 수 없소."

"그렇다면 큰일을 도모할 수 있겠습니까?"

"그래, 해 봅시다."

그리하여 상신은 근위병을 이끌고 아버지인 성왕을 공격했다. 포로가 된 성왕은 기왕 죽을 바에는 곰 발바닥 요리를 먹고 죽는 것이 소원이라고 아들에게 부탁했다. 최고의 맛있는 음식을 먹고 싶었는지 혹은 시간을 벌기 위한 술책이었는지는 모른다. 그러나 상신은 허락하지 않았다. 결국 성왕은 자살했다.

의식적으로 꾸며 낸 행동에 반응하는 상대방의 조심성 없는 행동을 관찰하여 그 마음의 움직임을 알아내는 상투적인 정보 수집 기술이라고 할 수 있다. 그러나 작위적인 행동을 해야 한다는 약점 때문에 속임수가 들통나기 쉽다. 위험한 함정에 빠질 위험마저 있다.

그러나 한비는 다시 이렇게 말하고 있다.

"윗사람과 부하의 이익은 서로 상반되는 것이다. 왜냐 하면 윗자리에 있는 사람의 이익이란 능력 있는 사람을 채용하여 거기에 적합한 직무를 주어 일하게 하는 것인데 반하여, 부하가 추구하는 이익이란 능력이 없는

데도 불구하고 보다 좋은 자리에 앉으려고 하는 것이기 때문이다. 윗자리에 있는 사람의 이익이란 공로가 있는 사람에게 지위와 녹을 주는 것인데 반하여, 부하의 이익이란 공적이 없으면서도 부와 지위를 손에 넣으려하기 때문이다."

그 예로 〈한비자〉 속에 있는 일화를 소개한다.

송(宋)나라의 숭문(崇門)이라는 곳에 부모의 상을 입고 계율을 엄격하게 지켰기 때문에 몸이 몹시 쇠약해진 사람이 있었다.

송나라의 군주는 그 사람의 이야기를 듣더니 부모에 대한 효심이 무척 깊다면서 감탄했다. 그리고 요즘 보기 드문 효자라면서 작은 벼슬을 주었다. 그러자 다음해에는 부모의 상을 입고는 일부러 예절을 지키다가 굶어 죽는 사람들이 10명 이상이나 생겼다.

아들이 부모의 상을 입고 효성을 다하는 까닭은 부모를 그리워하기 때문인데 그것까지 포상을 하면 효심마저도 장려할 수가 있다는 한비의 생각을 표현한 이야기이다. 그러고 보면 별다른 능력이 없으면서도 보다 좋은 직책을 맡으려고 하며 요행을 바라는 무리들이 무척 많다고 할 수 있다.

그러므로 맹상군이 행한 정보 수집은 공적도 없으면서 부와 지위를 손에 넣으려고 하는 극히 이기적인 행동이다.

따라서 송나라 숭문의 사람들처럼 능력도 없으면서 보다 좋은 일자리를 얻기 위해 죽음까지 서슴지 않는 왕성한 사행심을 발휘하는 것 역시 악의는 없다 해도 지나치게 이기적이라는 점에서는 맹상군과 조금도 다름이 없다.

그러나 이와 같은 형태로 윗사람을 속이고 자기 편리를 도모하려는 사람에게는 당연히 복수가 기다리고 있다.

한비자 몇 가지 예를 소개하고 있다

방경(龐敬)은 현령(縣令)이었다. 그가 어느 날 시장을 담당하는 관리를 감독하기 위해 갔다. 그는 시장에 가서 관리 책임자를 불러 자기 앞에 세워 둔 채 아무 말도 하지 않고 한동안 서 있기만 했다. 그리고 그 책임자를 돌려보냈다. 시장 담당 관리는 그 광경을 보고 현령과 관리 책임자가 무슨 문제를 상의했다고 생각여 그 때문에 나쁜 짓을 하지 못했다.

한(韓)나라의 소후(昭候)가 손톱을 깎았다. 그리고 그 중 한 개를 잃어버린 척하고 측근에게 그것을 찾아내라고 재촉했다. 군주의 손톱은 부정한 곳에 버리지 못하게 되어 있었기 때문이다. 그러자 좌우에 있던 사람들이 자기 손톱을 몰래 깎아 그것을 소후의 것이라고 내놓았다. 소후는 이를 보고 자기를 보필하는 신하들이 정직하지 않다는 것을 알았다.

한나라의 소후가 사자(使者)에게 말을 타고 현(縣)을 둘러보고 오라고 시켰다. 사자가 다녀오자 소후가 물었다.

"무엇을 보았는가?"

"별로 본 것이 없습니다."

"무엇이든지 보았을 게 아니냐?"

"그러고 보니 생각납니다. 남문 밖에 누런 송아지가 길 왼쪽 논에 들어가 벼를 뜯어먹고 있는 것을 보았습니다."

소후는 지금 내게 한 말은 누구에게도 해서는 안 된다고 사자에게 함구령을 내린 다음 다른 신하에게 명령을 내렸다.

"모내기철을 맞이하여 우마(牛馬)가 남의 논에 들어가게 하면 안 된다는 법률이 시퍼렇게 살아 있다. 그런데도 불구하고 관리라는 자들이 자기 직무에 충실하지 않기 때문에 많은 소와 말들이 남의 논에 들어가 모를 뜯어먹고 있다. 즉시 그 수를 조사해 올리도록 하라! 빠뜨린 것이 있으면 그 죄를 무겁게 묻겠노라."

관리는 즉시 동문, 서문, 북문의 문 밖을 조사하여 그 수를 보고했다.

"이게 전부는 아닐 게다."

소후는 다시 조사하라고 지시했다. 그랬더니 남문 밖에 있는 그 송아지가 발견되었다.

관리들은 소후의 밝은 관찰에 경탄한 나머지 모두가 두려워하고 존경하며 죄를 범하려 하지 않게 되었다.

알고 있는 것을 숨기고 모르는 척하면서 물으면 알지 못하는 것까지 알게 된다. 하나의 일을 탐지해 내면 숨어 있는 많은 것들까지 나타나게 된다고 한비는 말한다.

이와 같이 윗자리에 있는 사람의 풍부한 상상력은 극찬할 가치가 있다. 능력이 없으면서 좋은 자리를 얻으려 하고 공적이 없으면서 부와 지위를 손에 넣으려는 부하의 이기적인 교활함을 그 상상력이 뒤집어 놓기 때문이다.

이렇게 되면 윗사람에게 아부하고 알랑거리면서 달콤한 꿀물을 빨아먹으려는 사람은 그 수가 줄어들고 대부분의 부하들은 정직하게 직무에 충실하게 될 것이다.

마음에 들지 않는 행동 속에도 어딘가 취할 점이 반드시 있다고 한비가 말했듯이 사람은 제각기 한 가지씩은 능력을 몸에 익히고 있다.

한비는 이와 관련하여 다음과 같은 이야기를 하고 있다.

제(齊)나라의 환공(桓公)이 관중(管仲)에게 대신의 임명에 관하여 물었다. 그러자 관중이 대답했다.

　"말이 유창하고 금전에 대해 청결하며 인정이 많은 점에서는 저도 현상(鉉商)을 따르지 못합니다. 현상을 법무대신(法務大臣)에 임명하시기 바랍니다. 또 계단을 내리고 오를 때에도 경건하게 자기를 낮추고 예의 바르게 빈객을 응대하는 일에서는 저도 습명(隰明)을 따르지 못합니다. 그를 외교(外交) 담당 대신으로 임명하시기 바랍니다. 그리고 초원(草原)을 개척하여 마을을 만들고 황무지를 개척하여 조밭을 만드는 일에서는 저도 영무(寧武)를 따르지 못합니다. 이 영무를 농업 담당 대신으로 임명하시기 바랍니다. 또한 3군을 통솔하여 병사들로 하여금 생명을 아끼지 않고 싸우게 하는 일에서는 저도 공자(公子) 성보(成父)를 당해 내지 못합니다. 바라옵건대 공자 성보를 국방 담당 대신에 임명하시기 바랍니다. 꾸밈없이 간언(諫言)하는 일에서는 저도 동곽아(東郭牙)를 따르지 못합니다. 동곽아를 간언 담당 대신에 임명하시기 바랍니다. 제나라를 다스리는 데 만족하시지 않고 만약 천하의 패왕(覇王)이 되고 싶으시다면 그것을 성취해 드리기 위해 지금까지 진언해 드린 이 관중(管仲)이 옆에 있겠습니다."

　적어도 금전적인 면에서 깨끗하다고 할 수 없으며 예의가 바르지도 않으며 군대를 지휘함에 작은 재능도 가지지 못했던 관중에게도 제의 환공을 패왕으로 만들 수 있는 남다른 기량은 있었다.

　그리하여 관중의 명철한 판단과 의견을 채용한 제나라 환공은 짜임새 있는 협동으로 난마같이 흩어져 있던 천하를 하나로 묶어 제후들을 지배하는 패왕이 될 수 있었다.

무릇 천하를 하나로 묶어 제후들을 지배한다는 것은 훌륭하고 위대한 일이다. 그것은 윗자리에 있는 사람의 힘만으로 이루어지는 일이 아니며 또한 부하들의 힘만으로 성취되는 일도 아니다.

옛날에 궁지기(宮之奇)는 우나라에 있었고 희부기(僖負羈)는 조(曹)나라에 있었다. 이 두 사람의 지혜로 말하자면 입을 열어 이야기하면 사물의 핵심에 이르고 실제로 행동하면 확실한 효과를 거두는 대단한 능력이었다. 그럼에도 불구하고 우나라와 조나라가 모두 멸망해 버린 까닭은 무엇일까?

그것은 지혜로운 부하는 있었지만 윗사람이 신통치 않아서였다. 다시 말하자면 건숙(乾肅)이 우(于)나라에 있을 때 우나라는 망했고, 건숙이 진(秦)나라에 가자 진나라는 천하의 패자가 되었다. 이는 우나라에 있을 때의 건숙은 어리석었고 진나라에 간 뒤의 건숙이 갑자기 지혜로워졌기 때문이 아니다. 그 윗사람이 서로 다르기 때문이라고 한비는 말하고 있다.

확실히 윗사람과 부하 사이에는 서로 대립하는 면도 있다. 다른 사람보다 조금이라도 적게 일을 하고 다른 사람보다 조금이라도 많이 얻고 싶어하는 생각, 그리고 나태하고 약간 교활한 마음을 누구나 숨기고 있다는 것도 사실이다. 그러나 동시에 인간은 힘껏 일하고 싶어한다. 무엇이든 남에게 도움이 되고 싶다는 강력한 소망을 가지고 있다는 사실도 부인할 수 없다. 그러므로 윗사람과 부하는 보완 관계이다.

하나의 목적 아래 상호 보완이 충분히 작동했을 때 한비가 말하는 훌륭하고 위대한 사업이 수행되는 것이다. 이것은 앞에서 설명한 제나라의 환공과 관중, 그리고 그 아랫사람들의 완전한 협동 체제를 보아도 수긍할 수 있다.

윗자리에 있는 사람에게는 두 가지 걱정이 있다. 현명한 부하에게 일을 맡기면 그 부하가 현명함을 이용하여 윗자리에 있는 사람을 위협하게 될지도 모른다는 걱정이다. 그렇다고 해서 현명한 부하를 등용하지 않으면 일에 진척이 없을 것이라고 한비는 말한다.

다음 이야기는 부하의 의견을 채택하는 일이 얼마나 중요한가를 잘 설명해 주고 있다.

제(齊)나라의 환공은 제후들을 총괄하고 천하를 하나로 합쳐 오패(五霸)의 총수가 되었다. 관중(管仲)은 그것을 보좌했다. 어느덧 관중이 늙어 일을 할 수 없었으므로 은거(隱居)하였다. 관중을 찾아간 환공이 물었다.

"귀공은 은거하고 있으며 더구나 병든 몸이다. 만일 불행히도 귀공이 다시 병상에서 일어나지 못할 경우에는 정치를 누구에게 맡기는 것이 좋겠는가?"

"저는 이미 늙어서 주군께서 하문하신 데 대하여 충분히 대답해 드리지 못할지도 모릅니다. 그러나 '신하를 아는 데는 군주를 따를 사람이 없으며 아들을 아는 데는 그 어버이를 따를 사람이 없다'는 말은 알고 있습니다. 지금까지 신하들을 관찰하신 것을 바탕으로 시험 삼아 의중에 있는 사람을 말씀해 주시기 바랍니다."

"포숙아(鮑叔牙)는 어떠한가?"

"안 됩니다. 포숙아는 성격이 억세고 반발심이 강합니다. 성격이 억세면 백성들에 대한 동정심이 없어지기 쉬우며 민심을 살 수 없습니다. 또 반발심이 강한 그의 밑에서는 사람들이 진심으로 일을 하려고 하지 않습니다. 그리고 그 사람은 두려움을 모르는 사람입니다. 패자를 보좌하는 데는 맞지 않는 사람입니다."

"그렇다면 수조(豎刁)는 어떠한가?"

"절대로 안 됩니다. 사람이란 누구나 자기의 몸을 사랑합니다. 주군께서는 질투심이 많고 여자를 좋아하십니다. 수조는 주군의 그런 점을 간파하고 자진하여 거세(去勢)하고 주군의 후궁들을 감독하고 있습니다. 그처럼 자기 몸까지도 사랑하지 않는 사람이 어떻게 주군을 사랑할 수 있겠습니까?”

“그렇다면 공자(公子) 계방(啓方)은 어떨까?”

“그분도 안 됩니다. 제나라와 위나라의 거리는 불과 열흘 거리입니다. 그런데도 공자 계방은 주군께 충성을 바치면서 주군의 마음에 들기 위하여 15년 동안이나 부모를 만나기 위해 귀국한 적이 한 번도 없습니다. 그것은 인간의 감정이 아닙니다. 자기 부모와 관계를 정답게 하려고 하지 않는 사람이 어떻게 주군과 사이 좋게 나라 일을 해 나갈 수 있겠습니까?”

“그러면 역아(易牙)는 어떠한가?”

“절대로 안 됩니다. 원래 역아는 주군을 위해 맛[味]을 담당한 요리 당번이었습니다. 그런데 주군께서 아직 맛보지 않은 음식은 오직 사람의 고기뿐이라고 하시자 그가 자기 아들을 삶아서 요리를 만들어 주군께 바친 일을 알고 계시리라고 생각합니다. 인지상정(人之常情)으로 누구나 자기 자식을 사랑하지 않는 사람은 없습니다. 그런데도 불구하고 역아는 자기 아들을 삶아서 주군이 드실 요리를 만들었습니다. 자기 아들도 사랑하지 않는 사람이 어떻게 주군을 사랑할 수 있습니까?”

“그렇다면 도대체 누가 좋겠는가?”

“습명(隰明)이 좋다고 생각합니다. 습명의 성격은 속마음이 건실하고 잘못 보는 일 없이 올바르게 보며 욕심이 없고 성실합니다. 속마음이 건실하면 만인의 모범이 될 수 있으며 잘못 보는 일이 없이 올바르다면 큰일을 맡길 수가 있습니다. 욕심이 없으면 많은 무리를 통솔할 수 있으며 성실하면 이웃 나라와 관계를 잘 유지해 나갈 수 있습니다. 습명

이야말로 패자를 보좌하는 데 적합한 사람입니다. 바라옵건대 습명을 발탁해 주시기 바랍니다."

"알았소."

1년쯤 지나서 관중은 죽었다. 그러나 환공은 습명을 발탁하지 않고 수조를 등용했다. 수조가 제나라의 대권을 잡은 지 3년 뒤에 환공은 남쪽에 있는 당부(堂阜)로 여행을 떠났다. 환공이 비운 틈을 타서 수조는 역아와 공자 계방과 음모를 꾸며 대신들을 이끌고 반란을 일으켰다. 환공은 수조가 지휘하는 군대에 포위되어 갈증과 기아 끝에 남문(南門)의 거실(居室)에서 죽었다. 죽은 뒤 3개월이 되어도 환공의 시체는 관에 수렴도 되지 않은 채 방치되었다. 환공의 시체에서 득실거리던 구더기가 문틈으로 기어 나왔다.

환공의 병마(兵馬)는 천하를 주름잡고 그 자신이 오패(五覇)의 우두머리였는데 끝내 부하에게 살해되어 그 명예가 손상되고 천하의 웃음거리가 된 이유는 무엇일까? 우수한 부하였던 관중의 의견을 채택하지 않았다는 중대한 과실 때문이었다. 그러므로 충신의 말을 듣지 않고 독단적으로 하겠다는 판단은 자신의 명예를 손상하고 천하의 웃음거리가 되는 첫걸음이라고 한비는 강조하고 있다.

이것은 우수한 부하의 의견을 채용하지 않는 데서 오는 벌이라고 생각할 수도 있다.

그러나 다음과 같은 일화도 있다.

사성(司成)인 자한(子罕)이 송(宋)나라 군주에게 이렇게 말했다.

"칭찬하고 상을 내려 주시는 것은 백성들이 좋아하는 일입니다. 그것은 꼭 주군께서 직접 행하여 주시기 바랍니다. 그러나 죄지은 사람을 죽이고 벌을 주는 것은 백성들이 미워하는 일입니다. 그러므로 그 일은 제가 맡아 하고 증오를 모두 제 한 몸에 받겠습니다."

"그렇게 하는 것이 좋겠소."

송나라 군주는 승낙했다.

그 뒤부터 법령을 발표하거나 대신을 죽이는 명을 내릴 때 송나라 군주는 언제나 자한에게 미루었다.

"그 문제는 자한에게 물어 보시오. 그것은 자한이 주관하는 일이오."

그러자 대신들은 자한을 두려워하고 백성들은 자한에게 복종하게 되었다. 그렇게 한 지 1년이 지나자 강대한 세력을 갖게 된 자한은 송나라 군주를 죽이고 정권을 탈취했다.

소대(蘇代)가 진(秦)나라의 사자가 되어 연(燕)나라로 갔다. 연나라 재상 자지(子之)에게 이익을 주지 못하면 사신으로 간 목적을 달성하지 못한 채 돌아와야 하고 약속받은 상금도 받지 못할 것으로 판단한 소대는 연나라 왕 쾌(噲)를 만나 제나라 왕을 칭찬했다.

소대의 이야기를 들은 연나라 왕이 물었다.

"제나라 왕이 그렇게 훌륭한 사람인가? 그렇다면 머지않아 반드시 천하의 패왕(覇王)이 될 것이 아닌가?"

"그렇지는 않습니다. 제나라를 지키는 것이 고작입니다. 아무리 해도 패왕이 되지는 못할 것입니다."

"그 이유는 무엇인가?"

"총애하는 사람에게 정치를 맡기면서도 충분히 믿지 않고 있기 때문입니다."

"그러면 어떻게 맡기는 것이 가장 좋은 방법인가?"

"옛날에 제나라의 환공은 관중을 총애하여 중부(仲父)라고 부르며 아버지를 대하는 것과 같은 존경심을 보였습니다. 그리고 국내의 일은 관중에게 다스리게 하고 국외의 일도 관중이 결정하게 했습니다. 국사를 모두 관중에게 맡기고 일체 간섭하지 않았습니다. 그렇게 했기 때문에 환공은 천하를 하나로 묶어서 제후들을 총괄할 수 있었던 것입니다. 그러나 지금의 제나라 왕은 총애하는 신하에게 정치를 맡기겠다고 하면서도 언제나 자기 의견을 주장하며 충분히 믿지 않고 있는 모양입니다. 그러므로 머지않아 망하리라고 감히 말씀드리고 싶습니다."

소대의 이야기를 들은 연나라 왕 쾌는 다음날 회의를 소집하여 연나라의 정사를 모두 재상 자지에게 맡기겠다고 선언했다.

그러자 번수(藩壽)가 이렇게 진언했다.

"정치만 맡기실 것이 아니라 나라를 모두 양도하시는 것이 좋다고 생각합니다. 사람들이 요(堯)를 훌륭하다고 칭찬하는 까닭은 요가 천하를 허유(許由)에게 양도하려 했는데 허유가 그것을 받아들이지 않았기 때문입니다. 그리하여 그는 허유에게 천하를 양도하려 했다고 해서 높은 명성을 얻었으면서도 실제로는 천하를 잃지 않았습니다. 지금 왕께서 연나라를 자지에게 양도하신다면 욕심이 없는 자지는 결코 받지 않을 것입니다. 그렇게 되면 왕께서는 자지에게 나라를 양도하시려 했다 하여 명예를 드높이게 되며 요임금과 나란히 할 수 있지 않겠습니까?"

그리하여 연나라 왕 쾌는 나라를 송두리째 자지에게 양도하겠다고 말했고 자지는 그대로 연나라를 빼앗고 말았다.

위의 두 가지 사례는 모두 부하의 말을 있는 그대로 받아들였기 때문에 나라를 빼앗기고 몸을 망친 예이다. 어리석다면 매우 어리석은 짓이라고 할 수 있다. 그러나 현실은 야릇하게도 윗자리에 있는 사람을 어리석게 만드는 상황을 구조적으로 내포하고 있는지도 모른다.

어쨌든 연나라 왕 쾌는 자지를 우수한 부하라고 생각했다.

"우수하다고 생각한 인물이 반드시 우수한 것만은 아니다."

한비는 자기 의견을 이렇게 말하고 있다.

"연(燕)나라 왕 쾌는 소공(召公) 석(奭)의 후예이다. 그의 영지는 사방으로 수천 리, 국토를 지키는 병사들은 수십만에 달했다. 그러나 여자에게는 눈도 팔지 않고 음악에도 귀를 기울이지 않았다. 커다란 연못이나 높은 궁궐도 지으려 하지 않았다. 새를 쏘고 짐승을 잡는 사냥에도 나가려 하지 않았다. 그리고 손수 농기구를 들고 나가 논밭을 갈았다.

욕망을 억제하고 직접 노동을 하면서 백성들의 노고를 생각하는 노력이 이 정도에 이르렀다. 옛날의 성왕(聖王) 명군(明君)들도 연왕 쾌만큼 고통을 감내하면서 세상을 생각하지는 않았다.

그럼에도 불구하고 쾌는 그 몸이 살해되고 나라를 빼앗겨 천하에 웃음거리가 되었다. 마음이 올바르고 백성들을 사랑했지만 그는 부하를 쓰는 방법을 몰랐다."

한비는 연나라 왕 쾌의 금욕주의를 이야기하면서 그는 도덕적 자질 때문에 자신이 성제(聖帝) 요(堯)를 닮고 싶어했는지도 모른다고 말하고 있다. 한비는 욕망의 활력을 보다 적극적으로 인정하고 있지만 윗자리에 있는 사람의 도덕적 자질 같은 것은 문제 삼지 않았다. 우수한 부하라고 해서 곧장 믿어 버리는 것이 오히려 문제일 수 있다. 한 사람에게 의지하거나 가장 우수한 사람에게 의지하는 것이 매력적일 수 있다. 하지만 그와 같은 편리한 방법은 배제되어야 할 것이다.

그러므로 한비는 '한 사람의 힘은 많은 사람의 힘을 당하지 못한다. 한 사람의 지식으로는 모든 것을 알 수가 없다. 따라서 한 사람의 지식과 힘을 이용하기 보다는 나라 전체의 지식과 힘을 이용하는 것이 좋다'고 말하고 있다.

한 사람의 지식과 힘에 의지하겠다는 태만한 마음 때문에 제(齊)나라의 환공이나 연나라 왕 쾌의 경우와 같은 슬픈 비극이 일어났다고 본다면, 한 사람의 식견에만 의지하지 말고 부하 전체의 지식과 힘을 활용해야 할 것이다.

그럼으로써 쉽게 믿어 버리는 성향의 군주 때문에 입을 피해를 줄일 수 있을 뿐만 아니라 나라나 사회를 한층 효율적으로 활성화시킬 수 있을 것이라고 한비는 생각했다.

사람은 아무리 눈이 예리해도 자기 얼굴을 볼 수가 없었다. 그래서 옛날에는 거울을 이용하여 자기의 얼굴을 비추어 보았다. 또한 지능이 아무리 우수해도 자신을 알기는 무척 어려웠기에 도(道)에 비추어 보아 자신의 잘못을 바로잡고 고쳤다. 한비자는 말한다.

"거울이 자신의 얼굴에 난 상처를 드러냈다고 해도 그것은 거울의 죄가 아니다. 도(道)가 자신의 잘못을 밝혔다고 해서 그 도를 원망해서는 안 된다."

그리고 도(道)는 만물의 시작이며 시(是)와 비(非)의 대원칙이라고 말한다.

'도란 무엇인가?'라고 묻는다면 간단히 설명해서 일종의 기준(基準)과 같은 것이라고 할 수 있다. 한비는 이 도를 법(法)이라고 하며, 변화하기 쉽고 불확실한 인간의 선의(善意)를 기대하지 않고 이것을 인간의 사회적 행위의 기반으로 삼으려고 했다.

윗자리에 있는 사람은 이 도를 지키고 허심(虛心)과 정밀(靜謐)로 부하들을 대하여야 한다. 윗자리에 있는 사람에게 뛰어난 지능이 있다 해도 혼자서만 생각하지 말고 모든 부하들이 스스로 자기 직무를 자각해 수행하도록 일깨워 주어야 한다. 윗자리에 있는 사람에게 뛰어난 행동력이 있다고 해도 그것을 자랑할 것이 아니라 부하의 행동을 냉정하게 관찰하여 성의를 다하게 만들어야 한다. 윗자리에 있는 사람에게 뛰어난 용기가 있더라도 그것을 발산하지 말고 부하들이 전력을 발휘하도록 만들어 주어야 한다.

"그렇게 하여 윗자리에 있는 사람이 자신의 지력(知力)을 버리면 모든 부하들의 지력이 모인 명찰(明察)이 생겨날 것이다. 자신의 행동력을 버리면 모든 부하들의 성의가 집결된 대공(大功)이 생겨날 것이다. 자신의 용기를 버리면 모든 부하들의 힘이 모여 강한 결과가 생겨날 것이다."

한비는 이렇게 말하면서 다시 다음과 같은 몇 가지 이야기를 인용하고 있다.

민물 뱀장어는 뱀을 닮았다. 이[虱]는 작은 유충을 닮았다. 사람은 뱀을 보면 놀라 달아나고 징그러운 유충을 보면 소름이 끼친다. 그러나 여자들은 아무렇지도 않게 이를 잡으며 낚시꾼은 민물 뱀장어를 손으로 쥔다. 결국 사람은 자기에게 이익이 있으면 징그러운 것도 무서운 것도 잊고 용감해지는 것이다.

월(越)나라 왕 구천(句踐)이 성난 개구리에게 큰절을 했다.
"왜 개구리에게 절을 하십니까?"

종자가 물었다.

"개구리에게도 저렇게 용기가 있다. 용기 있는 것이니 절을 하지 않을 수 없구나."

그의 이야기를 들은 사람들은 이렇게 말했다

"용기 있는 것이라면 왕은 개구리에게도 절을 하신다. 그러니 용기 있는 사람에게는 두말할 것도 없이 절을 하실 것이다."

뿐만 아니라 스스로 자기 목을 잘라 구천왕에게 헌상한 사람까지 있었다. 그리하여 월왕 구천은 오랜 숙원이었던 오나라에 대한 복수를 감행하기 전에 그 동안 국민들을 교육한 효과를 실험해 보았다. 높은 누각에 불을 지르고 진격의 북을 울렸다. 그러자 백성들은 모두들 두려워하지 않고 불 속에 뛰어들었다. 은상(恩賞)이 이 불 속에 있었기 때문이었다. 그리고 양자강으로 진격하라는 북을 울리자 백성들은 두려워하지 않고 물 속으로 뛰어들었다. 은상이 그 물 속에 있었기 때문이다.

싸움에 임하여 목이 잘리고 창자가 도려내지더라도 물러나지 않겠다고 결의하는 까닭은 은상이 그 칼과 창 아래에 있었기 때문이다.

이익이 있음을 알면 사람들은 하기 싫은 일, 징그러운 일, 무서운 일, 그리고 자기 몸에 닥칠 위험까지도 돌보지 않고 이익이 있는 곳으로 돌진하게 된다.

한비는 안전하고 이익이 있는 것에 집착하고 위험하고 손해가 있는 것을 피하려고 하는 것은 인간의 자연스러운 정황이라고 말하고 있다.

예를 들자면, 수레를 만드는 사람은 수레가 완성되면 사람들이 부유하게 되어 그 수레를 사기 바라며, 관을 짜는 사람은 관이 완성되면 사람들이 빨리 죽기를 바란다. 그렇다고 해서 수레를 만드는 사람의 마음은 착하고 관을 짜는 사람의 마음은 잔혹하다고 말할 수는 없다. 사람들이 고귀해지지 않으면 수레는 팔리지 않으며 사람들이 죽지 않으면 관을 사는 사람이 없을 테니까.

따라서 관을 짜는 사람이 인간을 증오하고 있는 것은 아니다. 단지 이익이 인간의 죽음과 관련되어 있기 때문이라고 한비는 설명한다.

"옛날 사람들이 재물을 중요하게 여기지 않은 까닭은 그들이 도덕적으로 우수했기 때문이 아니다. 그 때는 재물이 풍부했기 때문이다. 오늘날 사람들이 재물을 서로 빼앗는 까닭은 인격이 비천해졌기 때문이 아니다. 재물이 모자라기 때문이다. 옛날 사람이 간단히 천자(天子)의 자리를 사퇴한 까닭은 인격이 고결했기 때문이 아니다. 천자의 권리가 작았기 때문이다. 오늘날 사람들이 필사적으로 관직(官職)을 얻으려고 하는 까닭은 인격이 저열하기 때문이 아니다. 관직의 이권이 크기 때문이다."

이렇게 한비는 이권 추구를 기를 쓰고 부정했던 도학자(道學者)들과는 완전히 다른 말을 하고 있다.

사람들에게는 각자의 입장이 있기 때문에 각자의 입장에서 이익을 추구하는 것이며, 거기에 대해서 타인이 일반적인 원리를 적용시켜 개입해서는 안 된다.

이익을 추구하는 것이 인간의 상정(常情)이라면 이익의 추구를 경시하지 말고 이익 추구에 정당성을 부여해야 한다고 한비는 주장한다. 이것은 기원전 3세기경의 사상이기 때문에 획기적인 주장이다. 뿐만 아니라 욕망이 자꾸만 커지면서 원리 원칙과 본능이 뒤엉켜 어찌 할 바를 모르는 인간이 경청해야 할 말이다. 이익 추구 자체는 조금도 부끄러워할 일이 아니다.

옛날 송(宋)나라에 밭을 가는 사람이 있었다. 그 밭에는 나무를 벤 등걸이 있었다. 갑자기 토끼 한 마리가 달려오더니 그 나무 등걸에 부딪쳐 목이 부러져 죽었다. 그러자 이 사람은 밭을 갈던 가래를 버리고 나무 등걸을 지켜보며 다시 토끼가 달려와서 부딪치기를 기다렸다. 그러나 토끼는 두 번 다시 나타나지 않았으며 그는 그 일로 인해 온 나라 사람들의 웃음거리가 되었다

한비의 이 이야기는 이익을 추구하는 것은 부끄러운 짓이라는 잘못된 해석을 마치 귀중한 보물처럼 계속 지키려고 하는 행위는 바로 이 송나라의 농부와 같이 어리석은 짓이라는 점을 말하고 있다.
그 같은 주장을 한비는 다음과 같은 이야기로 설명하고 있다.

오기(吳起)가 위(魏)의 무후(武候) 밑에서 서하(西河)의 지방 장관이 되었는데, 진(秦)나라의 작은 성채 하나가 국경과 인접한 곳에 있었다. 오기는 그 성채를 공격하여 빼앗고 싶었다. 그 성채가 농사에 큰 해를 입히고 있기 때문이었다. 그러나 그 성채를 공격하여 함락시키고자 해도 너무 작았으므로 도성에서 정규군을 불러올 형편이 못 되었다. 때문에 오기는 수레의 끌채 하나를 북문(北門) 밖에 세워 놓고 다음과 같이 포고했다.
'이것을 남문(南門) 밖으로 옮겨 놓는 사람에게는 좋은 논과 좋은 집을 주겠다.'
하지만 사람들은 그 포고문의 내용을 의심하여 그 끌채를 옮겨 놓으려고 하지 않았다. 그러던 중 어쩌다가 그것을 옮겨 놓은 사람이 나타났다. 그러자 사람들이 의심했던 것과는 반대로 그는 좋은 논과 집을 상으로 받았다.

얼마 후에 오기는 다시 콩 한 섬을 동문(東門) 밖에 내어다 놓고 이렇게 포고했다.

'이것을 서문(西門) 밖에다 옮겨 놓는 사람에게는 전과 같이 포상하겠다.'

이번에는 사람들이 다투어 그 콩을 옮겨 놓았다.

그러자 오기는 다음과 같은 포고문을 내걸었다.

'내일 국경에 있는 진나라 성채를 공격한다. 제일 먼저 성채 안에 뛰어든 사람은 주(州)의 장(長)으로 발탁한다. 아울러 좋은 논과 집을 주겠다.'

이 포고문의 내용을 의심하는 사람은 아무도 없었다. 사람들은 앞을 다투어 공격 부대에 지원해 왔다. 그렇게 해서 성채 공격이 시작되었으며 그 성채는 한나절 만에 오기의 군대에 함락되고 말았다.

이익이 있으면 시정(市井)의 평범한 사람들이라도 곧 용감한 병사로 바뀌는 것이다.

그러나 한비는 약속한 은상은 틀림없이 주어야 한다는 신뢰가 필요 불가결(必要不可缺)한 일이라는 단서를 붙여 주의하기를 잊지 않는다. 아무리 큰 이익을 주겠다고 약속했어도 그것이 공수표(空手票)라면 사람들의 힘을 조금도 빌리지 못할 것이다.

오기는 부하들과 신뢰 관계를 구축하기 위해 어린애 장난 같은 수레 끌채와 콩이라는 소도구(小道具)를 사용했는데, 한비가 신상(信賞)을 강조하는 이유는 욕망의 행방에 따르는 폭발력(爆發力)을 끌어내기 위해서는 윗자리에 있는 사람과 부하 사이의 신뢰 관계가 얼마나 중대한가를 지적한 것이다.

위(魏)나라의 이리(李悝)가 군문(軍門)을 지키는 군병들에게 주의를 주었다.

"경계를 게을리 하면 안 된다. 적이 곧 공격해 와서 너희들을 죽일 것이다."

이와 같은 경고가 세 번에 걸쳐 나왔지만 적은 공격해 오지 않았다. 병사들은 긴장이 풀렸고 이리의 말을 믿지 않게 되었다. 때문에 몇 개월 후에 진(秦)나라 군대가 습격해 왔을 때 위나라는 거의 전멸할 위기에 처하게 되었다.

이것은 신뢰 관계가 붕괴되었기 때문에 일어난 피해라고 한비는 풀이한다. 신뢰가 없으면 힘은 마이너스 쪽으로만 작용하게 된다.

위(魏)의 문후(文侯)가 산림을 관리하는 사람과 사냥을 가자고 약속했다. 마침 다음날 질풍이 마구 불어 댔다. 신하들이 사냥을 중지하라고 만류했지만 문후는 듣지 않았다.

"그럴 수는 없소. 아무리 바람이 심하게 불더라도 약속을 어겨 신뢰를 상실하는 일은 하고 싶지 않소."

이와 같은 이야기들을 예로 들면서 한비는 지루할 정도로 신뢰 관계의 중요성을 설명하고 있다. 이 같은 신뢰 관계가 없으면 이익 추구에 따르는 용기와 힘을 이용하여 상황을 변화시킬 수 없기 때문이다. 이익의 추구에 정당한 지위를 부여하고자 했던 한비는 동시에 이익이나 욕망의 내용을 명확하게 확인하라고 경고하고 있다.

옛날에 진(晋)나라의 헌공(獻公)이 우(虞)나라의 길을 빌어 괵(虢)나라를 공격하려고 했다. 그러자 순식(筍息)이 말했다.

"수극(垂棘)의 구슬과 굴산(屈産) 말 4필을 우공(虞公)에게 보내서 우나라를 통과해도 좋다는 허락을 구하십시오. 반드시 승낙할 것입니다."

"수극의 구슬은 내 선대(先代)의 보물이오. 그리고 굴산의 말 네 필은 내가 아끼는 준마라는 것을 그대는 모르오? 만일 상대방이 뇌물만 받고 자기 나라를 통과하지 못하게 하면 어떻게 하오?"

"자기 나라를 통과시키지 않으려 한다면 뇌물을 받지 않을 것입니다. 만일 뇌물을 받고 통과를 승낙해 준다면 그에게 준 보물은 집안의 금고에서 꺼내 바깥 금고에 보관하는 것과 같습니다. 말은 안쪽 마구간에서 끌어내어 바깥쪽 마구간에 매어 둔 것과 다름없습니다. 그러니 조금도 걱정하실 필요가 없습니다."

"그럼 그렇게 하겠소."

헌공은 순식을 보내 수극의 구슬과 굴산 말 4필을 우공에게 바치고 우나라 땅을 통과하게 해 달라고 요청했다. 우공은 구슬과 말에 눈이 어두워져 승낙하려고 했다.

그러자 우공의 신하 궁지기(宮之奇)가 말렸다.

"승낙하시면 안 됩니다. 우리 우나라와 괵나라의 관계는 수레와 수레 받침대 같습니다. 받침대는 수레에 의존하고 수레는 받침대에 의존하고 있기 때문에 어느 한쪽이 없어지면 서로 위험해지든가 쓸모가 없어져 해체되고 맙니다. 우리 나라와 괵나라의 형세도 그와 같습니다. 만일 진나라가 통과하도록 승낙하시면 괵나라는 아침에 망하고 우리 나라는 그날 저녁에 괵나라의 운명을 뒤쫓는 결과가 될 것입니다. 절대로 통과를 허락해서는 안 됩니다."

그러나 우공은 궁지기의 말을 듣지 않고 결국 승낙하고 말았다.

순식은 즉시 괵나라를 치고 개선했다. 그리고 3년이 지나 진나라는 다시 군대를 일으켜 우나라를 공격하여 승리했다. 순식이 말과 구슬을 가지고 와서 헌공에게 바치자 헌공은 기뻐하며 말했다.

"역시 구슬은 조금도 변하지 않았군. 그러나 말의 이빨은 많이 자랐는걸."

한비는 우공이 싸움에 지고 영토를 진나라에 잘라 주게 된 까닭은 작은 이익을 탐내면서 그 해독을 생각하지 않았기 때문이라고 설명했다. 그러므로 작은 이익에 집착하면 큰 이익을 소홀히 하게 되는 법이다.

윗자리에 있는 사람은 부하들의 이익 추구에 대한 힘을 발휘시키기 위해 반드시 은상(恩賞)을 주어야 하는데, 단순하게 주기만 하면 되는가? 한비는 다음과 같은 이야기를 예로 들고 있다.

제(齊)나라의 경공(景公)이 안자(晏子)와 함께 소해(小海) 지방을 여행했다. 그가 백침(柏寢)의 높은 망대에 올라 제나라를 내려다보다가 말했다.
"정말 아름답다. 물이 풍부하게 펼쳐져 있고 산이 높이 솟아 있구나. 후세에는 누가 이 나라의 주인이 될까?"
"아마도 전성씨(田城氏)가 주인이 될 것입니다."
"이 나라는 지금 내가 주인이오. 어째서 전성씨가 주인이 된단 말이오?"
"전성씨에게는 대대로 제나라 백성들이 무척 따르고 있습니다. 백성들 중에서 상위 계급에 속하는 사람들은 군주에게 작록(爵祿)을 신청하여 대신이 되게 도와 주고 하위 계급 사람들에게는 몰래 크게 만든 되로 되어서 곡식을 빌려 주었다가 갚으러 왔을 때는 작은 되로 되어서 받습니다. 소를 한 마리 잡으면 한 접시의 고기만 취할 뿐 나머지는 모두 병사들에게 먹입니다. 연말에 헌상되는 포백(布帛)의 종류는 불과 옷 한 벌분만 취하고 나머지는 모두 병사들에게 주어 따뜻하게 옷을 해 입힙니다. 모든 일을 그렇게 하기 때문에 시장의 재목 값은 산지보다 비싸지 않으며 어개류(魚介類)나 소금도 바닷가보다 비싸지 않습니다. 주군께서는 과중한 세금을 부과하여 수탈하고 계시는데 전성씨는 후하게 은혜를 베풀고 있습니다. 지난날 제나라가 심한 기근으로 고생할 때 길바닥에는 굶주려 죽는 자들이 헤아릴 수가 없을 정도로 많았습니다. 그러나 그 때 가족을 이끌고 전성씨를 의지하여 찾아간 사람들 중에서 죽은 사람이 있다는 말은 듣지 못했습니다. 그렇기 때문에 주(周)나라와 진(秦)나라 백성들까지도 모두 '아아, 차좁쌀을 얻으러 전성씨에게 가자'라고 노래를 부를 정도였습니다.

〈시경(詩經)〉에 '너에게 나누어 줄 만큼 덕(德)은 없지만 함께 노래하고 춤을 추자'라고 씌어 있습니다. 지금 전성씨는 덕을 베풀고 있기에 백성들은 노래하며 춤을 추고 있습니다. 백성들은 전성씨를 덕이 있다고 생각하며 그 덕에 귀복(歸服)하고 있습니다. 그러므로 전성씨의 소유가 되리라고 말씀드린 것입니다."

그 말을 들은 제나라의 경공이 눈물을 흘리면서 탄식했다.

"정말로 슬픈 일이다. 내가 나라의 주인임에도 불구하고 머지않아 전성씨가 이 땅의 주인이 된다니 어떻게 해야 좋겠는가?"

그러자 안자가 말했다.

"걱정하지 않으셔도 됩니다. 그렇게 되는 것을 방지하려면 지금부터 우수한 사람을 가까이 두고 쓸모 없는 사람을 멀리하며 혼란을 수습하고 형벌을 가볍게 하며 가난한 사람에게는 베풀고 고아나 과부를 불쌍히 여기셔서 은혜를 내리시고 부족해하는 자에게는 그 부족한 것을 채워 주시면 됩니다. 그렇게 하면 백성들은 주군께로 몰려들 것입니다. 그러면 전성씨 같은 사람 열이 나타나도 어찌 하지 못할 것입니다."

그러나 은혜를 베푼다는 것은 결국 자기 재산을 잃어버리는 결과를 가져온다. 자기 재산을 잃어버리고 나면 그 때는 은혜를 베풀고 싶어도 베풀 것이 없게 되니 은혜를 베푸는 데에도 한계가 있다. 따라서 전성씨는 은혜를 베풀 수 있는 재산을 상실하기 전에 제공(齊公)을 죽이고 제나라를 빼앗았다.

적어도 은혜를 입은 사람은 그 은혜에 합당한 사은의 의무를 떠맡게 되며 은혜를 베푼 사람은 당연히 은혜를 갚아 주기를 기대하게 된다. 전성씨는 은혜를 보답해야 한다는 의무를 짊어진 많은 사람들의 힘을 배경으로 제나라를 빼앗았다.

그러나 은혜를 베푸는 데에 한도가 있다면 은혜를 갚는 일에도 당연히 그에 버금가는 한도가 있어야 할 것이다. 한비는 다음과 같은 이야기를 인용하고 있다.

양호(陽虎)가 제(薺)나라에서 조(趙)나라로 도망쳐 갔다. 그 양호에게 조나라의 조간자(趙簡子)가 물었다.

"들은 바에 의하면 귀공은 인재를 육성하는 데 남다른 재주가 있으시다더군요."

"노(盧)나라에 있을 때 세 사람을 키웠습니다. 그들은 모두 장관이 되었습니다. 그러나 내가 노나라에서 죄인으로 낙인찍히자 세 사람 모두 나를 잡으려고 쫓아왔습니다. 내가 제나라에 있을 때 세 사람을 추천했습니다. 한 사람은 왕의 측근이 되고, 한 사람은 현령이 되고, 나머지 한 사람은 빈객(賓客)을 접대하는 관직에 올랐습니다. 그러나 내가 죄인으로 모함을 받자 측근이 된 자는 나를 만나려 하지 않았으며, 현령이 된 자는 나를 초대하여 체포하려 했고, 빈객 접대직에 있는 자는 나를 국경까지 뒤쫓아왔다가 잡지 못하자 결국 체념했습니다. 그러므로 나는 인재를 육성하는 방법이 완전하지 못합니다."

양호가 그렇게 말하자 조간자는 웃으며 대꾸했다.

"밀감나무나 유자나무를 심으면 그 열매는 맛이 있고 향기도 좋습니다. 그러나 탱자나무나 가시나무를 심으면 그것이 큰 뒤에 사람을 찌르게 됩니다. 그러므로 교양 있는 인간은 육성할 상대를 고를 때 조심해야 합니다."

은혜를 베풀기 시작했는데 끝까지 은혜를 베풀지 못하게 되면 은혜를 받은 자가 표변하여 은혜를 원수로 갚는 일도 있다. 그리고 보면 은혜란 상대가 밀감나무든 가시나무든 관계없이 충분한 유대가 되는 것은 아니다. 그리고 은혜가 당사자의 능력이나 공적과는 관계 없이 이익을 위한 사적인 결탁 때문에 주고받는 것이라면 보다 많은 폐단을 가져다줄 것이다.

한비는 이 문제에 대해서도 몇 가지 예를 들어 설명하고 있다.

장견(張譴)은 한(韓)나라의 재상이었다. 병에 걸려 목숨이 얼마 남지 않았다. 공승무정(公乘無正)이 금(金) 30냥을 품에 넣고 그에게 병문안을 갔다. 그리고 한 달 후에 한나라 왕이 직접 장견을 찾아갔다.

"만일 귀공이 죽는다면 귀공 대신 누구를 재상으로 택해야 좋겠소?"

"무정은 법을 존중하고 주군을 존경하고 있습니다. 그러나 공자 식아(食我)가 민심을 얻고 있는 데에는 미치지 못합니다."

얼마 후 장견이 죽었다. 그러나 한나라 왕은 공승무정을 재상에 임명했다.

장견의 발언은 옳았고 부정(不正)한 것은 없다. 그러나 민심을 얻고 있는 유능한 부하를 재상에 임명하여 경쟁 상대로 키우기보다는 자기를 존경하는 무난한 부하를 재상으로 임명하는 쪽이 왕으로서는 편리하다. 물론 장견의 발언에 대한 뇌물의 효과는 알 수 없다.

이런 이야기도 있다.

위나라의 서문표(西門豹)가 업(鄴)의 지방 장관이 되었다. 청렴하고 성실하고 자제심이 강해 조금도 사리(私利)를 도모하려고 하지 않았다. 더구나 왕인 문후(文候)의 측근들에게 뇌물을 바치려고도 하지 않았다. 그래서 측근들은 서로 짜고 한패가 되어서 서문표를 모함했다.

1년 후 그 해의 실적을 보고 하자 위나라 문후는 성적이 불량하다는 이유로 서문표를 파면했다. 그러자 서문표는 문후에게 진정했다.

"지난번에는 업을 통치하는 방법을 몰랐습니다. 그러나 지금은 그것을 잘 알게 되었습니다. 바라옵건대 다시 한 번 업을 통치케 하여 주십시오. 잘 통치하지 못한다면 사형에 처하셔도 달게 받겠습니다."

위나라 문후는 무조건 안 된다고 하기도 어려워 서문표를 다시 업의 장관으로 임명했다. 서문표는 백성들로부터 과중한 세금을 거두어들이고 손바닥을 뒤집듯이 문후의 측근들에게 달라붙었다.

1년 후 다시 한 해의 성적이 보고되자 문후는 서문표를 맞아들여 절을 했다. 서문표는 답례를 하고 이렇게 말했다.

"지난해에 저는 주군을 위하여 업을 다스렸습니다. 그런데 주군께선 저를 파면하셨습니다. 그리고 올해에 저는 주군의 측근들을 위해 업을 다스렸습니다. 그런데도 불구하고 주군께서는 지금 저에게 예를 차리고 계십니다. 그러므로 저는 이제부터 업을 다스리지 못하겠습니다."

그렇게 말하고 나서 서문표는 장관의 인수를 왕에게 돌려주고 그 자리를 떠나려고 했다. 그러자 문후는 인수를 받지 않았다.

"지금까지 그런 사정을 알지 못했노라. 그러나 이제 모든 것을 잘 알았다. 부탁컨대 나를 위하여 업을 다스려 주기 바란다."

금지된 일을 하면 돈을 벌고 도움이 되는 일을 제지당한다면 누구라도 잘 다스리지 못할 것이다. 범죄 행위는 칭찬받고 칭찬을 받을 일이 중상을 당한다면 요(堯)와 같은 성제(聖帝)가 다스리더라도 잘 다스려지지 않을 것이라고 한비는 자기 의견을 덧붙이고 있다.

은혜가 윗자리에 있는 사람과 부하를 연결하는 중요한 유대가 될 때 사리(私利)를 추구하여 이와 같은 여러 가지 부정(不正)이 횡행하게 된다. 그래서 한비는 분노를 감추지 않고 다음과 같은 내용의 글을 쓰고 있다.

"순수한 마음과 성실로 직무에 전념하려는 사람은 '마음이 빈약하다'는 평을 받고, 법을 잘 지키고 철저하게 명령에 복종하려고 하는 사람은 '바보'라는 평을 받으며, 윗자리에 있는 사람을 존경하고 죄를 범하지 않으려는 사람은 '겁쟁이'라는 평을 받고, 말을 해야 할 때 말하고 효과적으로 행동하려는 사람에게는 '누구나 할 수 있는 일을 하는 사람'이라는 평가가 내려지며, 두 마음을 품지 않고 나라의 방침에 위배되는 학문을 하지 않고 관청에서 하는 말을 잘 듣고 그 가르침에 따르려고 하는 사람은 '옹졸하다'는 평을 받는다.

그리고 지인(知人)을 위해 남몰래 편의를 도모하는 사람에게는 '옛일을 잊지 않는다'고 말하고, 공공의 재화(財貨)를 제멋대로 나누어 주는 사람은 '박애자(博愛子)'라 하며, 봉록(俸祿)을 경멸하고 자기 몸만 소중하게 생각하는 사람은 '교양 있는 사람'이라 하고, 법을 왜곡하여 친척이나 친지에게 도움을 주는 사람은 '유덕자(有德子)'라 하며, 관직을 던져 우정을 지키려는 사람에게는 '협기(俠氣)가 있다' 하고, 세상을 떠나 사회적인 유대에서 도피하려는 사람은 '고결하고 긍지가 높은 사람'이라 하며, 은혜를 베풀어 인기를 얻는 사람은 '민심을 얻고 있다'고 말한다. 이와 같은 풍조 속에서 사대부(士大夫)는 더러운 진흙과 추한 욕심을 부끄러워하지 않고 딸을 유력자(有力者)에게 바쳐 인연을 맺어 눈 깜짝할 사이에 고관이 된다. 전쟁에 나가 공적을 세운 사람은 가난하고 천한 위치에서 고생하고 있는데 두 손을 마주 비비는 아첨꾼이나 배우 같은 인간들은 단걸음에 높은 자리로 승진한다. 이것은 한마디로 측근이나 파벌을 이용하여 일을 자신에게 유리하게 진행시키는 짓이 빈번하게 이루어지고 있다는 말이다."

이와 같이 한비가 격분하여 쓴 기원전 3세기경의 상황은 어느 시대에나 그대로 적용되고 있다. 이와 같은 부정(不正)은 단순히 용서받지 못할 일일 뿐 아니라, 다소의 불만이나 반항심을 가지고 있으면서도 착실하게 자기 직책을 완수하려는 대부분의 사람에게 나쁜 영향을 주며, 윗자리에 있는 사람과 부하 사이의 대립만 강조하게 된다. 절대로 용서되어서는 안 되는 일이다.

이와 같은 부정을 배제하기 위해 한비는 '신상(信賞)'과 동시에 '필벌(必罰)'을 강조하지 않을 수 없었다. 부정은 철저하게 적발하여 엄벌에 처해야 한다.

그러나 한비는 한 걸음 더 나아가서 이와 같은 부정의 근원이 되는 은혜(恩惠)를 버려야 한다고 말한다. 상대방을 위하여 이런 일 저런 일을 해 주었으니까 당연히 상대방도 그만한 것을 해 주어야 한다는 은혜의 논리를 바탕으로 행동을 한다면 상대방에게 과대한 희망을 걸고 또 상대방의 보수 부족(報酬不足)을 책망하는 불상사가 발생하게 된다. 그러나 자기 자신만을 위하여 행동한다면 그런 불상사는 일어나지 않으며 일은 순조롭게 진척될 것이다.

어릴 때 부모가 잘 돌보지 않으면 성장한 뒤에 그 자녀들은 부모를 원망하게 된다. 자녀들이 어른으로 성장한 뒤에 부모를 잘 돌보지 않으면 부모는 화가 나서 그 자녀들을 책망하게 된다. 부모 자식 사이란 가장 친밀한 관계인데도 그처럼 책망하고 원망하는 일이 생기는 까닭은 모두 은혜에 대해 알맞은 보상을 당연한 것으로 요구하고 자기 자신을 위해서만 행동하는 것을 잊고 때문이라고 한비는 말하며 다음과 같은 이야기를 소개한다.

공의휴(公儀休)는 노(魯)나라의 재상이었는데 물고기를 무척 좋아했다. 나라 안의 모든 사람들이 남에게 질세라 물고기를 사서 공의휴에게 헌상했다. 그러나 공의휴는 단호하게 거절하고 받지 않았다. 그의 동생이 물었다.

"형님께서는 물고기를 무척 좋아하시면서 어찌하여 그것을 받지 않으십니까?"

"그것은 내가 물고기를 너무나 좋아하기 때문이다. 만일 물고기를 받는다면 그 사람에 대해 부담을 갖게 될 것이다. 부담을 갖게 되면 법을 어기는 일을 하기 쉽다. 법을 어기면 재상 자리에서 쫓겨나게 된다. 그렇게 되면 내가 물고기를 아무리 좋아하더라도 아무도 물고기를 가져오지 않을 것이다. 나 자신도 내 돈으로 물고기를 살 수조차 없게 된다. 하지만 물고기를 받지 않고 재상의 자리에서 쫓겨나지 않는다면 언제까지나 내 돈으로 물고기를 살 수 있지 않겠느냐."

이 이야기는 남에게 의지하기보다는 자기 자신에게 의지하는 편이 훨씬 좋다는 교훈을 말하고 있다. 그리고 남이 해 주기를 기다리는 것보다 자기가 자신을 위하여 일하는 편이 훨씬 낫다는 것을 증명하고 있다. 자기 자신을 위하여 행동한다는 것은 이익 추구에서도 한비자가 말하는 법(法), 즉 기준이라고 할 수 있는 자율적 규칙이 필요하며, 그 자율적 규칙을 근거로 행동하는 것이 바로 자기를 위해서만 행동하는 것이라고 한비는 설명하고 있다.

은혜의 사상에서 탈피하면 자기를 위해서 움직이는 것이 그대로 세계를 위한 것이 된다. 그렇게 되면 사람은 자신의 노력으로 부(富)를 쟁취하고, 그 업적에 따라 높은 지위에 앉으며, 과오를 범하면 벌을 받고 공로가 있으면 상을 받더라도 그것은 당연한 일이지 은혜가 아닌 만큼 사람들은 기대하지도 않게 될 것이다.

윗자리에 있는 사람은 상을 줄 일에는 반드시 상을 주어 부하의 능력을 최대로 발휘시키며, 벌을 줄 일에는 반드시 벌을 주어 부정한 행위를 금지시켜야 한다. 사람의 성정(性情)에 상처를 주지 않고, 털을 불어서 상처를 찾는 취모구흠(吹毛求疵: 작은 과실도 용서하지 않고 엄격하게 적출한다는 뜻) 같은 일도 하지 않고, 때를 씻어 눈으로 볼 수 없는 상처를 찾아내는 일도 하지 말아야 한다. 규칙(規則) 밖으로까지 일을 확대하거나 억지로 규칙 안으로 끌어들여 이러쿵저러쿵하지 말며, 법(法)의 밖에서는 엄하게 하지 말고 법 안에서 치밀하게 다루어야 한다. 이치와 법을 지켜 어디까지나 자연스럽게 해야 한다고 한비는 말하고 있다.

이것이 바로 한비가 이상적이라고 생각한, 윗자리에 있는 사람과 부하와의 관계였다.

요순(堯舜)이나 걸주(桀紂) 같은 사람들은 천세(千歲)에 한 사람이 나오더라도 오히려 많다. 하지만 일반적으로 윗자리에 있는 사람은 요순과 걸주의 중간 위치에 존재하며 이런 사람들은 언제나 존재한다.

중간 위치에 존재한다 함은 위로 요순에는 미치지 못하지만 아래로는 걸주 정도는 아니다. 따라서 한비가 말하는 범주는 어디까지나 평범하고 일반적인 사람들의 위에 있는 사람과 부하의 관계에 대한 주장이다.

제4편 결단을 내려야 할 때

제4편 결단을 내려야 할 때

　안자(晏子)는 춘추 시대의 제(齊)나라 명신으로서 이름은 영(嬰), 자를 평중(平仲)이라고 하였으며, 영공(靈公)·장공(莊公)·경공(景公)의 3대를 섬기는 재상이 되었다. 특히 검약(儉約)의 정치를 주장한 이론가로서 그의 언행을 수집한 책 〈안자춘추(晏子春秋)〉가 있다.

　당시 제나라 경공에게는 공손첩(公孫捷), 전개강(田開彊), 우치자(右治子)라는 유능한 세 신하가 있었다. 그들은 모두 나라에 공로가 크고 또한 하나같이 용맹하고 강직하여 제나라 안에서는 그들을 건드릴 사람이 없을 만큼 권세가 하늘을 찌를 듯하였다.

　이렇게 되니 경공으로서는 오히려 그들이 두려워지기 시작했다. 언제 어떻게 그들로부터 배반을 당할지 모른다는 불안감에 싸여 있었다. 그러나 나라에 공이 큰 신하들을 함부로 제거할 수도 없는 일이었으므로 하루는 안자를 찾아가 세 신하에 대한 견제책이 없을까 물었다.

　자세한 이야기를 듣고 안자는 한 가지 계책을 말하였다.

　"약간 잔인한 방법이긴 하지만 화근을 없애기 위해서는 할 수 없습니다. 결국 그들 스스로 죽고 죽이도록 하는 수밖에 없지요."

　"무슨 방법으로 그리 하도록 한단 말이오?"

　"그들 셋에게 복숭아 두 개를 하사하시고 공평히 나누어 가지도록 하시면 됩니다."

　"그렇게 해서 과연 될까요?"

"의심스러우시겠지만 제 말씀대로 해 보시면 틀림없이 원하시는 결과가 나올 것입니다."

그리하여 경공은 환궁하여 세 신하를 한자리에 모으고 복숭아 두 개를 내놓았다.

"경들의 공로는 짐이 누구보다 잘 알고 있다. 마침 복숭아 두 개가 생겨 나누어 주고자 하나 과연 누구누구에게 주어야 할지 알 수가 없다. 그러니 스스로 자신의 공로를 따져 나누어 가지도록 하라!"

그러자 전개강과 공손첩이 먼저 나라에 대한 자신들의 공로를 말하고 각자 복숭아 하나씩을 집어 들었다.

집어 들 복숭아가 없는 우치자가 경공에게 항변하였다.

"누구인들 나라에 공로가 없는 사람이 있겠습니까? 하오나 지난번 폐하께서 도하 작전(渡河作戰)을 감행하실 때 큰 자라로 인하여 배가 뒤집힐 위기에 처하자 신이 물 속에 뛰어들어 악전 고투 끝에 자라를 찔러 죽이고 폐하의 안전을 도모하였습니다. 그러하온데도 저에게는 복숭아가 돌아오지 않으니 이는 심히 불공평한 처사가 아니오니까?"

이 말을 듣고 전개강과 공손첩은 입을 모아 말했다.

"그대의 말을 듣고 보니 용기가 우리보다 출중하고 또한 그 공로가 월등함을 알겠소. 이에 조금 전 경솔하게 집어 들었던 복숭아를 그대에게 돌려주지 않으면 탐욕스러운 인간이라는 지탄을 면치 못할 것이니 미련 없이 이것을 돌려드리겠소."

복숭아를 탁자 위에 내려놓더니 두 사람이 동시에 칼을 빼어 들었다.

"자신의 용기가 남에게 못 미치고 그 공로가 뒤떨어짐을 안 이상 스스로 죽지 않으면 그나마 용기가 전혀 없다 할 것이오. 욕되게 사느니 차라리 죽음을 택하겠소."

그리고는 각자 자기 배를 찔러 자결하고 말았다. 그러자 우치자도 역시 칼을 빼어 들었다.

"두 분이 공로가 나에게 미치지 못함을 부끄럽게 여기고 자결하였으니 이를 보고도 나 홀로 살아남는다면 인의(仁義)와 도리(道理)를 모른다는 허물을 받기에 족한즉, 남에게 자신의 공로를 내세워 그들로 하여금 부끄러움을 느껴 죽게 한 나 역시 도의를 모르니 죽어 마땅할 것이다."

이렇게 외친 우치자는 복숭아 두 개를 경공에게 돌려준 뒤 역시 스스로 배를 찌르고 말았다.

인간은 끊임없이 결단을 내리고 행동해야 하는 운명을 지닌 채 살아가고 있다. 그러나 보다 좋은 상태로 탈출하기를 원하면서도 실은 아무런 일도 일으키지 않으며 타성적으로 행동하고 있다.

결단을 내리면 그 일이 좋은 방향으로 귀착될 것인가, 또는 불행하고 나쁜 방향으로 귀착될 것인가, 이런 결과에 대한 공포로 인해 우물쭈물하면서 결단을 미루는 것이 일반적이다. 좋은 기회가 찾아왔는데 결단을 내리지 못했기 때문에 커다란 재앙에 휩쓸리는 경우가 많다.

한비는 이런 실례를 여러 가지 들면서 소개하고 있다.

옛날 진(晉)나라의 공자 중이(重耳)가 헌공(獻公)의 애첩 여희(麗姬)의 권모를 두려워하여 나라 밖으로 도망쳤다. 도망가는 도중에 조(曹)나라를 지나게 되었다.

"진나라의 공자를 보니 보통 인물이 아닙니다. 주군께서는 그를 후히 대접하여 은혜를 베푸시는 것이 좋으리라고 생각합니다."

숙첨(淑瞻)이 그렇게 진언했지만 조나라의 공공(公共)은 듣지 않았다. 더욱이 중이는 늑골이 한 장의 널빤지처럼 되어 있다는 소문을 들었기 때문에 기형적인 그 늑골을 구경하기 위해 중이가 목욕하는 동안 벌거

벗은 몸을 훔쳐보았다. 희부기(僖負羈)와 숙첨이 그때 공공 옆에 있었다. 숙첨이 다시 진언했다.

"주군께서는 이와 같은 무례한 처우를 중이에게 하셨습니다. 그가 만일 왕이 되어 군대를 일으킨다면 반드시 우리 조나라의 화근이 될 것입니다. 이렇게 된 이상 죽여 버리는 것이 좋다고 생각합니다."

그러나 공공은 그 같은 진언도 받아들이지 않았다.

희부기는 그 날 집으로 돌아간 뒤에도 우울했다. 그의 아내가 그런 남편의 표정을 보고 걱정이 되어 물었다.

"돌아오신 뒤부터 계속 우울한 표정이십니다. 오늘 무슨 일이 있었습니까?"

"좋은 일이 있었더라도 그것이 내게 미치지 않으면 곧 나쁜 일이 닥쳐오는 법이라는 말이 있소. 오늘 우리 주군께서 진나라 공자님을 초청했는데 그 대우가 실로 무례했소. 그렇지 않았어야 좋았는데 오늘 나도 우연히 그 자리에 있게 되었소. 그래서 마음이 우울하여 견딜 수 없소."

"저도 진나라 공자님을 뵈었지만 그는 만승(萬乘)을 갖춘 큰 나라의 주인이 될 수 있는 분 같았습니다. 좌우에 거느린 분들도 그와 같은 큰 나라의 재상이 될 수 있는 분들이었습니다. 지금은 추방을 당해 자기 나라를 떠난 사람이지만 지나가던 조나라에서 무례한 처우를 받았다면 그가 귀국한 뒤에는 반드시 무례한 짓을 저지른 사람에게 책임을 추궁하리라고 생각합니다. 그런 때가 오면 조나라는 제일 먼저 죄를 문책받게 될테지요. 그러니 당신께서는 공공과는 다르다는 뜻을 분명히 해 두는 것이 좋겠습니다."

"그렇게 하는 것이 좋겠소."

그리하여 희부기는 황금을 그릇에 가득 담고 맛있는 음식에 구슬까지 곁들여 밤중에 사자를 보내 공자에게 바쳤다. 공자는 사자를 만나 재배

하고 음식을 받았지만 구슬은 거절했다.

얼마 후 공자는 조나라에서 초나라로 들어갔다. 그가 초나라에 들어간 지 3년째 되던 해에 진(秦)의 목공(穆公)이 군신을 모아 상의했다.

"진(晉)나라 헌공(獻公)은 옛날부터 나와 우정으로 맺어져 있었다. 이 사실은 모든 제후들이 알고 있다. 이제 헌공이 불행히도 돌아가신 지 그럭저럭 10년이 된다. 그런데 헌공의 뒤를 이은 사람이 덕스럽지 못하여 그대로 두면 종묘의 청소도 하지 못하고 사직의 신은 제사도 받지 못할 것 같다. 그리고 머지않아 망하고 말지도 모른다. 이를 보고만 있다면 친구의 도리에 어긋나는 일이다. 그래서 나는 중이를 도와 진(晉)나라로 돌아가게 해 주고 싶은데 여러분의 생각은 어떤가?"

"좋은 생각이십니다."

군신들은 모두 그렇게 말하면서 찬성했다. 그렇게 하여 목공은 군대를 일으켰다. 전거(戰車) 5백 승(乘), 정예 기병 2천, 보병 5만여 명을 동원하여 중이를 도와 진나라로 쳐들어가 승리한 뒤에 그를 진나라 군주로 삼았다.

중이는 즉위한 지 3년이 되자 군대를 일으켜 조나라를 쳤다. 그러는 동안 중이는 사자를 보내 조나라 공공에게 이렇게 전했다.

"숙첨을 성에 매달아라! 그놈을 죽여 그 시체를 모든 사람에게 본보기로 삼겠다."

한편, 희부기에게는 이렇게 전했다.

"우리 군대가 성에 육박하고 있다. 그러나 나는 귀공이 나를 배신할 생각이 없다는 것을 알고 있다. 그러니 귀공이 살고 있는 거리의 문에 표지를 세워 주기 바란다. 내가 명령하여 우리 군사들이 귀공이 살고 있는 곳을 침범하지 않도록 하겠다."

그 같은 사실을 안 조나라 사람들 중에서 모든 친척을 이끌고 희부기의 보호를 받기 위해 모여든 사람이 7백여 명이나 되었다.

그렇게 되어 희부기는 살아남았으니 이는 그가 중이를 예의로 대우했기 때문이다.

조나라가 멸망한 원인들 중 하나로 조나라 공공의 무례함을 들 수 있다. 조나라는 작은 나라이며 대국인 진(秦)나라와 초(楚)나라 사이에 끼어 있어 군주는 마치 쌓아 올려 놓은 달걀 무더기처럼 언제 무너질지 모르는 위험 속에 놓여 있었다. 그럼에도 불구하고 진나라의 공자에게 무례한 태도를 저지르는 외교적 실수를 범하였다. 그것이 조나라 왕실이 멸망한 이유라고 한비는 말하고 있다.

확실히 남의 알몸을 훔쳐본다는 것은 무례한 짓이며 용서 받지 못할 행동이었다. 호기심에 사로잡혀 무례를 이미 저질렀다면, 숙첨이 문제의 핵심을 지적하여 처리 방법을 제안했듯이 차선책(次善策)이든 선후책(先後策)이든 결단을 내려 어떤 조치를 취했어야 한다. 사람을 죽인다는 것은 확실히 무서운 일이다. 그러나 내 몸을 지키기 위해서라면 그러한 일도 서슴지 말고 행했어야 한다.

그러나 공공은 결단을 내리지 않았다. 심각한 상황임을 전혀 알지 못했기 때문인지 모르겠지만 어쨌든 그는 아무런 조치도 취하지 않았던 것이다.

숙첨 역시 제안을 했을 뿐 어떤 행동도 취하지 않았다. 그가 진정으로 공공을 위한다면 독단적으로라도 중이를 죽여야 했건만 그런 결단을 내리지 못했다. 부인의 조언을 귀에 담은 희부기의 빠른 결단에 비해 공공과 숙첨은 우유부단하고 결단이 없었음이 두 사람의 몸을 망치는 원인이 되었다.

명의(名醫) 편작(扁鵲)이 채(蔡)나라 환공의 몸을 진찰하게 되었다. 편

작은 잠시 동안 말없이 서 있다가 이렇게 말했다.

"왕께서는 지금 병에 걸리셨습니다. 병은 표피(表皮)에서 약간 들어간 상태입니다. 지금 치료하지 않으면 더 깊이 들어가게 됩니다."

"나는 아픈 데가 없는 사람이다."

환공이 대답하자 편작은 아무런 말도 하지 않고 물러났다. 환공은 의기양양해하며 이렇게 말했다.

"의사란 본래 없는 병을 치료하여 자신의 공을 내세우는 자이다."

10일쯤 지나 편작이 다시 와서 환공을 진찰했다.

"주군의 병은 이미 피부 아래까지 침투했습니다. 치료 받지 않으시면 점점 깊이 파고 들어갑니다."

환공은 아무런 말도 하지 않았다. 편작은 그대로 물러갔다.

다시 10일쯤 지났을 때 편작은 다시 환공을 진찰했다.

"주군의 병은 장과 위 사이로 들어가 있습니다. 이대로 두면 점점 더 깊이 들어갑니다."

환공은 그래도 아무런 말도 하지 않았다. 편작은 실망하여 맥없이 물러났다. 환공은 그런 편작의 태도가 불쾌하게 느껴졌다.

또다시 10일쯤 지났다. 다시 찾아온 편작은 환공을 힐끔 보더니 몸을 돌려 달아나 버렸다. 환공은 일부러 사람을 보내 그 이유를 물었다. 편작이 말했다.

"병이 겉에 있을 때는 탕약으로 씻고 약으로 덥히면 낫습니다. 피부 아래에 있을 때는 금침(金鍼)이나 석침(石鍼)으로 치료할 수 있습니다. 병이 위와 장 사이에 있을 때는 몸의 열을 내리게 하는 약으로 치료할 수 있습니다. 그러나 골수에까지 파고들었을 때는 이미 늦습니다. 그 뒤부터는 인간의 생명을 다루는 사명(司命)의 뜻에 속하기 때문에 저로서는 어쩔 수가 없습니다. 지금 주군의 병은 뼛속까지 스며들었기 때문에 진찰을 하지 않은 것입니다."

그 후 5일이 지나자 환공의 몸은 마디마디가 아프기 시작했다. 사자를 보내 편작을 찾게 했지만 편작은 이미 도망쳤기에 진나라에는 없었다. 환공은 그대로 죽고 말았다.

훌륭한 의사가 환자를 치료할 경우 병이 표피(表皮)에 있을 때 치료하여 낫게 한다. 일이 작을 때 결말을 내는 지혜이다. 이 세상의 화(禍)와 복(福)에도 그런 조짐이 보일 때가 있다. 그래서 성인은 이런 조짐이 보일 때 재빨리 처리한다고 한비는 노자(老子)의 말을 인용하여 강조하고 있다.

결단을 독촉하는 계기는 편작이 만들어 주었기 때문에 재빨리 결단을 내려 자기의 병을 똑바로 볼 수 있는 용기가 있었더라면 채나라 환공도 더 오래 살 수 있었을지 모른다. 그러나 환공은 결단 내릴 용기가 없었기 때문에 한 달 정도의 유예 기간을 무의미하게 보냈으며 결국 죽고 만 것이다.

진(晉)나라의 여공(厲公) 때는 난서(欒書), 중행언(中行偃), 한궐(韓厥), 사섭(士燮), 극기(郤錡), 극지(郤至)등 여섯 장수가 6경(六卿)의 높은 지위에 앉아 큰 권력을 쥐고 있었다. 그리하여 서동(胥僮)과 장어교(長魚矯)가 여공에게 진언했다.

"대신들이 지위가 높고 권력이 지나치게 크면 외국의 군주들이 다투어 그들의 비위를 맞추게 되며 대신들 역시 그들과 공모하여 파벌을 만듭니다. 그렇게 되면 아래로는 국법을 어지럽히고 위로는 군주를 위협하게 될 것입니다. 이렇게 된 나라가 위험에 빠지지 않은 예는 지금까지 없었습니다."

"알았소."

여공은 그렇게 말하고 3경(三卿)인 극(郤)씨 집안의 극기, 극지, 극주(郤犫) 세 사람을 사형에 처했다. 그러나 서동과 장어교는 다시 진언했다.

"같은 죄를 지은 인간들 중에서 그 일부분만 죽이시고 전부를 처리하지 않으시면 나머지 사람들이 원한을 품게 되며 그들에게 반기를 들 틈을 주는 결과가 됩니다."

"나는 한꺼번에 세 명을 죽였소. 여섯 명을 모두 죽인다는 것은 참혹한 일이라 도저히 그럴 수는 없소."

여공이 말하자 장어교가 간했다.

"주군께서 참혹하다고 망설이시는 동안 오히려 저쪽에서 주군을 죽이기 위한 공작을 펴게 될 것입니다."

그러나 여공은 그 말을 듣지 않았다.

석 달이 지났을 때 반란이 일어났다. 난서와 중행언이 여공을 유폐했다. 다음해에 여공은 살해되고 영토는 분할되었다. 서동도 중행언에게 살해되었고 장어교는 적(狄)나라로 도망쳤다.

참혹하다고 생각했으면 처음부터 아무도 죽이지 말았어야 했다. 이미 세 사람을 죽였으니 여공이 처음부터 참혹한 일이라고 생각했던 것은 아니다. '독(毒)을 마시게 하려면 그릇까지 먹이라'는 말이 있다. 한 번 결단을 내린 이상 그것을 끝까지 해 내는 수밖에 없다. 참혹한 일은 할 수 없다는 구실을 내세워 자신의 나약한 심정을 감추면서 결단을 미루었기 때문에 여공 자신은 살해되고 영토까지 분할되는 꼴을 당하고 만 것이다.

송(宋)나라의 양공(襄公)이 홍수(泓水) 근처의 탁곡(琢谷) 땅에서 초나라 군대와 싸웠다.

송나라 군대는 이미 진을 치고 싸울 준비가 되어 있었지만 초나라 군대는 아직 강을 다 건너지 못하고 있었다. 장군 구강(購强)이 급히 양공에게 달려와서 말했다.

"초나라 군대는 그 수가 많지만 우리 쪽 군대는 수가 적습니다. 때문에 초나라 군대가 모두 강을 건너 진을 치기 전에 공격해야 합니다. 그렇게 하면 반드시 격파할 수 있습니다."

그러자 양공이 대답했다.

"군자(君子)는 부상당한 사람을 다시 찌르려 하지 않으며, 백발이 섞인 노인이 도망 가는 것을 잡으려 하지 않으며, 사람을 어려운 처지에 몰아넣으려 하지 않으며, 또한 전열을 가다듬기 전에 공격하지 않는다는 말이 있소. 초나라 군대가 모두 강을 건너기 전에 지금 북을 울려 공격한다면 그것은 정의에 위배되는 일이오. 그들이 모두 강을 건너고 진형(陣形)을 갖춘 뒤에 정정당당히 돌격 신호를 울리는 것이 옳소."

구강은 발을 구르며 간청했다.

"주군께서는 송나라 백성을 생각하고 송나라의 근간을 보전하기보다는 오로지 스스로를 과시하기 위하여 정의를 말씀하고 계십니다."

"돌아가시오. 그러지 않으면 군법으로 처벌하겠소."

양공이 그렇게 말했기 때문에 구강은 할 수 없이 자기 위치로 돌아갔다.

초나라 군대는 모두 강을 건너 완전히 전열을 갖추었다. 그때서야 양공은 비로소 돌격의 북을 올렸다.

그러나 송나라 군대는 대패했고 허벅지에 화살을 맞은 양공은 3일 뒤에 죽고 말았다.

〈시경(詩經)〉 소아편(小雅篇)의 '절남산(節南山)'에 다음과 같은 일절이 있다.

'몸소 행하고 몸소 아끼지 않으면 서민은 믿지 않는다(不躬不親 庶民不信).'

양공의 경우는 몸소 지나치게 정의를 실천했기 때문에 오히려 벌을 받은 것이라고 한비는 말했다.

〈시경〉의 이 말은 반드시 윗자리에 있는 사람이 솔선 궁행(率先躬行)해야 비로소 부하가 믿고 말을 듣는다는 뜻이니 윗자리에 있는 사람은 몸소 밭을 갈아 곡식을 거두어 먹고 함께 전쟁터에 나가 앞장서서 싸워야 한다는 가르침이다. 물론 솔선 궁행하여 모범을 보인다는 자세는 아름다운 일이지만 그렇다고 무조건 평등이 횡행하게 되면 군대의 지휘 체제는 마비되고 패배를 면치 못할 것이라고 한비는 말하고 있다.

송나라의 양공처럼 그토록 정의를 내세우고자 한다면 처음부터 전쟁 같은 것은 하지 않았어야 한다. 정의의 전쟁이란 원래 존재하지 않기 때문에 전쟁을 시작했으면 우선 이기지 않으면 안 된다. 적어도 지지 않도록 해야 한다. 불가피한 경우가 되어 부딪쳤으면 가능한 한 피해를 줄이기 위해 노력해야 할 것이다.

송나라의 양공이 정의에 대해 말한 것은 공격할 기회를 알지 못했거나 아니면 어떻게 하면 효과적으로 피할 수 있는가를 짐작할 수 없었기 때문에 결단을 지연시켰을 뿐이다. 이와 같이 정의는 언제나 결단을 보류하는 구실로 이용된다.

'갓에는 갓, 신발에는 신발의 직분이 있다.'

비중(費仲)이 은(殷)나라의 주왕(主王)에게 이렇게 말했다.

"서백 창(西伯昌)은 뛰어난 인물입니다. 백성들은 즐겨 그에게 복종하고 제후들도 그의 편입니다. 그러므로 그를 죽여야 합니다. 죽이지 않으면 반드시 은나라에 화를 초래하게 됩니다."

주왕이 이렇게 말했다.

"그렇다면 창은 훌륭한 군주가 아닌가. 그렇게 훌륭한 군주를 어떻게 죽일 수 있단 말인가?"

"갓은 찢어지고 낡았다 해도 반드시 머리에 쓰는 물건입니다. 신발은 아무리 아름다운 색으로 장식되었더라도 땅을 밟는 물건입니다. 지금 서백 창은 주군의 신하이며 땅을 밟아야 할 입장입니다. 그럼에도 불구하고 갓처럼 정의를 지키고 있어 사람들은 누구나 그를 마음으로 섬기고 있습니다. 그러므로 머지않아 천하에 재난을 일으킬 사람은 창일 것입니다. 신하가 그 뛰어난 재능을 활용하여 주군을 위해 도움을 주려 하지 않는다면 죽여야 합니다. 그것은 군주가 신하를 죽이는 일입니다. 조금도 나쁜 일이 아닙니다."

"정의란 윗자리에 있는 사람이 그 부하를 격려하는 도구이다. 지금 창이 정의를 사랑하고 있다면 그것을 구실로 죽일 수는 없지 않는가?"

은나라의 주왕도 정의를 내세워 서백 창을 죽이지 않았다. 이처럼 정의를 위하여 또는 정의를 구실로 결단을 늦춘 주왕은 은밀히 실력을 쌓아 은을 타도할 기회를 노리고 있던 서백 창의 아들 주(周)나라 무왕(武王)에게 살해되고 말았다.

정의는 인간으로부터 따로 떨어져서 존재하는 가치가 아니다. 우선 인간이 있고 난 뒤에 그 인간이 살아가는 방법을 잘 통제하기 위하여 또는 보다 아름답게 장식하기 위하여 만들어진 가치이다. 따라서 정의란 상황이나 사람들의 사고방식에 따라서 변하는 것이다.

은나라의 주왕은 어리숙한 사람이었다. 겉만 화려하고 알맹이는 없는 변환 자재(變幻自在)한 정의라는 말을 진심으로 존경했던 모양이다. 그래서 결단해야 할 때 결단하지 못했다.

그러나 먹느냐 먹히느냐 이기느냐 지느냐의 극한 상황에 있을 때에는 자신을 지키는 것이 정의이다. 자신을 지키기 위해서는 단호하게 결단해야 한다.

조(趙)나라의 효성왕(孝成王)이 동물원에 놀러 갔다. 옆에 있던 신하가 토끼를 먹이로 줄 것처럼 장난을 치며 호랑이를 희롱했다. 그러자 호랑이는 화가 났는지 눈알을 굴렸다.

"저 호랑이의 눈이 섬뜩하다."

효성왕이 그렇게 말하자 옆에 있던 신하가 말했다.

"평양군(平陽君)의 눈은 훨씬 더 섬뜩합니다. 이 호랑이의 성난 눈은 아무렇지도 않지만 평양군의 성난 눈은 보기만 해도 살기가 느껴집니다."

다음날 평양군이 그 말을 듣고 그 사람을 죽이고 말았다. 그러나 효성왕은 평양군을 책하려고 하지 않았다.

평양군은 효성왕의 숙부이며 조나라의 재상으로 있는 실력자였다. 그런 관계였기 때문에 효성왕은 너그럽게 보아 주었다.

그러나 효성왕의 비호를 고맙게 생각하지 않고 공공연하게 효성왕의 측근을 살해한 평양군의 방약무인한 행위는 효성왕에 대한 노골적인 도전이었다.

적어도 효성왕은 평양군의 그 같은 행위를 묵인해서는 안 되었다. 눈에 거슬리는 행위를 문책해야 할 결단을 내리지 못했기 때문에 효성왕의 권위와 권력은 그만큼 삭감되었고 평양군의 권위와 권력은 그만큼 커지게 된 것이다.

이와 같이 결단을 미루어 발생한 작고 큰 해를 몇 가지 들면서 한비는 결단에 대한 생각을 밝히고 있다.

정(鄭)나라의 장공(莊公)이 고거미(高渠彌)를 대신으로 중용하고자 했다. 장공의 아들 홀(忽)은 고거미를 매우 미워하고 있었기 때문에 장공에게 중용하지 말라고 진언했다. 그러나 장공은 듣지 않았다.

얼마 후에 홀이 장공의 뒤를 이어 즉위했다. 그가 소공(昭公)이다. 자기를 미워하는 소공이 즉위하자 고거미는 언제 죽을지 몰라 불안하여 견딜 수 없었다. 고거미는 드디어 반란을 일으켜 소공을 죽이고 자단(子亶)을 왕으로 세웠다.

"소공이 고거미를 미워한 까닭은 미워할 이유가 분명했기 때문이다. 소공에게는 사람을 보는 눈이 있었다."

어떤 사람은 이렇게 평했으나 공자 어(圉)는 다르게 말했다.

"고거미도 머지않아 살해당할 것이다. 미움을 받는 데 대한 보복으로는 도가 지나쳤다."

그러나 어떤 사람은 이 사건에 대해서 이렇게 말했다.

"공자 어의 말은 앞뒤가 뒤바뀐 해석이다. 소공이 살해당한 까닭은 자기가 미워하는 사람을 처치할 시기를 미루었기 때문이다. 고거미가 소공보다 오래 살 수 있었던 까닭은 바로 소공에 대해 도에 넘친 보복을 했기 때문이다."

명군(明君)이란 화가 나면 즉시 그에 대해 조치하는 결단을 내려야 한다. 화를 냈으면서 결단의 시기를 늦추면 죄가 있는 신하에게 시간을 주게 되어 쉽사리 반란을 실행하게 만든다. 그래서 정나라의 소공과 같은 일이 일어난다.

위(衛)나라의 출공(出公)이 대신들을 영대(靈臺)로 불러 연회를 열었다. 이 때 저사(褚師)가 예의를 지키지 않고 신발을 신은 채 자리에 앉았다. 출공은 그 같은 무례함에 화가 나서 저사의 발을 자르겠다고 했으나 실행하지는 않았다. 저사는 돌아가서 즉시 군사를 모아 반란을 일으켜 출공을 추방해 버렸다.

초나라에서 보낸 커다란 자라를 선물로 받은 정(鄭)나라의 영공(靈公)이 대신들을 불러 연희를 열었다. 그 자리에서 공자인 자공(子公)과 자가(子家)가 서로 마주 보며 싱긋 웃었다.

"왜 웃느냐?"

영공이 묻자 자공이 대답했다.

"조금 전에 제 식지(食指)가 움직였습니다. 그래서 틀림없이 맛있는 음식이 나올 것을 알았기 때문입니다."

영공은 불쾌하게 생각하고 자공에게는 자라 요리를 주지 않았다. 자공은 화가 나서 손가락을 국물에 담갔다가 그 손가락을 핥았다. 그것을 본 영공은 자공을 야단치며 죽이겠다고 엄포를 놓았지만 죽이지는 않았다. 그러자 자공은 자가와 공모하여 결국 영공을 죽이고 말았다.

"소공이 고거미를 미워한 까닭은 미워할 이유가 있었기 때문이다. 소공에게는 사람 보는 눈이 있었다고 할 수 있다."

어떤 사람이 이렇게 말한 평도 소공을 칭찬한 뜻은 아니다.

"소공이 그토록 정확하게 사람 보는 눈이 있었음에도 불구하고 즉시 고거미를 죽이지 않았기 때문에 자기가 살해되는 꼴을 당했다."

사실은 이런 뜻을 가진 말이다.

그러므로 소공에게 '사람 보는 눈이 있었다'고 한 말은 이해득실(利害得失)을 생각하여 결단할 능력이 없었다는 뜻이다.

군주에게는 충분히 재난을 내다볼 수 있는 능력이 없을 뿐만 아니라 시기에 맞추어 결단을 내려 제재할 엄두도 내지 못하는 경우가 많다.

소공은 고거미에 대한 증오를 노골적으로 나타내면서도 결단을 늦추어 죽이려 하지 않았다. 그래서 고거미의 증오심을 키웠고 음모를 실행하게 만든 것이다.

그러므로 소공이 살해된 이유는 자기가 증오하는 자에 대해 지나치게 연약했으며 신속하게 결단을 내리지 않았기 때문이다.

벌의 무서움에 대해서 이렇게 말한 사람이 있었다.

"증오에 대한 보복이라고 해도 그 정도가 지나치다면 큰 벌로 작은 죄를 다스렸다는 뜻이다."

큰 벌로 작은 죄를 다스렸다함은 매우 잔인한 형벌을 가했다는 말이다. 형벌의 무서움은 본래 처벌당한 사람에게 있는 것이 아니고 형벌의 부당함이 낳은 증오심에 있다. 그러므로 진나라의 여공이 극지, 극기, 극주 세 사람을 죽이자 난서와 중행언이 반란을 일으켰던 것이다.

정나라의 자도(子都)가 백훤(伯喧)을 죽이자 식정(食鼎)이 난을 일으켰다.

오(吳)나라 왕 부차(夫差)가 참언을 믿고 오자서(伍子胥)를 죽이자 그 기회를 놓치지 않고 월(越)나라 왕 구천(句踐)이 천하의 패자가 되었다.

작은 죄를 큰 벌로 다스리면 이런 일이 벌어진다.

그러고 보면 위(衛)나라의 출공이 추방되고 정나라의 영공이 살해된 까닭은 출공이 저사를 죽이지 않고 영공이 자공을 죽이지 않았기 때문이 아니라 화를 낼 일도 아닌데 화를 내고 죽일 일도 아닌데 죽일 생각을 했기 때문이다.

만일 그 분노가 상대방의 죄에 알맞은 것이고 그 조처가 모든 사람들이 납득할 만한 것이었다면 분노를 폭발시킨 뒤에 신속하게 결단을 내리지 않았더라도 아무런 일도 일어나지 않았을 것이다.

왕위에 오르기 전에 분쟁을 일으켰다가 왕위에 오른 뒤에 옛날의 분쟁 때문에 살해되는 일은 흔히 있는 일이었다. 제(齊)나라의 호공정(胡公靖)이 즉위하기 전에 추마수(騶馬繻)를 학대했기 때문에 즉위 후 추마수에게 살해된 것도 그 한 예이다.

군주가 신하에게 이와 같은 행위를 한다면 그것은 두고두고 재난의 씨를 남기는 원인이 된다. 더구나 신하가 군주에게 그런 일을 했다면 무사히 살아남기 어려울 것이다.

사람을 죽인다는 것은 애초에 부당한 행위인데도 화가 난다거나 자기를 미워한다고 해서 모두 죽이려 한다면 천하의 모든 사람을 적으로 삼는 것과 같다.

그러므로 공자 어(圉)가 '고거미는 머지않아 살해될 것이다'라고 한 말은 지극히 당연하다고 할 수 있다.

결단을 내린다는 것은 매우 어려운 일이다. 결단의 계기는 대개 명시되어 있다. 그러므로 그런 계기가 생기면 지나친 구실을 만들지 말고 과감하게 결단을 내리면 된다.

그러나 그 정보가 확실한가, 그 판단에 잘못은 없는가, 너무 빠르지도 않고 너무 늦지도 않은 적절한 시기를 어떻게 결정할 것인가, 결단의 내용을 지나치지도 않고 부족하지도 않게 상황에 맞추려면 어떻게 해야 하는가… 등등 어려운 질문은 한없이 계속된다. 이와 같은 어려운 문제에 일일이 고심하는 일 자체가 결단을 지연시키는 원인이다.

한비는 이 같은 어려운 질문에 대답이라도 하듯 말했다.

"일을 행하여 아무런 잘못도 없었다는 것은 요(堯)와 같은 훌륭한 사람에게도 불가능한 일이라고 들은 적이 있다. 그럼에도 불구하고 세상 사람들은 항상 무슨 일이든지 하지 않고는 배기지 못한다."

그러면서 다음과 같은 사례를 인용하고 있다.

한(韓), 위(魏), 제(薺) 세 나라의 군대가 진(秦)나라를 공격하기 위하여 한나라에 모였다. 진나라의 소양왕(昭襄王)이 누완(樓緩)과 상의했다.

"세 나라 군대가 우리 나라 깊숙이 쳐들어오려고 한다. 나는 황하(黃河) 동쪽 땅을 떼어 주고 강화를 맺으려고 하는데 어떻게 생각하는가?"

"황하 동쪽 땅을 떼어 준다면 이는 큰 손실입니다. 그러나 나라를 전쟁의 불길에서 구출한다면 이는 큰 공적입니다. 이와 같은 큰 일은 원로 신하들의 결정에 따라 행해야 합니다. 공자 사(氾)를 불러 물어 보시기 바랍니다."

누완이 이리 대답했다.

소양왕은 공자 사를 불러 상의했다. 공자 사의 대답은 이러했다.

"강화가 맺어지더라도 왕께서는 후회하시고 강화가 맺어지지 않더라도 후회하시게 됩니다. 왕께서 지금 황하 동쪽 땅을 떼어 주시고 강화를 맺으신다면 세 나라 연합군을 물러갈 것입니다. 그러면 왕께서는 반드시 '세 나라 연합군은 아무것도 주지 않았더라도 물러갔을 것이다. 공연히 세 개의 성을 거저 주고 말았다'고 말씀하실 것입니다. 그리고 강화를 맺지 않아 세 나라 군대가 한나라에 집결하면 우리 나라는 크게 당황할 것입니다. 왕께서는 반드시 크게 후회하시면서 '세 성을 아끼다가 큰 일을 당했다'고 말씀하실 것입니다. 그러므로 이렇게 말씀드리고 싶습니다. 강화를 맺게 되어도 왕께서는 후회하시고 강화를 맺지 않더라도 후회하시게 됩니다."

그러자 소양왕이 말했다.

"그렇다면 만일 후회하더라도 세 개의 성을 잃고 후회하는 쪽을 택하기로 하겠소. 나라를 위험 속에 빠뜨리고 후회하는 짓은 할 수 없소. 나는 강화를 맺기로 결정하겠소."

중국인들은 앞으로 나아가는 것과 같은 비중으로 항상 퇴각을 염두에 둔다. 그들의 전략의 특징은 '퇴각(退却)의 시기'를 중시하여 전통적으로 그러한 방식에 뛰어나다. 실제로 세력을 확대하고 천하를 쥔 군주들은 모두 단념해야 할 때를 빨리 알아차렸고 도망에도 빨랐다. 바꿔 말하자면 퇴각이나 전진에 서툰 군주들은 모두 도중에 실패하고 말았다.

물론 허구한 날 도망만 친다면 적을 이길 수 없다. 때문에 기회라고 판단되면 때를 놓치지 않고 공격했다. 그러나 승산이 없어 보이면 뒤로 물러나서 다음 기회를 기다렸다.

바로 그런 전법을 썼던 우두머리들이 결국은 승자가 되었다.

〈삼국지〉에서는 위나라의 조조가 그러했다. 전투에 강했지만 절대로 무리하게 싸우지 않았다. 기회다 싶으면 위압적으로 쳐들어갔지만 안 될 것 같으면 잽싸게 철수한 후 다음 싸움을 대비했다.

그러한 전략이 성립된 배경은 넓은 공간이 있기 때문이었다. 대륙은 수십만의 군대라도 도망칠 공간이 있다. 그러나 좁은 나라에서는 쫓기다 보면 도망칠 곳이 없다. 싸우다가 패하더라도 싸우는 방법을 택하는 수밖에 없다. 따라서 전통적으로 공격에 강한 대신 철수나 도주에는 서투르다.

결단력은 두 가지로 나뉜다. 하나는 앞으로 나아가는 결단, 또 하나는 뒤로 물러나는 결단이다. 나아가는 결단은 비교적 내리기 쉽지만 물러나는 결단을 내리기 매우 어렵다.

항상 군주나 장수들은 결단의 행위를 계속하지 않으면 안 된다. 결단에 대한 시비는 결과를 보고 난 뒤의 일이다. 이와 같은 결과론(結果論)

은 결단 당사자의 행위와는 상관이 없다.

인간에게는 요행을 기대하는 심정이 감추어져 있다. 그리하여 우물쭈물하면서 결단을 지연시키는 동안에 저절로 일이 잘 풀리는 경우도 있다. 그러나 그런 경우를 기대하는 것은 현실 도피이며 책임을 포기하는 행위이다.

결과를 예견할 수 없기 때문에 처음부터 선택의 결과를 엄밀하게 비교할 수가 없다. 때문에 인간은 결과론에 사로잡히지 말고 결단해야 할 때는 어떤 형태로든 결단해야 한다. 결단을 내림으로써 도피하고 싶다는 은밀한 원망을 극복하고 현실에 뛰어들 수 있다.

따라서 결과가 어떻게 될 것인가에 대해서 미리 물을 필요는 없다.

한비의 말처럼 '일을 행했는데 아무런 잘못이 없다는 것은 요(堯)와 같은 훌륭한 사람에게도 불가능한 일'이라면 후회는 피할 수 없다. 그렇다면 진나라의 소양왕처럼 후회가 적은 쪽을 선택하라고 한비는 강조하고 있다.

제5편 상황을 판단하는 지혜

제5편 **상황을 판단하는 지혜**

　지금으로부터 2천 3백 년 전에 살았던 한비는 세상의 끊임없는 변화에 대해서 다음과 같이 설명하고 있다.

　"나라는 언제나 강하지 않다. 또한 언제나 약한 상태로 있지도 않다. 법(法)을 받드는 자가 단호하게 시행하면 나라는 강해진다. 법을 받드는 자가 주저하고 멈칫거리면서 단호하게 일을 처리하지 못하면 그 나라는 약해진다.

　옛날 초(楚)나라의 장왕(莊王)은 이십륙 국을 병합하고 삼천리의 영토를 개척했다. 그러나 장왕이 죽자 초나라는 얼마 후 멸망하고 말았다. 제(薺)나라의 환공(桓公)은 삼십 국을 병합하여 삼천리의 영토를 개척했다. 그러나 환공이 죽자 제나라는 얼마 후 멸망하고 말았다. 연(燕)나라의 양왕(襄王)은 국경을 황하(黃河)까지 넓혀 계(薊)를 수도로 정하고 탁(涿)과 방성(方城)을 전초 기지로 하여 제나라를 격파하고 중산(中山)을 평정했다. 연나라의 지지를 받은 나라들은 중하게 대접받았고 연나라의 지지를 받지 못했던 나라들은 경하게 대접받았다. 그러나 양왕이 죽자 연나라도 얼마 후에 멸망하고 말았다.

　위(魏)나라의 안리왕(安釐王)은 조나라를 지원하여 연나라를 공격하고 황하 동쪽의 옛 영토를 탈환했다. 진나라가 점령하고 있던 정도(定陶)를 빼앗고 위(衛)나라를 멸망시켰다. 또한 제나라를 공격하여 제나라의 큰 도성 다섯 중 하나인 평륙(平陸)을 점령했다. 한(韓)나라를 공격하여 관(管)을 탈취했으며 기수(淇水) 근처 싸움에서 크게 승리했다. 수양(睢陽)의 싸움에서는 피곤에 지친 초나라 대군을 궤주시켰고 초나라 영내인 채(蔡)와 소릉(召陵)의 싸움에서는 초군을 대파했다. 이처럼 위(魏)나라 군대는 곳곳에 손을 뻗쳤으며 그 위세는 중원(中原)의 모든 나라에 떨쳤다. 그러나 안리왕이 죽자 위나라는 오래 가지 못하고 멸망해 버렸다."

성자필멸(盛者必滅: 성한 자는 반드시 망한다), 회자정리(會者定離: 만나면 반드시 헤어진다), 영고성쇠(榮枯盛衰: 인간은 성하기도 하고 쇠하기도 한다)는 세상의 질서라고 말한다. 세상의 흐름이란 이처럼 냉혹하고 인정사정없이 변해 가는 것이다.

그러나 세상사의 변화는 국가의 멸망이나 흥륭만을 말하는 것이 아니다. 인간을 둘러싼 여러 가지 환경 역시 변화하고 있는 것이다. 그 변화를 한비는 이렇게 말하고 있다.

"허리에 조홀(朝笏: 황제의 명령을 받아 쓰기 위한 가늘고 긴 나무판)을 차고 무도용(舞蹈用) 방패나 도끼를 가지고 있다 해도 날이 달린 긴 무기나 짧은 무기를 당해 낼 수 없다. 층계를 오르내리는 법이나 몸을 움직이는 예의범절을 강제로 가르치는 것으로는 병사들을 훈련시키지 못한다. 음악을 연주하면서 행하는 의례적인 사예(射藝)는 강한 쇠뇌의 연속사를 당해 내지 못한다. 성을 지키며 공격해 오는 전거(戰車)를 방어하는 전법은 미리 파 놓은 지하도에 물을 보내거나 또는 풀무를 이용한 불길을 보내 성벽을 파괴하는 전법과 비교할 수가 없다.

옛날 사람들은 도덕적인 고매함을 견주었다. 중세의 사람들은 지모(智謀)의 우열을 견주었다. 그러나 현대의 사람들은 힘의 크기를 견주고 있다. 옛날에는 해야 할 일도 적었고 그 수단도 역시 간단하고 조잡했으며 기술도 부족했다. 그래서 조개껍질을 나무에 매단 도구로 밭을 일구고 수레도 손으로 밀었다.

옛날에는 인간의 수가 적었기 때문에 서로 친했다. 인간의 수에 비해서 물자가 풍부했기 때문에 재화(財貨)나 이익에 집착하지 않고 손쉽게 남에게 양보했다. 그러므로 서로 양보하며 다른 사람에게 천하를 맡기는 일도 있었다. 예를 들면 서로 주고받으며 은혜 베풂을 존경하고 인간애(人間愛)를 칭송한다는 것은 모두가 수레를 손으로 미는 것과 같은 정치라고 말할 수 있다.

해야 할 일이 많은 시대를 살면서 해야 할 일이 적었던 옛날의 간단하고 조잡한 도구를 사들이려는 것은 현명한 인간이 할 일이 아니다.

대규모의 전쟁이 벌어지는 시대에 서로 사양하던 옛날 관습을 지키려 함은 현명한 인간의 정치가 아니다. 그러므로 현명한 인간은 언제까지나 손으로 미는 수레에 타지 않으며, 우수한 인간은 언제까지나 수레를 손으로 미는 정치를 계속하지 않는다."

한비는 또 이렇게 말한다.

"옛날에는 남자들이 밭을 갈지 않았다. 풀이나 나무의 열매만으로도 충분히 먹고 살 수가 있었기 때문이다. 여자들도 베를 짜지 않았다. 짐승 가죽과 새털로 옷을 만들어도 추위를 충분히 막을 수 있었기 때문이다. 노동을 하지 않아도 충분히 먹고 살 수 있었고 인간의 수가 적어서 재화에 여유가 있었기 때문에 서로 싸우지 않았다. 그러므로 많은 상을 주지 않고 무거운 형벌을 도입하지 않아도 사람들은 자연히 안정된 생활을 했다.

그러나 지금은 인간의 수가 많아졌는데도 재화는 적으며, 힘들여 노동을 해도 손에 들어오는 재화는 적은 형편이다. 따라서 사람들은 서로 다투게 되었으며, 상(賞)을 배로 주고 벌을 엄하게 해도 혼란을 막을 수 없다.

요(堯)가 천하의 왕이 되었을 때에는 지붕을 덮을 띠 풀도, 상수리나무 서까래도 맞추어서 가지런히 자르지 않았다. 하얗게 빻지 않은 곡식으로 지은 밥에 명아주나 콩잎을 끓인 국을 먹었다. 겨울에는 사슴 모피를 걸치고 여름에는 갈대로 엮은 옷을 입었다. 지금은 문지기가 먹는 음식과 옷일지라도 그처럼 비참하지는 않을 것이다.

우(禹)가 천하의 왕이 되자 손수 가래와 괭이를 들고 신하들의 앞장을 서서 일했다. 그리하여 허벅다리 살이 빠지고 정강이 털이 닳아 없어졌다. 지금은 노예도 그렇게 힘들게 일하지는 않을 것이다.

그러므로 옛날 사람이 왕위를 양위한 것은 문지기보다 못한 의식(衣食)을 버리고 노예보다 심한 노동으로부터 떠난 것일 뿐이다. 따라서 옛날 사람이 천하를 남에게 양보했다고 해서 특히 칭찬할 만한 가치가 있는 것은 아니다. 지금의 현령(縣令)은 어느 날 갑자기 죽더라도 자손이 대대로 마차를 탈 수 있는 신분이 보장되어 있다. 그러므로 지위를 소중하게 생각하는 것이다.

따라서 자리를 내놓는다는 점에서 보면 옛날 사람이 무척 간단하게 왕위를 물려준 반면에 지금 사람들이 현령의 자리도 좀처럼 내놓지 않으려함은 그 이익에 대소(大小)의 차이가 있기 때문이다.

대체로 산에서 살며 계곡 아래에 있는 내까지 내려가 물을 길어 오는 사람들은 서로 물을 나누어 준다. 낮은 땅에 살며 물의 피해를 입는 사람들은 사람을 고용하여 배수용(排水用) 도랑을 파게 한다. 흉년이 든 봄에는 어린아이들에게도 음식을 나누어 주지 못하지만 풍년이 든 가을

이면 낯모르는 손님에게도 식사를 대접할 수 있다. 이것은 육친을 멀리하고 낯모르는 사람을 사랑하기 때문이 아니다. 식량이 많고 적음의 차이에서 오는 결과일 뿐이다.

그러므로 옛날 사람들이 재화에 집착하지 않은 까닭은 인간애가 깊었기 때문이 아니라 재화가 부족하지 않았기 때문이다.

지금 사람들이 관직을 탐내는 까닭은 그 품성이 저열해서가 아니라 거기에 딸린 이익이 크기 때문이다."

인간은 그처럼 주어진 상황에 따라 생각하는 방법, 느끼는 방법, 사는 방법이 달라지고 풍모까지 변하는 것이 당연하다. 오히려 변하지 않는 게 이상하다.

"옛날 것이 좋은 것이다. 전통을 지켜라!"

그러나 억지로 지켜야 하는 전통이라면 그것을 아무리 지키려 해도 결국엔 소멸되어 버린다. 이와 같은 전통은 오히려 소멸되는 것이 좋다. 억지로 지키려 하지 않더라도 자연스럽게 전해 내려오는 것이 전통이다. 생활과 직접 관련이 없는 것은 억지로 또는 인위적으로 지키려 해도 지켜지는 것이 아니라고 한비는 말하고 있다. 그리고 동일한 사실까지 상황에 따라서 달리 해석되며 다른 가치로 평가된다고 말하면서 다음과 같은 이야기를 한다.

초(楚)나라에 변화(卞和)라는 사람이 있었다. 그가 초나라의 산중에서 아직 갈고 닦지 않은 구슬의 원석(原石)을 발견했다. 그는 그것을 가지고 돌아와 초나라의 여왕(厲王)에게 바쳤다. 여왕이 원석을 구슬 공인(工人)에게 감정하게 했더니 그 공인은 이렇게 말했다.

"이것은 보통 돌입니다."

여왕은 변화가 거짓말을 하여 자기를 속이려 한다고 생각하고 월형 (刖刑)을 내려 왼쪽 뒤꿈치를 자르게 했다.

여왕이 죽자 무왕(武王)이 왕위에 올랐다. 변화는 다시 그 구슬 원석을 받쳐 들고 와 무왕에게 헌상했다.

무왕이 구슬 공인에게 감정을 시켰더니 이번에도 같은 대답이 나왔다.

"이것은 보통 돌입니다."

무왕 역시 변화가 거짓말을 하여 자기를 속이려 한다고 생각하고 월형을 내려 오른쪽 뒤꿈치를 잘라 버렸다.

무왕이 죽자 문왕(文王)이 왕위에 올랐다. 변화는 그 구슬 원석을 안고 초산(楚山) 기슭에서 울고 있었다. 사흘 낮 사흘 밤 동안 계속해서 울었기 때문에 눈물은 메말라 버리고 눈물 대신 피가 흘러나왔다. 그 소식을 들은 문왕이 사자를 보내 까닭을 물었다.

"세상에는 월형을 받은 사람이 많은데 왜 너만 그렇게 슬프게 우는 것이냐?"

변화가 대답했다.

"저는 월형 받은 것이 슬퍼서 우는 게 아닙니다. 이렇게 훌륭한 구슬이 보통 돌이라는 말을 듣게 되니 정직 하나로 살고 있는 제가 거짓말쟁이라는 오해를 받았습니다. 저는 그것이 슬퍼서 견딜 수 없습니다."

문왕이 구슬 공인에게 원석을 갈고 닦게 해 보았더니 과연 훌륭한 보석이 드러났다. 그리하여 이 구슬에는 '화씨의 구슬(和氏之璧)'이라는 이름이 붙게 되었다.

동일한 사실도 상황에 따라 달리 해석되고 평가된다는 점을 강조한 이야기이지만 이와 같은 의미 외에도 여러 가지 뜻을 담고 있다.

한비는 이 '화씨의 구슬'에 대한 이야기에 다음과 같은 내용을 덧붙이고 있다.

　"아름다운 구슬은 지위가 높은 사람들이 탐내는 보석이다. 그리고 변화가 헌상한 구슬의 원석이 아름답지 못하다 해도 윗자리에 있는 사람으로서는 아무런 손실이 없다. 그럼에도 불구하고 변화의 뒤꿈치가 모두 잘린 뒤에야 비로소 진짜 구슬임이 확인되었다. 구슬을 보고 진짜인지 가짜인지 분간하기란 이처럼 어려운 일이다.

　윗자리에 있는 사람에게 법률은 화씨의 구슬보다 귀중하다. 더구나 법률은 신하들이나 백성들의 이기적이며 사악한 행위를 금지하는 데 이용된다. 따라서 법률을 엄하게 적용하지 않으면 신하와 백성의 공격을 받을 것임은 자명한 일이다. 법률의 필요성을 설득하는 사람이 죽지 않고 아직도 살아 있다는 것은 오직 제왕의 위업을 성취시킬 수 있는 구슬의 원석, 즉 법률을 제왕에게 아직 헌상하지 않고 있음을 나타내는 것이다."

　한비는 새로운 세상에 맞는 정치의 한 방법으로 법치(法治)를 주장했다. 그러나 이에 적응하지 못하는 보수파의 이기적인 손익계산(損益計算) 때문에 법치의 가치가 인식되지 않아 생겨나는 위험성을 이 설화에서 이야기하고 있다. 이것은 시기상조이므로 알맞은 시기를 선택하여 변화하는 상황에 적응하는 것 또한 중요하다.

　진(晉)나라 군대가 형(邢)나라를 공격했다. 제나라의 환공(桓公)은 형나라를 위하여 원군을 보내려 했다. 그러자 대신인 포숙아(鮑叔牙)가 이렇게 말했다.

　"너무 이릅니다. 형나라가 망할 때까지 내버려 두지 않으면 진나라의 국력은 피폐해지지 않습니다. 진나라의 국력이 피폐하지 않으면 우리 제나라의 중요성은 증대하지 않습니다. 더구나 위험에 처한 나라를 지원해 준다는 것은 훌륭한 공적이긴 하지만 멸망한 나라를 다시 일으켜 세워 주는 은혜에는 훨씬 미치지 못합니다. 형나라에 대한 지원을 늦추어 진나라의 국력이 피폐해지게 만들어야 합니다. 그렇게 해야만 우리 제나라에 진실로 유리한 형세를 만들어 낼 수 있습니다. 망한 뒤에 그들이 재기할 수 있도록 원조해 준다면 그 명예는 한층 높아질 것입니다."

환공은 원군을 보내지 않았다.

냉혹한 이해타산으로 일관된 포숙아의 이러한 계획은 말하자면 악의적인 설계도와 같은 것이다. 그러나 이러한 악의야말로 한비의 특허였다. 선의(善意)는 겨우 눈물을 흘리게 하는 데 지나지 않지만 악의는 일을 성취시킨다. 악의는 현실과 대결하려는 인간의 최대 의지이고 공격은 최대의 방어이다.

어쨌든 포숙아는 적합한 시기를 선택하고 정확하게 상황에 적응하기 위하여 악의적인 설계가 필요했다. 남은 문제는 적합한 시기의 선택뿐이었다. 시기 선택을 위해서는 상황 변화에 대한 명확한 인식을 가지고 있어야 한다.

이 문제에 대해 〈한비자〉 제6권 '해로편(解老篇)'에서 다음과 같이 설명하고 있다.

"도(道)란 모든 사물이 형성(形成)되고 존재하게 만드는 모체이다. 그리고 온갖 이치[理]들이 머무는 근원이기도 하다. 이치란 모든 사물이 이루어지는 절차이며 도란 만물이 이룩된 근거이다. 그러므로 노자(老子)는 '도란 만물을 이치에 따라 다스리는 것이다'라고 말했다.

사물에는 각각 존재해야 하는 이치가 있다. 그것을 거역할 수가 없다. 때문에 이치는 모든 사물을 제약하는 힘이 될 수 있다.

모든 사물은 제각기 이치를 달리한다. 하지만 도(道)는 모든 사물의 이치를 총괄한다.

그러므로 도는 때에 따라서 또 구체적인 사물에 따라서 변화하지 않을 수 없다. 그러므로 도에는 일정불변(一定不變)이라는 법칙이 없다. 그렇기 때문에 혹은 죽고 혹은 산다. 모든 지능은 혹은 깊게 혹은 얕게 거기서 배우며 모든 사물은 어떤 것은 피폐해지고 또 어떤 것은 흥하는 것이다."

〈한비자〉의 '해로편'은 무척 난해한 철학이지만 일정불변의 법칙이 없는 도(道)가 구체적으로 나타나는 것은 이치[理]를 살펴 알 수 있다. 그러한 상황을 알 수 없을 때 이치를 거스르게 되어 강요하는 것이 되고 만다.

이에 대해서 한비는 다음과 같이 설명하고 있다.

"재능이 있는 현명한 사람도 적절한 환경이 마련되지 않으면 어리석은 사람을 제어하지 못한다. 그러므로 한 자(尺)의 재목도 높은 산 위에 세우면 천 길이나 되는 깊은 골짜기를 내려다볼 수 있다. 그것은 이 재목이 길기 때문이 아니라 놓인 위치가 높기 때문이다.

폭군으로 이름이 높은 걸(桀)도 천자(天子)가 되면 천하를 다스릴 수 있다. 그것은 그가 현명하기 때문이 아니라 그의 권세가 막중하기 때문이다.

성제(聖帝)로 이름이 높은 요(堯)도 신분이 낮은 보통 사람이었다면 세 칸 정도의 집도 제대로 관리하지 못했을 것이다. 그것은 그가 어리석기 때문이 아니라 지위가 낮기 때문이다.

천 균(千鈞: 1균은 30근, 아주 무거운 무게)이나 되는 무게라도 배에 실으면 물 속에 가라앉지 않지만, 치수(錙銖: 매우 작은 무게의 단위) 정도의 가벼운 물건이라도 배에 싣지 않으면 물에 가라앉고 만다. 천 균이 가볍고 치수가 무겁기 때문이 아니다. 배가 있는가 없는가에 따라 달라지는 것이다.

비룡(飛龍)과 등사(螣蛇)도 운무(雲霧)가 없으면 지렁이나 개미와 같다.”

적절한 환경이 아니면 아무리 훌륭한 사람도 어쩔 수 없다는 것을 한비는 강조하고 있다. 이것을 높은 산에 비유하고 배에 비유하여 인간의 재능보다도 환경의 중요성을 강조하고 있다.

뛰어난 재능을 가지고 있다는 것은 좋은 일이지만 이보다 중요한 것은 상황 변화를 해독하는 일이다. 한비는 다음과 같이 상황론(狀況論)을 전개하고 있다.

신도(愼到: 조나라의 사상가로 제나라에서 뜻을 편 법가)는 이렇게 말한다.

“비룡(飛龍)과 등사(螣蛇)는 구름이나 안개 속을 날지만 구름이 없어지고 안개가 걷히면 그들도 지렁이나 개미와 같아진다. 이는 날 수 있는 의지물을 잃었기 때문이다. 현명한 사람인데도 어리석은 사람에게 굴복하지 않으면 안 되는 이유는 그의 권력이 작고 지위가 낮기 때문이다. 어리석은 사람인데도 현명한 사람을 복종시킬 수 있는 까닭은 그의 권력이 크고 지위가 높기 때문이다. 성인이라는 요(堯)도 신분이 낮은 보통 사람이었다면 세 사람 정도도 다스리지 못했을 것이며, 폭군이라는 걸(桀)도 천자(天子)가 되면 천하를 혼란시킬 수 있다. 이로 미루어 높은 환경이야말로 의지할 만한 가치가 있으며 현명이란 부러워할 가치가 없다는 것을 알 수 있다. 쇠뇌가 강하지 않더라도 쏘아 올린 화살이 높이

나는 이유는 바람을 타기 때문이다.

자기 몸이 어리석으면서도 명령을 할 수 있는 까닭은 많은 사람들로 부터 추대받고 있기 때문이다. 요가 보통 신분으로 노예들에게 가르침을 주려 한다면 아무도 귀를 기울이려 하지 않을 것이다. 그러나 천하의 왕이 되어 명령하면 즉시 실행되고, 금지하면 그때 까지 하던 일을 완전히 중지하게 된다. 그러므로 현지재능(賢知才能)은 사람들을 복종시키기에 부족하지만 권세지위(權勢地位)는 현명한 사람도 굴복시킬 수 있는 것이다.”

다른 사람이 그 같은 이론에 대해서 반박하는 이론을 이렇게 제기했다.

“비룡이나 등사는 구름이나 안개 속을 난다. 비룡과 등사의 비상은 구름이나 안개의 힘 때문이 아니라고 말하지는 않겠다. 그러나 현지재능(賢知才能)을 버리고 완전히 환경이나 조건에만 맡겨서 천하를 충분히 다스릴 수 있을까? 그런 예는 지금까지 본 적이 없다.

구름이나 안개라는 조건이 있더라도 그것을 타고 날 수 있는 까닭은 비룡이나 등사에게 우수한 재능이 있기 때문이다. 구름이 아무리 짙게 끼었더라도 개미는 그것을 타지 못한다.

짙은 구름과 안개가 있더라도 그것을 타고 날 수 없는 까닭은 지렁이나 개미의 재능이 용렬하기 때문이다. 이와 같이 걸이나 주가 남면(南面: 군주의 자리에 오른다는 뜻)하여 천하의 왕이 되고 천자의 권위를 가지고 있으면서도 천하가 크게 어지러운 것을 막지 못한 까닭은 그들의 재능이 용렬했기 때문이었다.

그렇다면 요가 천하를 다스렸다는 상황과 걸이 천하를 어지럽혔다는 상황 사이에는 어떤 다른 점이 있는가? 상황이란 현명한 사람만이 이용할 수 있고 어리석은 사람은 그것을 이용하지 못한다는 말은 아닐 것이다. 현명한 사람이 그것을 이용하면 천하가 다스려지고, 어리석은 사람이 그것을 이용하면 천하는 어지러워지는 것이다.

상황이라는 것은 세상을 다스리는 사람에게도 어지럽히는 사람에게도 편리한 가치이다. 그러므로 〈주서(周書)〉에도 '호랑이에게 날개를 달아 주지 말라. 마을에 뛰어들어 사람을 잡아먹으려 할 것이다'라고 씌어 있다. 어리석은 사람이 상황을 이용하면 호랑이에게 날개를 달아 주는 격이 되지 않을까.

주와 걸은 높은 대(台)와 깊은 연못을 만드느라 백성의 힘을 이용했고, 포락(炮烙)의 형(刑)을 만들어 백성의 생명을 빼앗았다. 주와 걸이 이와 같은 포악한 행위를 할 수 있었던 이유는 황제의 권위라는 날개를 달아 주었기 때문이다.

주와 걸이 신분 낮은 보통 인간이었다면 그런 나쁜 짓을 단 한 가지도 하기 전에 사형에 처해졌을 것이다. 상황이라는 것은 호랑이의 마음을 양성하여 난폭한 일을 성취시키는 토양이 되고 그렇게 되면 그것은 천하의 큰 재해이다.

상황이 잘 다스려지거나 어지러워지는 양극단 사이에는 본래부터 명확한 관계가 없다. 그럼에도 불구하고 모두가 상황에 따라서 천하를 다스릴 수 있다고 말하는 이유는 그 지능 정도가 너무나 천박하기 때문이라고 말할 수밖에 없다.

우수한 명마(名馬)와 튼튼한 수레가 있어도 그것을 심부름꾼에게 몰게 하면 웃음거리가 될 것이다. 그러나 유명한 마부 왕량(王良)에게 몰게 하면 하루에 천리라도 갈 수 있다. 같은 마차인데도 한쪽은 천리를 가고 다른 한쪽은 웃음거리가 된다. 이는 기술의 오묘함과 졸렬함이 두드러지게 차이 나기 때문이다.

그러므로 나라를 수레에 비유하고 상황을 말에 비유하고 호령을 손잡이 끈에 비유하고 형벌을 채찍에 비유하고 마부를 걸과 주에 비유하면 천하는 어지러워진다. 이는 현명함과 어리석음이 현저하게 차이가 있기 때문이다.

나는 듯이 마차를 몰고 순식간에 먼 곳까지 가려고 하면서 왕량(王良)에게 마부 자리를 맡길 줄 모르고, 이익을 증진시키고 해악을 배제하려 하면서도 현명한 능력을 가진 사람에게 일을 맡길 줄 모르는 어리석음은 비교도 할 줄 모르는 슬픈 현상이다. 요와 순도 역시 백성을 다스리는 훌륭한 마부이다."

또 어떤 사람은 이렇게 반박했다.

"신도(愼到)는 상황에 의존하면 일을 처리할 수 있다고 말했다. 신도의 의견에 반대하는 사람은 '반드시 현명한 사람이 나타나 주지 않으면 천하는 다스려지지 않는다'고 말한다.

그러나 그것은 모두 잘못된 생각이다.

상황이란 말은 무수히 다른 의미를 내포하고 있다. 상황이 자연히 생겨나는 것이라면 그것에 대해서 논할 필요는 없다. 그러므로 여기서 논하려는 상황은 인간이 만들어 내는 상황을 말한다.

요와 순이 태어나면서부터 높은 자리에 있었다면 열 명의 걸과 주가 있었더라도 천하를 어지럽히지 못했을 것이다. 왜냐하면 이미 다스려지고 있는 상황이기 때문이다. 걸과 주가 태어나면서부터 높은 자리에 있었다면 열 명의 요와 순이 있더라도 천하를 다스릴 수는 없었을 것이다. 왜냐 하면 이미 어지러운 상황이 되었기 때문이다. 그러므로 '다스려지는 상황에 있으면 어지럽게 할 수 없으며 어지러운 상황에 있으면 다스릴 수 없다'고 말할 수 있다.

그러나 그것들은 모두 자연적으로 발생하는 상황이기 때문에 인간으로서는 어떻게 할 수가 없다. 여기서 논하는 상황이란 인간이 만들어 낼 수 있는 상황을 말하므로 거기에 현명한 사람은 필요치 않다. 왜 그런가는 다음 이야기를 들으면 알게 될 것이다.

'창[矛]과 방패[盾]를 파는 사람이 있었다. 그는 자기가 파는 방패가 튼튼하다는 것을 자랑하며 어떤 창으로 찔러도 뚫을 수가 없다고 말했다. 그리고 또 창을 자랑하며 아무리 튼튼한 방패라도 찌르면 뚫린다고 말했다. 구경하던 사람이 당신의 창으로 당신의 방패를 찌르면 어떻게 되느냐고 물었다. 창과 방패를 파는 사람은 대답하지 못했다.'

어떤 창으로 찔러도 관통되지 않는 방패와 어떤 방패라도 찔러서 관통하는 창은 병존할 수가 없다.

현명한 사람이 천하를 다스린다는 원칙에 의하면 현명한 사람은 그 자체가 정의이기 때문에 어떠한 구속도 받지 않는다. 상황이 천하를 다스린다는 원칙에 의하면 모든 것이 그 상황을 만들어 낸 법률(法律)의 구속을 받고 있으므로 어떤 것이든 구속하게 된다.

어떠한 구속도 받지 않는 현명한 사람과 어떠한 것이든 구속하는 상황은 창과 방패의 경우처럼 모순(矛盾)이 되는 것이다. 따라서 현명한 사람과 상황은 서로 받아들이지 못한다는 점이 밝혀진 셈이다.

더구나 요·순·걸·주와 같은 인간은 1천 세대(一千世代)에 한 사람이 나타나더라도 너무 많다고 할 정도로 특별한 인간이다. 세상의 보통 군주들은 대개 중급 정도의 재능을 갖추고 있으며 끊임없이 생겨나고 있다. 여기서 상황에 대하여 설명하고 싶은 것은 이 중급 군주의 경우에 대해서이다.

이 중급 군주는 위로는 요·순에 미치지 못하지만 아래로는 걸·주와 같이 되지도 않는다. 법을 지키지 못하고 그 상황에 편승하지 못하면 어지러워진다. 상황을 무시하고 법을 버린 채 오직 요나 순이 나타나기를 기다린다면 요나 순이 나타났을 때 세상은 다스려지기는 할 것이다. 그러나 1천 세대 동안 어지럽다가 한 세대 동안만 다스려지게 된다. 상황에 편승하여 걸이나 주가 나타났다고 가정하면 걸이나 주가 나타났을 때 세계는 어지러워질 것이다. 그러나 그것은 1천 세대 동안 다스려지다가 한 세대 동안만 어지러워지게 된다.

다스려지는 기간이 1천이고 어지러운 기간이 1인 경우와, 다스려지는 기간이 1이고 어지러운 기간이 1천일 경우는, 마치 준마를 타고 정반대의 방향으로 달리는 양상과 같은 것이어서 그 거리는 정말로 헤아릴 수 없을 것이다."

이와 같이 사물에는 두 개의 측면이 있고 이 두 개의 측면이 서로 보완하면서 모든 사물은 성립된다.

한비는 상황에 대해서 자연적으로 형성되는 상황과 인간이 만들어 내는 상황의 두 가지 측면을 들고 있다. 상황이란 인간에게 주어진 어쩔 수 없는 운명 같은 측면과 함께 인간이 적극적으로 만들어 내는 측면도 함께 있다고 주장한다.

그러나 한비의 관심은 제왕의 천하 정치에 있었다. 윗자리에 있는 사람의 선의에 기대하기보다는 자의적인 행동이 허용되지 않는 법률에 바탕을 둔 제도로서의 상황을 창출해야 한다는 생각에 치우쳐 있다.

따라서 인간이 만들어 내는 상황이라는 측면은 한비의 의도를 충분히 설명하고 있다. 그리고 한비가 충분히 논하지 못한 면을 손자(孫子)의 주장으로 보충할 수 있다.

예를 들면, 손자는 '용병은 궤도이다(兵者詭道也)'라고 말했다. '궤도'

란 말은 기계(奇計), 모책(謀策), 권모술수로 풀이되며, 바람직하지 않은 것, 올바름에 위배되는 것, 속임수 등등이라고 알려져 있다.

사전에도 '사람을 속여 혼미하게 하는 방법, 사람을 속이는 수단'이라고 풀이되어 있다. 전쟁에서 적을 속이는 것이 반드시 나쁜 행위라고 말할 수 없을지 모르나 역시 정정당당하지 못한 것은 사실이다.

사물에는 항상 두 개의 측면이 있다. 지금까지 보지 못했던 또 하나의 측면, 즉 반대쪽을 찾아내어 지렛대로 삼으면 상황을 유리하게 전환시킬 수 있다.

물론 두 개의 기(氣)가 서로 보완하고 서로 변호하여 세계의 모든 현상이 일어난다는 음양사상(陰陽思想)은 옛날부터 있었다. 그러나 그 내용은 인간을 포함한 자연의 운행(運行)을 설명한 것일 뿐 적극적인 인간의 계기, 인간의 의지와 의식의 면에 대한 설명은 없었다.

따라서 여기에 인간의 계기, 즉 인간의 의지와 의식을 접목하여 두 개의 측면을 서로 보완하고 교환함으로써 인위적으로 새로운 상황을 만들어 내는 것이 손자가 말하는 궤도이며, 한비가 말하는 '인간이 만들어 내는 상황'이다.

본래 궤(詭)는 변한다는 뜻을 가진 말이었다. 그러나 유교 사상이 흥해지면서 나쁜 의미로 바뀌었다. 그러므로 이 '궤'라는 글자도 역시 상황 변화의 증인인 셈이다.

'인간이 만들어내는 상황'이라고 주장한 한비는 그런 사상에 입각하여 다음과 같은 몇 가지 예를 들었다.

위(魏)나라 왕의 두 신하는 위나라 귀족 제양군(薺陽君)과 마음이 맞지 않았다. 그래서 제양군은 일부러 왕의 명령을 위조하여 두 신하가 자기를 공격하도록 공작을 꾸몄다. 제양군이 공격받았다는 소식을 듣고 위나라 왕은 사자를 보내 제양군에게 물었다.

"누구와 원한이 있었는가?"

"누구와도 원한 같은 것은 없었습니다. 생각해 보니 전에 그 두 사람과 관계가 어색해진 일이 있기는 합니다. 하지만 이렇게까지 될 정도는 아니었습니다."

제양군의 대답을 들은 위왕은 측근들에게 제양군의 말이 사실이냐고 물었다.

"사실입니다"

측근들이 이렇게 대답했으므로 위왕은 두 신하를 사형에 처했다.

제양군에게 젊은 가신(家臣)이 있었다. 제양군은 모르고 있었지만 그는 제양군을 가까이 모시면서 총애를 받고 싶었다.

마침 제(齊)나라 왕이 늙은 유생(儒生)을 보내 마리산(馬梨山)에서 약초를 캐어 오라고 시켰다. 제양군의 젊은 가신은 공을 세울 수 있는 기회라고 생각하여 제양군에게 뵙기를 청했다.

"제나라 왕이 늙은 유생을 파견하여 마리산에서 약초를 캐고 있습니다. 명목은 약초를 캐는 것으로 되어 있으나 사실은 우리 위나라의 사정을 정탐하고 있는 중입니다. 주군께서 그를 죽이지 않으시면 첩자에게 비밀을 누설했다는 누명을 쓰게 되며 그 유생은 그것을 이유로 제나라 왕으로부터 상을 받게 될 것입니다. 제가 그 늙은 유생을 죽이고 오겠습니다."

"그렇게 하라!"

제양군이 승낙했기 때문에 젊은 가신은 다음날 성 북쪽에서 제나라의 늙은 유생을 칼로 찔러 죽였다. 그리고 제양군은 젊은 가신을 발탁하여 친밀하게 대해 주었다.

초(楚)나라 왕이 진(秦)나라에 사신을 파견했다. 진왕은 그 사신을 후하게 접대했다.

그러나 진왕은 신하들 앞에서 걱정스러운 듯이 말했다.

"적국에 현명한 사람이 있다는 것은 우리 나라로서는 골치 아픈 일이다. 초나라 왕이 보낸 그 사자는 대단한 현인이다. 그 때문에 나는 고민이다."

그러자 신하들이 진언했다.

"왕께서 성명(聖明)하시고 우리 나라에는 풍부한 자원이 있는데 어찌 초나라 왕 밑에 있는 현인을 부러워하십니까? 오히려 그와 한층 교분을 두텁게 하시고 친밀한 친구가 되도록 노력하시기 바랍니다. 그러면 초나라에서는 그가 우리 나라에 매수되었다고 생각하여 반드시 사죄(死罪)를 내릴 것입니다."

서수(犀首)의 공손연(公孫衍)은 천하의 명장으로 이름이 높았거니와 위(魏)나라 혜왕(惠王)의 가신(家臣)이었다. 진(秦)나라 혜문왕(惠文王)은 가능하면 공손연을 데려다 함께 진나라를 다스리고 싶었다. 그러나 공손연은 혜문왕의 청을 거절했다.

"저는 위나라 혜왕의 가신입니다. 위나라를 떠나서는 안 됩니다."

1년이 지났다. 공손연이 어떤 일로 위나라 혜왕의 미움을 사서 진나라로 도망했다. 진나라 혜문왕은 공손연을 크게 우대했다.

저리질(樗里疾)은 진나라 장군이었다. 그는 천하의 명장으로 이름이 난 공손연이 자기 대신 장군에 임명되는 것이 아닌가 하고 걱정했다. 그래서 저리질은 혜문왕이 평소 비밀 이야기를 하는 방의 벽에 구멍을 뚫어 놓았다. 과연 얼마 후 혜문왕은 그 방에서 공손연과 상의를 했다.

"한(韓)나라를 공격하고 싶은데 그대 생각은 어떻소?"

"가을에 공격하면 성공하리라고 믿습니다."

"나는 우리 진나라의 큰 일에 대하여 그대에게 어려운 부탁을 하고 있다고 생각하오. 그러니 이 말은 우리 둘만 알고 결코 다른 사람이 알게 해서는 안 되오."

공손연은 비밀을 지키겠다고 약속하고 물러났다.

그러나 그 때 저리질은 이 이야기를 모두 듣고 있었다.

얼마 후 혜문왕의 시종들이 소곤거리기 시작했다.

"금년 가을에 우리 나라가 군대를 일으켜 한나라를 공격한다고 한다. 공손연이 장군이 된다는 거야."

그 날 중으로 조정 안에 있는 모든 사람이 그 사실을 알게 되고 며칠 지나자 나라 안의 모든 사람이 알게 되었다. 혜문왕은 저리질을 불러서 물었다.

"왜 이렇게 떠들어 대는 거냐? 도대체 이 이야기는 어디서 나온 거지?"

"공손연으로부터 나온 이야기인 줄로 압니다."

저리질이 시치미를 떼고 대답했다.

"나는 공손연과 그런 얘기를 한 적이 없다. 그런데 어떻게 공손연이 그런 이야기를 한단 말인가?"

"공손연은 지금 우리 진나라에 와서 살고 있지만 최근에 위나라 혜왕의 미움을 사서 도망쳤습니다. 아마도 불안하고 외로울 것입니다. 그래서 그런 이야기를 하여 많은 사람들의 관심을 끌려고 한 것이 아닌가 생각됩니다."

"그 말에도 일리는 있다."

혜문왕은 사자를 보내 공손연을 불렀지만 공손연은 이미 다른 제후국으로 도망치고 없었다.

한비는 윗자리에 있는 사람이 이와 같은 함정에 빠져서는 안 된다는 본보기로 몇 개의 설화를 인용한 것이다. 그러나 이야기에 나오는 악의(惡意)는 한비가 좋아할 만한 것들로, 그것은 막다른 골목에 쫓긴 인간의 자기 방어를 위한 최후의 거점이 틀림없다.

이를테면 한비는 이렇게 말한다.

"법은 사물을 제약하는 것이며, 사물은 그 제약에 의해 효과를 나타내게 된다. 법을 세우려고 하면 어떤 난점(難點)이 생겨나게 된다. 그러나 그 정도를 계산하여 난점이 있더라도 일을 성취할 수 있음을 알면 그 법을 세워야 한다."

일을 성취하려면 거기에는 어떤 일이든 폐해(弊害)가 있을 수 있다.

그러나 그 정도를 계산하여 폐해보다 효과가 더 크다는 것을 알면 그것을 단행해야 한다. 난점(難點)이 없는 법, 폐해가 없는 효과란 이 세상에 존재하지 않기 때문이다.

좋은 일은 반드시 나쁜 측면을 가지고 있다. 나쁜 일의 이면에는 반드시 도움이 되는 일이 있다.

제6편 설득의 어려움

제6편 설득의 어려움

춘추 전국 시대의 초(楚)나라 장왕(莊王)에게 금지옥엽처럼 아끼는 말한 필이 있었다. 이 말이 어찌나 귀엽고 사랑스러웠는지 장왕은 마치 대궐 같은 으리으리한 건물을 지어 살게 했을 뿐 아니라 자수 놓은 옷을 입히고 대추와 말린 고기 같은 미식까지 먹이며 호의호식을 시켜 주었다.

이 귀여운 말이 비대증에 걸려 시름시름 앓다가 그만 죽고 말았다.

비탄에 빠진 장왕은 중신에 못지 않은 예우로 장례식을 올리려고 했다. 이에 신하들이 모두 반대하면서 그 부당함을 진언했으나 왕은 들으려 하지 않았다. 심지어 '더 이상 말에 대해 불평하는 자는 참형으로 다스리겠다'고 선언했다. 때문에 대부분의 신하들은 참담한 지경에 이르렀으나 입 조심하며 체념하지 않을 수 없었다.

그럴 즈음, 우맹(優孟)이라는 왕실 전속 도화사(道化師: 익살꾼 역할의 배우)가 어전으로 달려왔다. 그리고 왕 앞에 부복하더니 큰 소리로 울기 시작했다. 갑작스런 통곡에 놀란 왕이 까닭을 묻자 우맹은 비통한 표정으로 아뢰었다.

"그처럼 주상께서 사랑하셨던 마공(馬公)인데 겨우 중신 예우를 하신다니 어인 일이옵니까? 그렇게 하신다면 마공이 너무나 불쌍합니다. 초나라의 국력을 감안한다면 왕후에 버금가는 장례 절차를 명해야 합당하리라고 사료되옵니다."

왕은 비로소 흡족한 표정이 되어 도화사 우맹을 좀 더 가까이 불러서 물었다.

"음…, 그래 어떻게 해야 좋을꼬?"

"아뢰옵기 황송하오나 마공을 구슬 관에 입관시키고 다시 이를 조각한 판목재(板木材)의 외관에 넣어 그 둘레를 좋은 재목으로 덮습니다. 그러는 한편, 백성들을 징용해서 거대한 능묘를 조성케 하고 장례식 때는 외국의 사자들도 앞뒤에 서게 합니다. 영묘에는 소, 돼지, 양을 바치고 영지(領地) 만 호를 제사에 필요한 경비로 하사해 주시옵소서. 그렇게만 하시면 주상께서 인간 따위보다도 애마를 중히 예우하시는 분이라는 사실이 만천하에 널리 알려질 것이옵니다."

듣고 보니 '이게 아닌데…, 이놈이?' 하고 울화가 치밀었으나 왕은 비로소 깨달았다.

"그래 알았다. 짐이 너무 지나쳤음을 알겠다. 그러면 대체 어떻게 하는 게 순리이겠는가?"

왕이 한 발짝 물러나 우맹의 소견을 들으려고 하자 우맹은 속으로 쾌재를 부르며 태연히 아뢰었다.

"그러시다면 가축장(家畜葬)은 어떠하겠사옵니까? 흙 아궁이를 외관으로 삼고 구리 냄비를 내관으로 합니다. 내관에는 부장품으로 생강이며 대추, 마늘 따위를 첨가하고 그 아래에는 땔나무를 깝니다. 공물은 쌀과 물로 하고 뜨거운 불의 옷을 입힌 다음 사람의 뱃속에 장사 지내는 것이옵니다."

참으로 구미 당기는 방책이었다. 왕은 즉시 죽은 말을 궁중 요리사에게 넘겨주었다.

대체로 설득하는 일의 어려움은 설득하고자 하는 상대방의 마음을 알고 이쪽의 말을 그것에 꼭 들어맞게 하는 데에 있다.

장의는 진(秦)·한(韓)이 위(魏)나라와 우호 관계에 있는 정세를 이용하여 제(齊)와 초(楚)를 공격하게 해야겠다고 생각하고 있었다. 그러나 위나라의 대신을 역임한 혜시(惠施)는 제·초와 연합해서 전쟁을 막아야 한다고 생각하고 있었다. 두 사람은 그 일에 대한 논쟁을 벌였다.

위나라의 여러 신하와 위왕의 측근들은 모두 장의의 편을 들어 제와 초를 공격하는 것이 위나라를 위해 유리하다고 말했다. 그러나 혜시를 응원하는 자는 한 사람도 없었다. 위왕은 장의의 말을 받아들이고 혜시의 말을 물리쳤다.

제와 초를 공격하기로 결정이 난 다음 혜시는 위왕을 만났다.

"선생께서는 이제 아무런 말씀도 하지 마오. 제와 초를 공격하는 것은 이익이 생기는 일이오. 모든 백성들도 한결같이 그렇게 생각하오."

위왕이 선수를 쳐서 그렇게 말하자 혜시가 대답했다.

"잘 생각해 보시지 않으면 안 됩니다. 제와 초를 공격하는 일이 분명 유리하다고 가정하겠습니다. 그런데 모든 백성들이 모두 다 유리하다고 생각한다면 현명한 자들이 얼마나 많은 것 입니까? 제와 초를 공격하는 일이 이익이 되지 않는다고 가정하겠습니다. 그런데도 모든 백성이 너도 나도 유리하다고 생각한다면 그 얼마나 어리석은 자들이 많은 것입니까?

대체로 보아서 모략이라는 건 아직 의심이 남아 있기 때문에 행해지는 것입니다. 의심이라고 하는 것은 이리저리 망설이기 때문에 하나로 정리되지 않는 게 아닙니까? 따라서 절반 정도의 사람들이 좋은 것이라고 생각한다면 절반 정도의 사람들은 좋지 않은 것이라고 생각합니다. 지금 모든 백성이 한결같이 그러하게 생각한다고 단정하시는 까닭은 주군께서 그 중의 절반을 잃고 계시기 때문입니다."

한비가 이 설화를 인용하여, 윗자리에 있는 사람을 협박하여 진로 변경을 강요하는 것은 바로 그 절반의 반대 의견을 잃는 것이라고 했듯이, 말이란 항상 절반의 반대 의견을 예상하고 있지 않으면 성립되지 않는다.

공자는 이렇게 말했다.

조수불가 여동군(鳥獸不可 與同群)
오비사인지도 여이수여(吾非斯人之徒 與而誰與)
(새나 짐승과 동류가 될 수는 없다.
나는 이 인간 외에 대체 누구와 함께 살아갈 수 있겠는가.)

말할 것도 없이 인간은 인간과 관련 맺지 않고 자기 혼자서 살아갈 수는 없다. 그렇다면 대화를 하며 어깨를 맞대고 살아갈 수 있게 소통하려고 노력할 수밖에 없다. 그런데 말은 항상 어느 정도 거짓을 품고 있으며, 나타내고자 하는 의미가 어긋나 버린다거나 입 밖에 나오는 순간 어색한 허망감만 남기는 진실의 그림자 같은 것이다.

그렇기에 장자(莊子)도 말에 대한 불신감을 표명했다.

"말이라는 것은 바람 소리와는 다르다. 말에는 하고자 하는 내용이 있지 않은가. 그러나 그 하고자 하는 내용이 확실치가 않다. 그렇다면 말이 있다고 할 수 있는가. 아니면 말이란 없는 것인가. 자기 자신은 의미 없는 병아리의 울음소리와는 다르다고 생각해도 그것을 구별 지을 수 있을지 의심스럽다."

그런데 한비도 말에 대해서는 불신감을 품고 있어 이렇게 논평했다.

"공손룡(公孫龍)은 송(宋)나라 사람으로 변론(辯論)이 훌륭했다. '흰 말(馬)은 말(馬)이 아니다'라는 논리를 설파하여 제나라의 학원 도시 직하

(直下)의 학자들을 압도하고 있었다.

하지만 흰 말을 타고 검문소를 통과하려고 할 때는 역시 흰 말의 통행세를 물지 않을 수 없었다. 내용도 없는 허구의 공론으로 전국의 학자를 압도할 수는 있었어도 구체적인 현실과 부딪치면 검문소의 관리 한 명조차 속이지 못했던 것이다."

'흰 말은 말이 아니다'라는 명제는 기원전 4세기 무렵, 좀 부풀려서 말하자면 일세를 풍미한 논리학의 명제이다. 원래 진행되던 대로 나아갔더라면 중국 논리학 발전에 공헌을 했을 터이지만, 흰 말이건 검은 말이건 말인 것은 틀림없다는 현실적 합리주의자들의 손에 무참하게 찢겨져 버렸던 것이다.

간단히 말하자면 '흰 것'은 색깔에 대한 개념이고 '말'은 형태에 대한 개념이므로 '흰 말'은 두 가지 개념의 복합체이다. 하나의 개념뿐인 '말'은 흰 말과는 다른 차원에 있어야 한다는 뜻이다. 또한 형태의 개념으로 색깔의 개념을 이름 지을 수 없다는 말이다.

그러나 어디까지나 현실적인 효용을 중시하던 한비는 그러한 현실과 관련되지 않는 사고를 '내용 없는 공론'이라며 마음에 두지 않았다.

방공(龐恭)이 볼모가 되어 위(魏)나라의 태자와 더불어 조(趙)나라의 수도 한단(邯鄲)으로 가게 되었다.

출발에 앞서 방공은 위왕(魏王)에게 말했다.

"만약에 한 사람이 '시장에 호랑이가 나타났다'고 말하면 왕께서는 그 말을 믿으시겠습니까?"

"믿지 않지."

"세 사람이 '시장에 호랑이가 나타났다'고 말하면 왕께서는 그 말을 믿으시겠습니까?"

"믿겠지."

그러자 방공이 말했다.

"대체로 시장에 호랑이가 나타날 수 없다는 것은 확실한 일입니다. 그러나 세 사람이 말한다면 호랑이가 나타난 것이 되고 맙니다. 한단은 위나라에서 시장과는 비교도 되지 않을 만큼 먼 곳에 떨어져 있습니다. 저에 대한 얘기를 이러쿵저러쿵 말할 사람이 불과 세 명뿐일 수는 없습니다. 그러니 그런 말을 들으시더라도 특별히 명찰해 주시기를 부탁 드립니다."

그러나 방공은 한단에서 돌아온 후에 끝내 위왕을 만날 수 없었다.

한비는 이런 일화를 인용하여 다음과 같이 논하고 있다.

"말이라고 하는 것은 입 밖에 내는 사람들이 많으면 믿을 수 있는 진실이라고 생각하게 된다. 진실이 아닌 것도 열 사람이 말하면 반신반의, 백 사람이 말하면 진실일지 모른다는 생각을 하게 되고, 천 사람이 말하면 틀림없는 진실이라고 믿어 누가 뭐라 하건 생각을 바꾸지 않게 될 것이다.

말솜씨가 서툰 사람의 말은 의심을 받게 되지만 말재주가 있는 사람의 말은 믿음을 얻는다.

그러므로 마음씨가 좋지 않은 부하가 윗자리에 있는 사람을 헐뜯는 것도 많은 동료들의 도움을 빌고 말재주로 신뢰를 쌓아 비슷한 사례를 들어 이기적인 욕망을 분칠하는 것이다. 따라서 윗자리에 있는 사람이 화를 내며 그것을 질책하고 현실과 말을 비교 검증하지 않으면 결국 부하의 이기적인 도량발호(跳梁跋扈: 권세를 부리며 함부로 날뜀)를 도와 주는 결과가 되고 만다."

  말에는 이러한 위험성이 내포되어 있다. 한비는 다시 그 위험성을 다른 각도에서 묘사한다.

  진(晉)나라의 범문자(梵文子)는 직언하기를 좋아했다. 그래서 부친인 범무자가 범문자를 때리면서 나무랐다.

  "함부로 하는 말은 남이 받아들이지 않는 법이다. 남이 받아들이지 않으면 그 몸이 위태로워진다. 아니, 그 몸이 위태로워질 뿐만 아니라 아비의 몸까지 위태로워지게 된다."

  자산(子産)은 정(鄭)나라의 집정(執政) 자국(子國)의 아들이었다. 자산은 군주에게 한결같은 충절을 다하고자 했다. 그러나 자국은 노하여 아들을 나무랐다.

  "오직 혼자서 많은 가신(家臣)들을 거스르면서 저만 충실히 노력했을 때 현명한 군주라면 그의 말을 들어 줄 것이다. 그러나 현명한 군주가 아니라면 네가 하는 말 따위는 문제도 삼지 않을 것이다. 들어 줄 것인가 들어 주지 않을 것인가도 아직 확실히 모르는 상황에서 너는 많은 가신들로부터 고립된다. 많은 가신들로부터 고립되면 너의 몸은 반드시 위험해진다. 또 너만의 일이 아니다. 아비인 나까지도 위험하게 만드는 짓이다."

  공실(公室)의 권위가 쇠해지면 직언(直言)을 기피하게 된다. '사적인 이익을 도모하는 행위가 성행하면 국가를 위해 공헌하려는 자들이 적어진다'고 한비는 말하고 있다.

대세(大勢)에 순응하여 쓸데없는 말을 하지 않는다면 안전이 보장될 것은 틀림없다.

그러나 한비는 말하지 않으면 안 되었다. 사람의 마음은 서로 통하기 어렵고, 말해야 할 내용도 정확하지 않으며, 그것을 전달하는 말이라는 수단은 빈약한데다 또 위험하기까지 했지만, 현실적인 효용을 추구하는 한비는 대세에 순응하지 않고 어떻게 하든 상대를 설득하지 않으면 안 되었다. 말이란 항상 현실과 대응하여 비교 검증되지 않으며 안 된다는 전제 아래 한비는 설득력에 대한 사색을 거듭했다.

초왕(楚王)이 전구(田鳩)를 보고 말했다.

"묵자는 명성을 크게 떨친 학자이다. 스스로 솔선하여 실행하는 것은 좋은 일이라고 생각한다. 그러나 그의 말은 지나치게 많은데 전혀 감동적이지 않다. 어째서인가?"

"지난달에 진왕(秦王)이 자기 딸을 진(晋)나라의 공자에게 시집보냈습니다. 신부의 의상은 진(晋)나라에서 만들어 주리라 생각하고 함께 가는 70여 시녀들에게만 화려한 옷을 입혀 보냈습니다. 진(晋)나라에 도착하자 진나라 사람들은 함께 온 시녀들에게만 넋이 빠져 진왕의 딸을 무시했습니다. 그렇게 되면 시녀들은 잘 시집보냈다고 말할 수 있겠지만 딸을 잘 시집보냈다고 말할 수는 없겠지요.

또 초(楚)나라 사람으로 정(鄭)나라에 가서 보석을 파는 자가 있었습니다. 목란(木蘭)으로 상자를 만들어 그 상자에 향기 높은 육계(肉桂)와 산초(山椒)를 피워서 넣고 주옥을 깔은 다음 붉은 홍옥(紅玉)으로 장식데다 비취를 박았습니다. 그러나 정나라 사람들은 그 상자만 사고 보옥은 되돌려주었습니다. 그렇다면 상자는 잘 팔았다고 말할 수 있지만 보옥은 잘 팔았다고 말할 수가 없습니다.

지금 세상에서 유행하고 있는 변론은 화려하고 감동적인 말을 사용하고 있습니다. 윗자리에 있는 사람은 가끔 그 말의 화려함에만 정신을 빼앗겨 그것이 도움이 되는 말인지 판단을 못하기 쉽습니다.

묵자의 말은 선왕(先王)의 도(道)를 전하고 성인(聖人)의 유언을 논하여 그 뜻을 사람들에게 뚜렷이 제시하려는 것입니다.

하지만 그 말을 화려하게 장식한다면 반드시 그 수사(修辭)에 마음을 빼앗겨 그 속에 담겨 있는 가치를 알아차리지 못하게 될 것입니다. 수사로 인해 효용이 손상을 입고 마는 것이지요.

그렇게 되면 보석을 팔려고 한 초나라 사람이나 딸을 시집보낸 진왕과 똑같은 셈이 되지 않겠습니까. 그러므로 묵자의 말은 장황하지만 유익하지 못합니다."

진실을 말하려면 말을 더듬을 수밖에 없다는 말이다. 더구나 그 말이 분명히 상대방의 마음에 도달했는지 확실하지 않다. 그러므로 한비는 이렇게 적었다.

'좋은 약은 입에 쓰다. 그러나 현명한 사람은 노력하여 그 약을 마신다. 그 약을 마시면 자기 병을 고칠 수 있다는 것을 알고 있기 때문이다. 충언은 귀에 거슬린다. 그러나 현명한 군주는 그 말에 귀를 기울인다. 그 말이 실제로 효과 있다는 것을 알고 있기 때문이다.'

스스로에게 일깨우듯 이렇게 설득에 대해 집념과 정열을 쏟아 기록한 것이다.

대체로 설득이란 자기 재주로 상대방을 충분히 설득할 수 없다는 데에 그 어려움이 있는 것은 아니다. 자신의 변론으로는 자기가 하고 싶은 바를 시원하게 표현할 수가 없다는 데에 그 어려움이 있는 것도 아니다. 자유자재, 종횡무진으로 하고 싶은 말을 다할 수 있을 만한 용기가 없다는 데에 그 어려움이 있는 것도 아니다. 대체로 설득의 어려움이 설득하고자 하는 상대방의 심리를 통찰하고 자기 말을 정확하게 그것에 합치시키는 데에 있다.

고상한 명예를 손에 넣기 위해 커다란 이익을 내세워 상대방의 마음을 움직이고자 하면 '뜻하는 바가 얕고 비천한 경우에 처해 있구나' 하고 얕보이게 되어 무시당하고 경원당하는 것이다.

상대방이 커다란 이익을 손에 넣고 싶어하는데 고상한 명예로 설득하여 상대의 마음을 움직이고자 하면 상대는 '실제로는 되지 않겠구나' 하는 생각이 들어 받아들이지 않을 것이다.

상대방이 비밀리에 큰 이익을 손에 넣고 싶어하면서도 표면상으로 고상한 명예를 구하는 척하고 있는데도 고상한 명예만 내세워 상대방의 마음을 움직이고자 하면 표면상으로는 채용이 되지만 실제로는 경원당할 것이 틀림없다.

또한 커다란 이익을 내세워 상대방의 마음을 움직이려면 속으로는 그 의견을 채용하면서 표면상으로는 무시하는 척할 것이 틀림없다. 그런 것을 명찰하지 않으면 안 된다.

대체로 일은 비밀을 유지하여 성공하고, 말은 비밀을 누설하여 실패한다. 설득하려고 하는 자는 비밀을 누설할 생각이 전혀 없었더라도 이야기를 하는 중에 문득 상대방이 심중에 깊이 숨겨 둔 일을 우연히 건드리는 수가 있다.

그렇게 되면 그의 몸은 위험해진다.

상대방이 표면상으로는 한 가지 일을 하면서 내심으로는 그것을 이용하여 다른 일을 이루겠다는 생각을 하고 있는데, 설득하려는 사람이 표면의 일뿐만 아니고 내심으로 하고자 하는 의도까지 알아 버리는 경우가 있다. 그렇게 되면 그의 몸은 위험에 노출된다.

설득하려는 자가 상대방을 위해 심상치 않은 일을 계획하고 더구나 그 계획이 상대방의 의향과 정확하게 합치되기는 했지만 상대방이 언외(言外)의 뜻을 추측으로 알아차려 비밀이 누설되는 경우가 있다. 그렇게 되면 상대방은 설득하려는 자가 비밀을 누설하였다고 생각할 것이 틀림없다. 그렇게 되면 설득하려는 자는 본래의 속셈을 이룰 수 없다.

상대방의 신뢰가 충분히 깊어지지 않았는데도 설득하려는 자가 눈치도 없이 있는 지혜를 다 짜내서 지껄이거나, 그 의견이 실행되어 잘 되어간다고 해도 덕(德)으로는 여겨지지 않거나, 그 의견이 실행되지 않은 채 실패로 끝나기라도 한다면 일부러 방해했다고 의심받게 될 것이 틀림없다. 그렇게 되면 그의 몸은 위험에 놓이게 된다.

이런 연유로 해서, 윗자리에 있는 사람 앞에서 측근에 대해 논하고자 하면 '사이를 갈라 놓으려고 하는구나'라는 오해를 받게 될 것이다. 윗자리에 있는 사람과 더불어 측근의 일을 논하게 되면 '자신을 팔려고 하는구나'라는 생각을 갖게 할 것이다. 윗자리에 있는 사람이 총애하고 있는 사람에 대해 논하면 '출세할 수 있는 줄을 찾고 있구나'라는 오해를 받게 될 것이다. 윗자리에 있는 사람이 미워하고 있는 사람에 대해 논하기 시작하면 '탐색을 하려고 하는구나'라는 오해를 받게 될 것이다.

설득하고자 하는 자의 말이 단순 명쾌하다면 '그다지 현명하지 못하구나'라는 생각을 갖게 만들어 바보 취급을 받게 될 것이다. 세세하며 구체적이고 광범위하게 논설을 털어놓으면 '쓸데없는 말만 나열하고 있구나'라는 생각을 갖게 만들어 지루한 이야기에 싫증을 내게 될 것이다. 간단하게 대의(大意)를 이야기하면 '소극적인 무사 안일주의자라서 하고 싶은 말도 못하는구나'라는 생각을 갖게 될 것이다. 여러 가지 면에서 사려를 다하여 기탄없이 논하면 '조잡하고 오만하다'는 생각을 갖게 될 것이다.

이것이 설득의 어려운 점이니 잘 알아 두지 않으면 안 된다.

대체로 설득의 요체는 상대방이 자랑스럽게 생각하는 것을 더 한층 미화해 주고 상대방이 부끄럽게 여기는 것은 숨겨 주는 데 있다. 상대방에게 절박한 사적(私的) 욕구가 있으면 설득하려는 사람은 그것이 공적(公的)인 정의에 합치된다는 점을 명백히 말해 주고 곧 실행으로 옮기도록 격려해 주어야 한다.

상대방이 겸허하기를 바라는 기분은 있지만 더 제어할 수 없다면 그 마음가짐을 칭찬하고 그것을 실행으로 옮기지 않는 데 대해서 유감을 나타내 주어야 한다. 상대방이 너무 높은 목표를 품어 달성하지 못하고 있다면 그 목표의 결점을 들어 주고 장점을 제시하면서 상대방이 실행하지 않는 것을 칭찬해 주어야 한다. 상대방이 자기 재지(才地: 지혜와 지위)를 자랑삼고 있다면 그를 위해 같은 종류의 다른 사례를 많이 들어 근거를 제공하고 이쪽 의견이 받아들여지기 쉽게 유도 하면서 상대방이 그 재지를 스스로 털어놓을 기회를 만들어 주어야 한다.

상대방이 말썽을 일으키지 않도록 설득하고자 한다면 훌륭한 대의명분을 내세워 알아듣게 설득하고 다시 그것이 상대방의 사적인 이익에도 합치된다는 점을 자연스럽게 암시해 주어야 한다. 그쪽에 대해 위험하고 유해한 일을 중단시킬 생각이라면 그것 때문에 발생될 것이 틀림없는 갖가지 비난과 장해를 확실하게 제시하고 그것이 다시 상대방의 사적인 손실로 이어진다는 점을 자연스럽게 암시해 주어야 한다.

상대방과 같은 행위를 하는 사람이 있으면 그 사람을 칭찬하여 간접적으로 상대방의 입장을 세워 주고, 상대방이 생각하고 있는 것과 같은 별도의 계획을 제시하여 간접적으로 상대방의 계획을 응원해 주어야 한다. 상대방과 똑같은 오점(汚點)을 가진 사람이 있으면 아무런 과실도 없었다고 분명히 말해 주고 수습하지 않으면 안 된다.

상대방이 자기의 힘을 자부할 때 부정적인 이야기를 끄집어내어 상대방에게 따지고 들면 안 된다. 상대방이 대단한 용기를 가지고 결단을 하고자 할 때 옛날의 과오를 들먹여 상대방을 노하게 만들어서도 안 된다.

설득의 내용은 상대방의 의향을 거스르지 않고, 말씨는 상대방의 기분을 상하게 만드는 일이 없도록 주의해야 한다. 그렇게 하면 비로소 자기 지혜와 변론을 마음껏 전개할 수 있다. 그렇게 하면 상대방이 친근감을 갖게 하여 의심받지 않고 마음먹은 대로 하고 싶은 말을 할 수 있다.

옛날에 이윤(李尹: 은나라 탕왕의 재상)은 요리사가 되고, 백리해(白里奚: 진나라 목공의 재상)는 노예가 되었다. 두 사람 다 신분을 연줄로 임금에게 등용되고자 염원했기 때문이었다. 이 두 사람은 모두 재지가 걸출한 성인(聖人)들이었건만 낮고 천한 지위에 몸을 떨어뜨리면서도 임용되기를 포기하지 않았다.

이 얼마나 대단한 자기 비하(卑下)인가. 만약 그들이 하는 말이 요리사나 노예와 같이 천한 자들의 말로 간주된다 하더라도 그것이 받아들여져서 임용되어 세상을 살릴 수만 있으면 지식 재능이 있는 인간으로서 전혀 부끄러운 일이 아니다.

오랜 세월이 지나 윗자리에 있는 사람의 신임이 이미 두터워지고 중대한 계획을 세워도 의심받지 않으며 일의 시비를 논해도 벌을 받지 않게 되면, 이해득실을 분명히 분석하여 윗자리에 있는 사람이 공적을 세우게 하고 단순명쾌하게 시비선악을 지적하고 윗자리에 있는 사람의 언행을 바로잡아 줄 수 있는 것이다. 이와 같이 서로 대등한 입장에 서게 되면 비로소 설득은 성공했다고 말할 수 있다.

옛날 정(鄭)나라의 무공(武公)이 호(胡)나라를 공격할 생각을 했다. 그래서 우선 자기 딸을 호의 군주에게 시집보내 상대방을 기쁘게 해 주었다. 그리고 나서 군신들을 모아 물어 보았다.

"군대를 출동시키고자 하는데 어느 나라를 공격하는 것이 좋다고 생각하는가?"

그러자 대신인 관기사(關其思)가 대답했다.

"호나라를 공격하는 것이 좋습니다."

"호나라는 우리 형제의 나라다. 그런데 공격하라니 무슨 말인가?"

무공은 화를 벌컥 내고는 관기사를 처형했다.

호나라의 군주는 그 말을 듣고 정나라는 자기편이라고 생각했다. 그리하여 정나라에 대해서는 아무런 방비도 하지 않았다. 그러자 정나라 군대는 호나라를 공격하여 점령해 버리고 말았다.

송(宋)나라에 부자가 있었는데 비가 와서 토담이 무너졌다. 그의 아들이 말했다.

"담을 다시 쌓지 않으면 반드시 도둑이 들어올 것입니다."

이웃 늙은이도 같은 말을 했다.

이 두 사람의 말은 적중했다. 밤이 되자 도둑이 들어 많은 재물을 고스란히 도둑맞고 말았다. 부잣집에서는 그 아들을 대단히 영리하다고 칭찬했지만 이웃 늙은이에 대해서는 의심을 품었다.

이 두 이야기에서 두 사람(관기사와 이웃 늙은이)의 지혜는 모두 다

적중했다. 하지만 그들은 그 지혜 때문에 화를 불러 심한 경우에는 목숨을 잃고 가벼운 경우에는 의심을 받았다. 그러니 지혜는 갖기 어려운 것이 아니라 사용하기가 어려운 것이다.

진(晉)나라의 대신 사회(士會)가 진(秦)나라로 도망을 갔다. 진(秦)나라는 사회의 지혜를 빌어 진(晉)나라에 갖가지 요구를 내세웠다. 진(晉)나라는 곤란해진 끝에 구실을 만들어 사회를 진(晉)으로 다시 데려오려고 했다.
진(秦)나라의 대신 요조(繞朝)가 이를 알아차리고 사회를 귀국시키지 말라고 강공(康公)에게 진언했다. 그러나 강공은 받아들이지 않았다.
요조는 사회를 국경까지 배웅하면서 말했다.
"진(秦)나라에 사리를 아는 사람이 없다고는 생각지 말아 주시오. 마침 나의 의견이 채용되지 않았을 뿐이오."
사회가 진(晉)으로 돌아오자 진나라 사람들은 크게 기뻐했다. 사회를 정중하게 대우해 준 요조를 성인처럼 생각했다. 얼마 후에 사회는 요조의 혜안을 두려워하여 반간(反間)의 계를 써서 요조도 공모하고 있었다는 소문을 퍼뜨렸다. 진(秦)나라에서는 그 말을 믿고 요조를 죽이고 말았다.
요조의 말이 잘못된 것은 아니었다. 그러나 진(晉)나라에서는 성인의 칭호를 들으면서 진(秦)에서는 처형을 당하게 된 상반된 결과도 그 처리를 잘못했기 때문이다. 그만큼 조심하지 않으면 안 된다.

용(龍)이라는 동물은 길을 잘 들여서 기르면 타고 다니면서 놀 수도 있다. 그런데 턱 밑에 한 자 가량의 역린(逆鱗: 용의 턱 밑에 직경 1척의 비늘이 다른 비늘들과는 반대 방향으로 나 있는데 건드리면 용이 화를 내어 그를 죽인다)이 있다. 임금에게도 역린이 있다.

설득하려는 자가 임금의 역린을 건드리지 않을 수 있다면 설득을 잘했다고 말할 수 있다.

생사여탈의 권리를 쥔 가공할 전제 군주를 상대로 설득하려는 것인만큼 설득하려는 자는 목숨을 걸게 마련이다. 그런 속에서 설득의 방법도 또한 갖가지로 연구되고 점점 세련되어졌지만 이 설득에 대한 한비의 역작 '세난(說難)'은 단연코 특별하다.

특히 인간성에 대한 깊은 통찰, 전제 군주의 심리의 움직임을 하나도 놓치지 않은 예리함, 인간 관계 파악 방법의 정확함은 발군이다. 후에 시황제(始皇帝)가 된 진왕 정(政)은 이것을 읽고 이 글을 쓴 인물을 만나 친교를 맺을 수가 있다면 죽어도 한이 없겠다고 말했을 정도의 명작이다.

하지만 이러한 설득에 의해 마음이 서로 통하게 될지 어떨지는 의문이다. 설득하는 자와 당하는 자가 대등한 입장에서 서로 논할 때에는 혹 마음이 서로 통했다고 말할 수 있을지 모르지만 그것은 요행일 뿐이다. 설득이란 그 목적이 원래 마음을 서로 통하는 데 있는 것은 아니다.

한비는 자의식(自意識)이 전혀 없었다. 자신이 잘못된 것은 아닐까, 진실은 따로 있으며 지금 자신이 하고 있는 일은 아무런 의미도 없는 것이 아닐까…, 등의 쓸데없는 회의에 빠진 적이 없었다. 단호한 신념으로 설득을 위해 목숨까지 걸었다.

이익에 대한 욕망을 인간의 행동 원리로 파악한 한비가 목숨까지 거는 모습이 몹시 기이하게 보일 수도 있다. 그러나 한비가 바란 것은 이익도 안일도 아니었다. 새로운 상황에 맞는 새로운 정치 체제를 창출하여 법 아래에서 사회의 모든 분야가 효과적으로 기능하는 법치 국가를 건설하는 것이었다.

한비는 고매한 이상주의자였다.

목적은 수단을 정당화시킬 수 없다. 그러나 '거짓말도 방편'이라고 하면서 우리는 종종 거짓말을 하므로 다소의 목적은 수단을 정당화시킨다는 것을 일부분 믿고 있는 게 틀림없다.

한비는 그의 설득술에서, 거짓말을 하고 마음에도 없는 말을 하여 사실을 왜곡하고 허점을 파고들며, 함정을 파고 아첨을 하며, 말을 수단으로 하여 윗자리에 있는 사람의 비위에 맞추라고 권하고 있다.

말뿐만이 아니라 상황도, 인간도, 그 모든 것을 조금도 주저하지 않고 이용한다. 그러나 그것은 어디까지나 고매한 이상을 실현하기 위해서였다. 목적이 수단을 정당화한다는 논리를 한비는 적극적으로 긍정하고 있었다.

그리하여 목적을 위해서는 생명마저 아끼지 않았던 한비에게 서로 마음을 통하게 한다는 감상 따위는 처음부터 안중에 없었다. 더구나 오로지 생산을 높이고 국력을 부강하게 하기 위한 효과적인 인간 관리의 하나로서, 한 말에 대한 책임과 더불어 아무 말도 하지 않은 데 대한 책임까지 묻는다는 독특한 제언을 하고 있다.

비정, 냉혹, 악의적인 한비가 떠오르지만, 스스로 믿는 바가 굳고 그러한 신념을 위해서라면 세상과 대결하는 것도 서슴지 않겠다는 정열의 압도적인 기백이 없으면 위업(偉業)은 도저히 이룩할 수 없다. 거기에서 받는 마음의 상처 같은 것은 씻어 버리면 된다.

설득에 대해서는 이 '세난(說難)'에 덧붙일 것이 거의 없다. 다음의 몇 가지 일화를 인용하여 응용으로 삼고자 한다.

제(齊)나라의 정곽군(靖郭君)이 설(薛)에 성을 쌓아 옮겨 가려고 했다.

식객(食客)들 중에서 그만두라고 진언하는 자들이 많았다. 그러나 정곽군은 귀를 기울이지 않고 진언을 차단하기 위해 문지기에게 말했다.

"손님들을 들여보내지 말라!"

제나라 사람으로서 꼭 만나 보고 싶다는 사람이 나타나 문지기에게 전했다.

"나는 세 마디만 말씀드리려고 합니다. 세 마디가 넘으면 삶아 죽이든지 태워 죽이든지 마음대로 하십시오."

정곽군은 그렇다면 만나 보겠다고 했다.

손님은 경의를 표하고 나서 재빠른 걸음으로 다가와 말했다.

"해대어(海大魚)!"

그 말만 하고 홱 몸을 돌렸다.

"그 의미가 무엇인지 말해 주게."

손님이 대답했다.

"목숨이 걸려 있는 만큼 웬만해서는…."

"제발 나를 위해 얘기해 주게."

"주군께서는 대어(大漁)에 대해서 들으신 적이 있습니까?. 그물로도 잡을 수 없고 작살로도 잡을 수가 없습니다. 그러나 정신 없이 헤엄을 치다가 바닷물에 밀려 모래밭에 올라오면 땅강아지나 개미라도 마음대로 할 수 있습니다. 지금 제나라는 주군께는 바다입니다. 주군께서는 앞으로 계속 제나라의 정권을 잡으실 터인데 그 곳에 성을 만들어 어떻게 하시겠다는 것입니까? 주군께서 제나라를 잃으시면 설의 성벽을 하늘에 닿을 만큼 높이 쌓아도 아무런 도움이 되지 못합니다."

"잘 알겠다."

정곽군은 그렇게 말하고는 설의 땅에 성곽 쌓는 일을 그만두었다.

전사(田駟)가 추(鄒)나라의 임금을 얕보고 속였다. 추의 임금은 명령을 내려 그를 죽이려 했다. 두려워진 전사가 혜시(惠施)에게 말했다. 혜시는 추의 임금을 만나서 말했다.

"만약 주군을 향해 한 쪽 눈을 감아 경멸하는 자가 있다면 어떻게 하시겠습니까?"

"반드시 죽일 것이오."

"장님은 두 눈이 다 감겨 있는데 어째서 죽이지 않습니까?"

"장님은 두 눈을 다 감을 수밖에 없지 않은가?"

"전사는 동쪽에서는 제후(諸侯)를 멸시하고 남쪽에서는 초왕(礎王)을 비웃었습니다. 전사가 남을 비웃는 까닭은 장님이 두 눈을 감고 있는 것과 같이 이미 본성이 되고 말았기 때입니다. 그러니 어찌 미워할 수가 있겠습니까?"

추나라의 임금은 전사를 죽이지 않았다.

위왕(魏王)이 한왕(韓王)을 향해 말했다.

"원래 한과 위는 한 나라였는데 그 후에 갈라졌습니다. 지금 다시 한을 위해 합쳐서 원래대로 하나의 나라로 만들었으면 합니다."

한왕은 대답할 말이 얼른 생각나지 않아 여러 신하들을 모아서 위왕에게 어떻게 대답해야 하겠는가 의논을 했다. 그러자 공자(公子)가 말했다.

"아주 간단한 일입니다. 주군께서는 위왕에게 이렇게 대답하시면 좋을 것입니다. '한과 위가 원래 하나의 나라였으므로 한이 위에 합병되어야 한다고 말씀하신다면 한나라도 위를 한에 합병하기를 원합니다."

위왕은 요구를 철회했다.

국양(國羊)은 정(鄭)나라 임금의 신임을 받고 있었다. 그런데 군주가 자기를 미워하고 있다는 소문을 들었다. 그래서 연회에 참석한 자리에서 선수를 쳐 정나라 임금에게 말했다.

"불행히도 저에게 잘못이 있으면 서슴없이 말씀해 주십시오. 곧 고치겠습니다. 그렇게 하면 사죄(死罪)를 면할 수 있을 것입니다."

제7편 실리를 얻는 지혜

제7편 실리를 얻는 지혜

    춘추 오패(春秋五覇)의 한 사람인 진(晉)나라 문공(文公: 기원전 6세기) 때의 일이다.

    대부 서신(大夫 胥臣)이 진문공에게 극결(郤缺)이란 사람을 천거하면서 그의 인품을 다음과 같이 아뢰었다.

    "지난날 제가 사신으로 길을 가다가 기(冀)라는 들판에서 잠깐 쉰 일이 있었습니다. 그 때 한 사람이 밭을 갈고 있었는데 때마침 그 아내가 점심을 갖고 왔습니다. 아내는 점심과 반찬을 일일이 두 손으로 남편에게 공손히 바쳤습니다. 남편은 옷깃을 여미고 음식을 받아 기도를 드린 후에 먹었습니다. 아내는 남편이 식사를 마칠 때까지 그 곁에 서 있었습니다. 그리고 남편은 집으로 돌아가는 아내가 안 보일 때까지 바라본 후에야 다시 밭을 갈기 시작했습니다. 그들의 태도는 시종여일했습니다. 부부간에 서로 대하는 태도가 꼭 귀한 손님을 대하는 것과 같았으니 다른 사람을 대하는 태도인들 여북하겠습니까. 신이 듣건대 능히 공경할 줄 아는 사람이라야 반드시 덕이 있다고 하더이다. 그 사람에게 가서 성명을 물었더니 그는 바로 극예(郤芮)의 아들 극결이었습니다. 만일 그런 사람을 등용해서 쓴다면 나라에 큰 도움이 되리라 믿습니다."

    "극예라면 지난날 반란을 일으켰던 역적놈이 아닌가. 죄인의 자식을 어찌 등용한단 말인가?"

    "요·순(堯舜)과 같은 성왕(聖王)에게도 단주(丹朱)와 상균(商均) 같은 불초한 자식이 있었고, 곤(鯤) 같은 악인에게도 우(禹) 임금 같은 어진 아들이 있었습니다. 그 아비와 아들은 아무 상관이 없습니다. 주공께서는 어찌하여 지난 일을 미워하시어 훌륭한 인재를 피하려 하십니까?"

"그대 말이 옳도다. 나를 위해 그를 불러 주오."

"그가 혹 다른 나라에 도망 가서 중용되지 않을까 염려되어 이미 신의 집에 데려다 놓았습니다. 그를 부르시려면 반드시 어진 사람을 대하는 예의를 갖추셔야 합니다."

진문공은 서신이 시키는 대로 내시에게 분부하여 잠영(簪纓: 관원이 쓰던 비녀와 갓끈) 포복(袍服: 예복으로 입는 남자의 도포)을 가지고 극결을 모셔 오게 했다.

극결이 죄인의 자식이라고 사양하였으나 내시가 거듭거듭 진문공의 분부를 전하며 권하자 극결은 마침내 나라에서 내린 잠영 포복으로 정장하고 궁으로 들어갔다.

그 때부터 극결은 싸움터로 나갈 때마다 큰 전공을 세워 나중에 그의 벼슬이 무관의 최고 직인 중군원수(中軍元帥)에 이르렀다. 또한 육경(六卿)의 한 사람이 되어 국정에도 참여했다.

결국 극결은 아버지의 죄를 씻어 드렸다. 뿐만 아니라 아버지가 역적질을 해서 빼앗겼던 땅을 '아비의 죄를 갚을 만한 공을 세웠다'고 임금이 돌려 주어 그는 역적의 자식이라는 오명도 벗었다.

이렇듯 망한 집안을 다시 일으킬 수 있었던 첫걸음은 극결의 부부가 예의를 지켜 나갔기 때문이었다.

한비는 이렇게 말한다.

"상고(上古)의 세상에서는 인간의 수가 적고 금수(禽獸)들이 많았다.

인간은 금수나 충사(蟲蛇)에게 당하지 못한다. 그리하여 성인(聖人)이 나서서 나무를 얽어 새의 집과 같은 주거(住居)를 만들어 금수와 충사의 피해를 막아 주었다. 사람들은 기꺼이 그를 천하의 임금으로 떠받들어 유소씨(有巢氏)라 불렀다.

인간은 그 때 참외와 조개 등을 먹었다. 그것은 비린내와 역한 냄새가 나는데다 위장을 해쳐 병에 걸리는 자들이 많았다. 그러자 성인이 나서서 나무를 서로 비벼 불을 일으켜 비린내 나는 것은 구워 먹을 수 있게 해 주었다. 사람들은 기뻐하면서 그를 천하의 임금으로 받들며 수인씨(遂人氏)라고 불렀다.

고대 인간 생활의 추이(推移)를 간단하고 교묘하게 개괄한 내용으로 인간의 역사는 효율의 역사라는 점을 말하고 있다. 이는 한비가 추구하는 효용의 세상이다.

"인간애(人間愛) 속에 있는 것이 좋은 것이다. 인간애를 선택하여 거기에 안주할 수가 없다면 어찌 지(知)라고 할 수 있겠는가?"

"교양 있는 인간은 의무를 실행하겠다고 마음먹으며, 쓸모없는 인간은 이익의 추구만을 생각한다."

이렇게 인의(仁義)의 깃발을 높이 치켜든 공자나 맹자와는 달리 한비는 효용의 사관(效用史觀)을 견지했다.

예양(豫讓)은 진(晉)나라 사람이었다. 원래는 진나라의 대신 범(范)씨와 중행(中行)씨 아래에서 벼슬을 하고 있었으나 이름이 알려진 바 없었다. 그러나 두 사람을 떠나 지백(智伯) 밑에서 일을 하게 되었을 때 지백은 예양을 대단히 소중하게 여기며 총애했다.

얼마 후에 지백은 조양자(趙襄子)와 싸우게 되었는데 조양자는 한(韓)·

위(魏)의 지원을 받아 지백을 멸망시키고 영토를 삼분(三分)해 버렸다. 더구나 조양자는 항상 지백을 원수로 생각하고 있었으므로 지백의 두개골에 옻칠을 하여 수병(溲甁: 요강)으로 만들었다.

예양은 산 속으로 도망해서 이렇게 말했다.

"선비는 자신을 알아주는 사람을 위해 죽고 여자는 자기를 좋아하는 사람을 위해 화장을 한다고 한다. 지백은 나를 융숭히 대접해 주었으니 나는 반드시 그를 위해 원수를 갚은 다음에 죽을 것이다. 그리하여 지백에게 보답한다면 나의 혼백은 부끄럽지 않을 것이다."

드디어 그는 성명을 바꾸고 죄인이 되어 조양자의 궁전 공사장에 인부로 숨어들었다. 그리하여 비수를 감추고는 변소의 벽을 바르면서 조양자를 찌를 기회를 노리고 있었다.

때마침 조양자가 변소에 들어가려 했는데 갑자기 가슴이 두근거리므로 변소의 벽을 바르고 있는 죄인을 붙잡아 심문했더니 바로 예양이었다. 그는 품에 칼을 품고 있었는데 지백의 원수를 갚으려 했다고 말했다. 측근들이 그를 베어 죽이자 했으나 조양자는 달랐다.

"그는 의인(義人)이다. 내가 조심해서 그를 피하면 될 뿐이다. 지백은 망하여 그의 자손도 없다는 말을 들었다. 신하로서 주인을 위해 원수를 갚으려는 이 사람이야말로 천하의 현인이다."

그러고는 석방해 주었다. 예양은 그대로 돌아갔으나 얼마 후 다시 온 몸에 옻칠을 하여 문둥병자와 같은 모습으로 꾸민 다음 숯을 먹고 목소리까지 탁하게 바꾸어 아무도 알아볼 수 없게 변장했다. 그러고는 저잣거리로 나가 거지 노릇을 했는데 그의 아내도 알아보지 못했다. 친구에게 갔더니 친구는 그를 알아보고 말했다.

"자네 예양이 아닌가?"

"그렇다네."

그 친구는 그를 위해 눈물을 흘리면서 말했다.

"자네만한 재주를 가진 사람이 예물을 갖고 조양자에게 찾아간다면 조양자는 틀림없이 자네를 융숭하게 대우하면서 가까이에 둘 것이네. 친근하게 사랑받는 사람이 된다면 자네가 마음먹고 있는 일도 훨씬 수월하게 끝나지 않겠는가. 어째서 그런 식으로 자기 일신을 학대하면서까지 어려운 길을 택하자는 겐가?"

"예물을 갖다 바치고 그의 밑에서 일하면서도 그를 죽이려 함은 두 마음을 품고 주군을 섬기는 짓이다. 또 내가 하고자 하는 일은 대단히 어려운 일이 틀림없다. 그러나 굳이 그렇게 하려는 까닭은 후세 사람들이 두 마음으로 받드는 것을 부끄러이 여기도록 해 주기 위해서이다."

그렇게 말하고 예양은 발길을 돌렸다.

얼마 후에 조양자가 외출을 했다. 예양은 조양자가 지나가는 다리 밑에 숨어 기다리고 있었다. 조양자가 다리에 다가오자 말이 무엇에 놀랐는지 앞다리를 치켜들고 걸음을 멈추었다.

"분명 예양이 틀림없으렷다!"

조양자는 그렇게 말하면서 주위를 뒤져 보게 했다. 과연 예양이었다. 조양자는 예양을 꾸짖으며 말했다.

"너는 일찍이 범씨와 중행씨를 섬기지 않았느냐. 그 범씨와 중행씨를 위해 원수를 갚기는커녕 오히려 지백을 섬기고 말았다. 그 지백도 지금은 이미 죽고 없다. 그런데도 너는 어째서 그를 위해 원수 갚기를 이토록이나 질기게 하는가?"

예양이 대답했다.

"저는 범씨와 중행씨를 섬겼지만 그들은 모두 다 여러 사람들 중의 하나로 저를 대우했습니다. 때문에 저는 그들에게 여러 사람들 중의 하나로서 보답했을 뿐입니다. 그러나 지백은 저를 국사(國士)로 대우해 주었습니다. 그러므로 저도 국사로서 보답하고자 하는 것입니다."

조양자는 슬픈 듯이 탄식하더니 눈물을 흘리면서 말했다.

"아, 그대가 지백을 위해 하는 일은 명예가 이미 이루어졌도다. 그러나 그대를 용서하는 데에도 한계가 있다. 각오하라! 과인은 다시 그대를 석방하지 않을 것이다."

조양자는 군사들로 하여금 예양을 잡아들이도록 했다. 그러자 예양이 말했다.

"명군(明君)은 남의 아름다운 점을 덮어 감추지 않고, 충신은 명예를 위해 죽을 의무가 있다고 들었습니다. 먼젓번에는 관용으로 저를 용서해 주셨기에 이번에는 저로서도 용서를 받고자 하지 않겠습니다. 그러나 바라건대 군(君)의 옷을 얻어 그것을 쳐서 저의 소원을 풀게 해 주신다면 죽어도 한이 없겠습니다."

조양자는 그를 크게 의롭게 여겨 드디어 사람을 시켜 옷을 가져다 주었다. 예양은 칼을 뽑아 몸을 솟구쳐 그 옷을 세 번 치면서 말했다.

"나는 이로써 지하에 있는 지백에게 보답할 수 있을 것이다!"

그리고 칼에 엎어져 자살했다. 그 이야기를 들은 조나라의 지사(志士)들은 모두 예양을 위해 눈물을 흘렸다.

〈사기〉의 '자객열전'에 나오는 이야기이다. 그 절개야말로 훌륭하다. 인간에 대한 보답은 이러해야 하는 것이다. 심금을 울리는 이야기이다. 무의미한 일에 목숨을 걸고 목적도 달성하지 못한 채 죽어 가는 무상(無償)의 행위에 대한 감동이다.

그러나 한비는 이렇게 말한다.

"바로 그 예양이 지백의 신하가 되었다. 그런데 그가 받든 모습을 보면 위로는 주군을 설득하여 법술(法術)과 규준(規準)의 중요함을 이해시켜 덮쳐 오는 재난을 피하게 하지도 못했을 뿐더러, 아래로는 백성들을 지도 관리하여 그 국가를 안태하게 만들지도 못했다. 그러나 조양자가 지백을 죽이자 예양은 스스로 자기의 몸에 옻칠을 하고 얼굴을 변형시킨 다음 지백을 위해 원수를 갚으려 했다.

분명 얼굴까지 변형시켜 가며 주군을 위해 충성을 다했다는 명예는 있을지 모르지만 실제로는 지백에게 털끝만큼도 이익이 없다. 쓸데없는 짓을 했다고 말할 수밖에 없다.

그런데 세상의 군주라는 사람들은 그것을 충의(忠義)라고 하면서 높이 평가한다."

분명히 한비가 말하듯 국사라면 국사답게 생전에 지백을 잘 보좌하여 조양자에게 망하지 않게 훌륭한 나라를 만들었어야 했다. 혹시 지백을 위해 조양자에게 원수를 갚을 수 있었다고 해도 지백이 다시 살아날 수는 없는 일이다. 도대체 원수를 갚는다는 행위 자체가 아무 효용도 없는 무의미한 짓이다. 옷을 찌르면서 원수를 대신 갚는다는 대목은 의미 전환(意味轉換)으로서 별도의 가치를 부여할 수 있을지 모르지만 자기 위안 외에는 아무것도 아니다. '죽은 뒤에 열매가 맺는 것도 아닌데'라는 말이 있듯이 명예라는 것은 생명과 바꿀 만큼 쓸모 있는 가치는 아니다.

그런 의미에서 한비는 다음과 같은 한 가지 일화를 예로 들고 있다.

'백락은 미워하는 제자에게는 하루에 천리를 달리는 명마(名馬) 가려내는 방법을 가르쳤다. 아끼는 제자에게는 보통 말을 가려내는 방법을 가르쳤다.'

백락은 좋은 말을 가려내는 솜씨로 유명한 사람이며 그 때문에 후세에 말 장수의 대명사가 되었다.

한비는 '하루에 천리를 달리는 명마는 한 시대에 한 필이 있을까 말까 한 말이기에 좋은 말 구별하는 방법을 잘 알고 있다 해도 돈벌이는 별로 되지 않는다. 그러나 보통 말은 매일 매매가 되므로 보통 말 구별하는 방법을 알고 있으면 돈벌이는 잘 된다'라는 해설을 덧붙이고 있다.

하루에 천리나 달리는 명마를 알아낼 수 있는 고급 기술을 익히고 있다는 것은 명예임에는 틀림없지만 전혀 효율성이 없는 허명(虛名)에 지나지 않는다.

한비는 인간에게 허명보다는 실제에 도움이 되는 현실적 효용이 필요하다는 것을 말하고 있다.

주(周) 임금을 위해 젓가락에 그림을 그리겠다는 사람이 나타나 3년이 걸린 끝에 그림을 다 그렸다. 주 임금이 그 젓가락을 보니 옻칠을 한 보통 젓가락과 다름없었다. 주 임금은 몹시 화를 냈다. 그러자 젓가락에 그림을 그린 사람이 말했다.

"높이 열 길의 토담을 쌓고 그 토담에 팔 척의 창을 낸 다음 태양이 떠오를 때 그 창에다 이 젓가락을 놓고 햇빛에 비추어 보시기 바랍니다."

임금이 그의 말대로 토담을 쌓고 창을 뚫은 다음 그 젓가락을 비추어 보았더니 온통 용사(龍蛇)·금수(禽獸)·거마(車馬)가 그려져 있고 만물의 형상이 모조리 갖추어져 있었다. 주 임금은 크게 기뻐했다.

젓가락에 그림을 그린다는 노력은 분명 정력을 다해야 하는 어려운 일임에 틀림없다. 그러나 실용성은 보통 젓가락과 조금도 다름이 없다고 한비는 논평하고 있다.

현실주의자였던 한비는 현실적인 효용성을 중시했다. 교묘한 정합성(整合性)을 갖춘 고상한 이론보다 현실 그 자체에 가치의 기준을 둔 것이다. 이슬만 마시고 살아갈 수 없는 인간이 현실 안에 살고 있는 한 그것은 지극히 당연한 일이다.

그러한 관점에서 한비는 몇 가지 일화를 인용하고 있다.

제왕(齊王)에게 그림을 그리는 사람이 찾아왔다.

"무엇을 그리기가 가장 어려운가?"

제왕이 묻자 화사(畵師)가 대답했다.

"개나 말을 그리기가 어렵습니다."

"그럼 무엇을 그리기가 가장 쉬운가?"

"도깨비를 그리는 것이 가장 쉽다고 할 수 있습니다."

대체로 개나 말은 누구나 잘 알고 있으며 아침저녁으로 사람들의 눈앞에 그 모습이 드러나 있다. 그것과 똑같이 그려서 보는 사람들에게 실물과 똑같다고 납득시키기는 어렵다. 하지만 도깨비는 원래 형태가 없는 것이어서 사람들의 눈앞에 나타나는 일도 없다. 그러므로 그리기가 쉽다고 한비는 말한다.

예술은 현실을 모방하는 것이다. 현실 우선의 현실주의적 예술관과 중국인의 현실 선호가 잘 나타나 있는 이야기이다.

조(趙)나라의 대신 우경(虞慶)이 집을 짓게 되었다.

"지붕이 너무 높다."

우경이 목수에게 이의를 제기했다. 그러자 목수가 대답했다.

"이건 이제 막 지었기 때문에 지붕의 흙이 아직 젖어 있습니다. 지붕에 걸친 서까래도 아직 마르지 않았기 때문에…."

그러자 우경이 반론을 제기했다.

"그렇지 않다. 젖은 흙은 무겁고 마르지 않은 서까래는 휘는 법이다. 휜 서까래가 무거운 흙을 받치고 있는 만큼 지붕은 더욱 낮게 해야 하지 않겠는가. 해가 쬐면 흙은 마르고 서까래도 마른다. 흙은 마르면 가벼워지고 서까래가 마르면 휘어지지 않게 된다. 휘어지지 않게 된 서까래가 가벼운 흙을 받치게 되니 지붕은 차츰 높아질 것이 틀림없다."

목수는 아무런 대꾸도 하지 못했다. 우경이 시키는 대로 했더니 집은 주저앉고 말았다.

범차(范且)가 말했다.

"활이 부러지는 것은 반드시 최종 공정(最終工程)에 들어갔을 때이며 처음에는 아니다. 궁사(弓師: 활 만드는 사람)가 활을 매기 위해서는 현(弦)을 매자마자 하루 만에 벌써 시사(試射)를 해 버린다. 그렇게 한다면 처음에는 충분히 시간을 들였어도 마지막에는 성급한 짓을 한 것이다. 그러니 어찌 부러지지 않고 견디겠는가. 나 같으면 그렇게 하지 않는다. 교정틀 속에 하루 동안 활을 넣었다가 현을 매고 30일이 지난 다음에 시사를 한다. 그렇게 하면 처음에는 거칠지만 끝에 가서는 충분히 시간을 들인 셈이 된다."

궁사는 반론할 여지가 없었다. 그래서 그대로 했더니 활은 부러지고 말았다.

우경의 주장은 무거운 것은 가라앉고 가벼운 것은 오른다는 일반적 원리에서 연역(演繹)을 한 것이다. 매우 정합성을 갖춘 철학적 논리였다. 범차의 주장은 마지막을 신중히 한다는 철학적 배경의 행동 양식을 활의 제작에 비유한 것으로 이것 또한 극히 정합적인 논리였다.

그러나 한비자는 이렇게 논평한다.

'범차나 우경의 말은 수사학(修辭學)에 뛰어나서 반론의 여지가 없을 만큼 이치가 정연하지만 실제 상황에서는 맞지 않는 점이 있다. 그러나 윗자리에 있는 자는 그런 말을 기꺼이 생각하며 금지시키려고 하지 않는다. 그것이 일을 그르치게 만드는 원인이 된다. 일반적으로 지도자들은 나라를 다스리고 병력을 강화하는 실제적인 효과를 구하려 하지 않고 듣는 이의 마음을 끌어들이는 화려한 궤변을 좋아한다.

그러나 그것은 기술이 있는 사람을 물리쳐서 집을 부수고 활이 부러지게 하는 엉터리를 채용하는 데 지나지 않는다. 윗자리에 있는 자들이 국사(國事)를 처리함에 목수가 집을 짓고 궁사가 활을 만드는 영역에도 도달하지 못하고 있는 것이다. 더구나 기술이 있는 사람이 범차나 우경 따위와 같은 자로부터 고통을 받는 까닭은 허튼 소리가 아무런 도움이 되지 않으며 실제로 적합한 일들을 바꿀 필요가 없는데도 논리를 이기지 못하는 상황이기 때문이다. 윗자리에 있는 자들은 쓸데없는 변설을 좋은 말로 치며, 개변(改變)의 여지가 없는 실제적인 말을 경멸한다.

그것이야말로 나라가 흔들리게 되는 원인이다. 지금도 범차나 우경과 같은 인간들은 계속해서 나타나며 윗자리에 있는 자들은 여전히 그들을 훌륭하다고 생각하고 있다. 그것은 집을 부수고 활을 부러뜨리는 따위의 언론을 존중한 나머지 기술을 터득한 사람을 목수나 궁사의 입장에 세우는 것과 같다.

목수나 궁사가 그 기술을 발휘할 수 없었기 때문에 집은 무너지고 활은 부러질 것이다. 나라를 다스리는 기술을 터득한 인간이 그 기술을 발휘할 수 없으므로 나라는 혼란해지고 윗자리에 있는 자는 위험한 입장에 설 수밖에 없게 된다.'

국가를 운영하는 데에도 부화미려(浮華美麗)한 허구가 아닌 현실적인 효용을 존중해야 한다는 말이다. 원칙만을 내세울 것이 아니라 솔직한 본심으로 해야 한다는 주장이다.

여기서 좀 더 일화를 살펴본다.

조(趙)나라의 무령왕(武寧王)이 이자(李疵)를 보내 중산국(中山國)을 공략할 수 있겠는지 알아 오게 했다. 이자가 돌아와서 보고했다.

"중산국은 공략할 수 있습니다. 지금 당장에 공격하지 않으면 아마도 제(齊)나라나 연(燕)나라가 먼저 공격할 것입니다."

"어째서 그렇다는 말인가?"

"중산국의 임금은 산중의 굴 속에 숨어 사는 은거지사(隱居之士)를 좋아합니다. 스스로 마차를 타고 가서 방문하기도 하고 수레에 태워 와서 대화 상대로 삼기도 하는데, 꾀죄죄한 초막에 사는 궁려일항(窮廬溢巷: 허름하게 지은 집들이 넘치는 동네)의 선비는 열 손가락에 꼽을 수 있을 정도이고 대등한 자격으로 교제하는 민간인은 백 정도의 단위로 헤아릴 수 있습니다."

"그대의 말대로라면 그는 매우 훌륭한 군주가 아닌가. 어떻게 공략할 수가 있단 말인가?"

"그렇지 않습니다. 은사(隱士)를 칭찬하기를 즐기고 더군다나 정치의 자리에까지 참가시킨다면 전사(戰士)들은 싸움에 임해서도 싸울 뜻이 솟아나지 않을 것입니다. 윗자리에 있는 자가 학자를 존중하고 문사(文士)를 존경하여 조정에 들어앉히면 농부는 경작에 힘을 쏟지 않게 될 것입니다. 전사가 싸울 의욕을 잃는다면 병력은 약해집니다. 농부가 경작할 의욕이 없어진다면 나라는 가난해집니다. 그 병력이 적보다 약하고 나라도 가난한데 망하지 않은 예는 여태까지 없었습니다. 거병하여 공략해도 좋지 않겠습니까?"

이자가 그렇게 말하니 무령왕은 즉시 군대를 이끌고 가서 중산국을 멸망시키고 말았다.

은거하여 혼자서 학문에 전념하는 사람은 나라가 평온할 때는 농경에 힘을 기울이려 하지 않고 유사시에도 갑옷을 입고 싸울 생각을 하지 않는다. 임금이 이런 사람을 존경한다면 백성들은 농경에 힘을 쏟고 싸움에서 공을 세우려는 의욕을 잃고 말 것이다.

한비는 경작도 하지 않고 전쟁도 하지 않는 게으름뱅이들은 다른 사람에 대한 영향을 고려할 때 그 존재 자체가 유해하다고 주장한다. 학문, 예술, 기술, 기타 모든 것도 모두 현실적인 효과에 따라 계측되고 가치가 부여되어야 한다는 뜻이다.

기술에 대해서도 다음과 같은 일화가 있다.

묵자(墨子)가 나무로 솔개를 만들었다. 3년이나 걸려서 완성했는데 날려 보니 하루 만에 부서지고 말았다.

"선생님의 기술은 나무로 만든 솔개도 날릴 수 있을 정도군요."

제자가 그렇게 말하니 묵자는 대답했다.

"나는 수레[車] 만든 공인의 기술에도 도저히 미치지 못한다. 작은 나무 조각으로 만드는 데 하루도 걸리지 않지만 30석이나 되는 무거운 짐을 끌고 멀리 갈 수 있고 튼튼한데다 오랜 세월 사용할 수가 있다. 나는 솔개를 만들었지만 3년이나 걸려 완성했는데도 날려 보니 하루 만에 부서져 버리고 말았다."

혜자(惠子)가 그 말을 듣고 말했다.

"묵자는 참으로 현명하다. 수레의 마구리를 만드는 기술이야말로 훌륭한 기술이며 나무로 솔개를 만든다는 것은 쓸모 없는 기술임을 알고 있으니까."

비실용적인 기술은 아무리 화려하게 보일지라도 실제로는 가치가 없다. 의미가 있는 기술이 있다면 묵자가 만든 나무 솔개 같은 것이 아니고 수레의 마구리처럼 현실에 도움이 되는 기술이나 예술 혹은 학문이다.

그러나 사람은 도구를 통해 현실과 접촉한다. 어떠한 도구를 사용하느냐에 따라 그 사람을 판단할 수 있을지 모른다.

〈장자(莊子)〉에 도구에 관한 이야기가 있다.

자공(子貢)이 남쪽에 있는 초(楚)나라를 돌아다니다 진(晉)나라로 돌아갈 때 있었던 이야기이다. 도중에 한수(漢水) 가까이 이르렀을 때 한 노인이 우물을 파고 들어가 단지에 물을 길어다 밭에 뿌리고 있는 모습을 보았다. 열심히 노력하고 있었지만 힘만 들 뿐 작업은 진전이 없었다. 보다 못해서 자공이 말을 걸었다.

"편리한 기계가 있습니다. 하루에 백 두둑에 물을 뿌릴 수 있고 더구나 힘은 그다지 들지 않으며 능률은 훨씬 올라갑니다. 사용해 보시겠습니까?"

일을 하던 노인이 자공을 쳐다보면서 말했다.

"그게 어떤 물건이오?"

"나무를 깎아서 장치를 만들어 뒤를 무겁게 하고 앞을 가볍게 합니다. 쉽게 물을 퍼 올릴 수 있으며 속도도 빠르므로 물이 마치 넘치듯 합니다. 그것을 방아두레박이라고 하지요."

밭에 물을 뿌리던 노인의 안색이 순간적으로 변했으나 곧 얼굴에 웃음을 지으면서 말했다.

"나는 선생에게서 들은 얘기가 있소. '기계를 갖는 자는 반드시 기계에 의지하는 일이 많아지고, 기계에 의지하는 일이 많아지면 기계 절대주의라고 할 수 있는 기심(機心)이 생기게 된다. 기심이 가슴속에 있으면 자연의 순수함을 잃고, 자연의 순수함을 잃으면 정신이 불안정해지며, 정신이 불안정해지면 자연의 법칙을 거스르게 된다.' 나도 방아두레박을 모르는 바는 아니오. 다만 사용하는 것을 부끄럽게 여길 뿐이오."

자공은 부끄러움을 감추지 못한 채 대답할 말을 잊고는 얼굴을 돌렸다. 한동안 지난 뒤에 그 노인이 물었다.

"그대는 무엇을 하는 사람이오?"

"공구(孔丘)의 제자입니다."

"음, 그렇군. 그 박학(博學)을 코에 걸고 성인인 체하며 큼직한 책 보따리를 펼치고는 대중을 위협하고 혼자서 악기를 타고 슬픈 듯이 노래를 부르면서 명성을 천하에 팔겠다는 자들 중의 하나로구먼. 자의식(自意識)을 잊고 신체를 잊으면 사람이란 그런 대로 자연에 다가설 수 있으련만, 그대와 같이 자신의 몸마저 다스리지 못하는 자가 어찌 천하를 다스릴 수 있겠소? 자, 어서 가시오. 내 일을 방해하지 마시오."

효율적인 효과를 찾아 기계를 사용하는 동안 어느새 효율에 이끌려 기계에 얽매이게 되고 마는 인간의 정신 구조 혹은 문화의 구조에 대해 예리하게 경고를 하는 이야기이다.

효율을 높이기는 하지만 방아두레박은 결국 인간을 소외시킨다. 기계의 체계에 대한 도착적(倒錯的)인 의존, 물건을 소유함으로써 반대로 물건에 소유 당하는 역전의 운동 같은 것들이 효용이라는 것에는 담겨 있다.

인간들은 갖가지 지혜로 이익을 추구하여 부분적인 효율을 높이기 위해 노력한다. 이 경향이 가속되어 미각(味覺)의 효용만을 추구하는 입의 인간, 쾌락의 효용만을 추구하는 성기의 인간이 태어난다.

한비는 목적이 명확하지 않기 때문이라고 대답한다.

달팽이는 껍질 만들기의 명수라고 한다. 태어나면서부터 정교한 구조의 집(껍질)을 여러 겹의 소용돌이 모양으로 계속해서 만들어 나간다. 그러나 얼마 지나면 교묘한 기술로 그 껍질 만드는 작업을 딱 그친다. 소용돌이를 한 겹만 늘려도 껍질의 크기가 열여섯 배나 늘어나 버리기 때문이다. 효율이 높은 기술 때문에 생산을 늘리면 달팽이는 무게의 부담에 견디지 못하게 되고 껍질을 만드는 목적인 삶 자체가 위험해진다.

껍질을 만드는 것도 자기 보존을 위한 효용이며 껍질을 만들지 않는 것 또한 자기 보존을 위한 효용이라는 것을 달팽이가 본능적인 지혜로 익히고 있는 까닭은 살아남기라는 목적이 확실하기 때문이다.

그러므로 한비는 말한다.

"대체적으로 언행(言行)이란 효용을 목적으로 한다. 날카롭게 다듬은 예리한 화살을 쏘아 우연히 가느다란 털끝을 맞출 수는 있다. 그러나 그것을 활의 명수라고 할 수 없는 까닭은 명확한 표적이 아니었기 때문이다.

다섯 치의 표적을 내걸고 십 보 떨어진 가까운 거리에서 활을 쏜다고 해도 예(羿)나 봉몽(逢蒙) 같은 활의 명수가 아니면 꼭 맞춘다고 단언할 수 없다. 명확한 표적이 있기 때문이다.

명확한 표적이 있으면 예나 봉몽과 같은 명수가 다섯 치의 표적을 맞추어도 명수라는 말을 듣는다. 명확한 표적이 없으면 아무렇게나 발사한 살이 가는 털끝을 맞추었다 해도 명수라는 말을 들을 수 없다.

만약에 말을 듣고 행동을 관찰하는데 그것이 효용을 목적으로 하고 있지 않다면, 그 말이 아무리 명석하고 정교하다 할지라도, 그 행동이 아무리 확고한 것이라 할지라도 표적도 없이 함부로 쏜 화살과 다를 바가 없다.

돌멩이만 깔린 땅이 천리나 있다 해도 부자라고 할 수 없다. 인형이 백만 개나 있어도 강하다고 할 수 없다. 돌멩이가 깔린 땅이 천리나 있으면서도 부강하다고 할 수 없는 까닭은 돌뿐인 땅에서는 작물이 자라지 못하기 때문이다. 인형이 백만 개나 있어도 강하다고 할 수 없는 까닭은 인형으로는 적을 막을 수 없기 때문이다.

지금 상인이나 관리나 기예(技藝)에 종사하는 자는 땅을 갈지 않고도 먹고살고 있다. 그만큼 토지는 개간되지 않았기 때문에 돌멩이만 있는 땅과 마찬가지이다.

유자(儒者)와 협객(俠客)은 전투에 참가하여 공명을 세우지 않는데도 유명해지고 영화를 누린다. 그렇게 되면 농민은 맥이 빠져 일을 하지 않게 된다. 즉, 인형과 같아지는 것이다. 대체로 돌멩이만 있는 땅이나 인형이 도움이 되지 않는다는 것을 알면서도 상인이나 관리, 유자나 협객들은 개간되지 않은 땅이나 일하지 않는 농민을 만들어 내고 있다.

그런데도 그것이 만들어 내는 재해는 알려고도 하지 않는 것은 하나는 알고 둘은 모르는 짓이다."

현명한 왕이 나라를 다스리는 정책은 상인이나 수공업자 혹은 생산에 종사하는 일 없이 놀고먹는 인간들을 가능한 한 줄이고 그들을 비천한 지위로 떨어뜨리는 것이다. 왜냐 하면 농사에 종사하려는 자들은 적고 상업이나 수공업을 경영하려는 자들은 많기 때문이다.

관직이나 직위를 돈으로 살 수 있게 되면 상인이나 수공업을 영위하는 자도 천해지지 않는다. 값비싼 물품을 시장에서 입수할 수 있게 되면 상인도 그 수가 많아진다. 악덕 상인이 착취하는 이익은 농민 수입의 배를 훨씬 넘으며, 사회적 지위도 농경이나 전투에 종사하는 사람들을 능가하게 된다. 그렇게 되면 정직하고 고지식한 사람은 적어지고 아무런 가치도 만들어 내지 않는 일에 종사하는 사람들만 증가하게 된다.

농업을 유일한 산업으로 하는 기원전 3세기 무렵의 전국 시대 이야기이다. 한비는 백성들을 조직하되 농작물을 공납(貢納)하는 납세자로, 혹은 전투에 임하는 전사(戰士)나 국가 방위를 위한 전력으로 운용하여 부국강병의 목적을 효율적으로 추진하고자 한 것이다.

목적이 명확하면 부분적인 효용만 추구하는 자는 자연히 배제되며, 그 같은 배제를 위해 관리를 강화할 수도 있다.

한비자는 이렇게 말한다.

"나무를 흔들려는 자가 있는데 그 나뭇잎들을 한 장씩 끌어당긴다면 힘만 들 뿐이지 나무 전체를 흔들 수는 없다. 좌우에서 나무의 줄기를 두들기면 모든 잎이 흔들릴 것이다. 깊은 못 가의 나무 둥치를 두들기면 새는 놀라서 높이 날고 물고기는 무서워서 깊이 숨는다.

그물을 던져 고기를 잘 잡는 자는 그물의 큰 줄을 끌어당긴다. 그물눈을 하나씩 끌어당겨 잡으려 하면 힘만 들 뿐 물고기를 제대로 잡지 못한다. 그러나 그물의 큰 줄을 잡아당기면 물고기는 저절로 그물 속에 들어가게 된다.

관리는 백성의 큰 줄에 해당한다. 그러므로 성인은 관리를 잘 하려고만 하지 백성들을 직접 관리하려고 하지 않는다."

한비는 관리도 효율화에 힘쓰라고 말하고 있는데 관리를 잘하면 갖가지 분야에서 부분적인 효용의 추구가 시작된다. 한비는 다음과 같이 말하고 있다.

"대체로 안전하고 유익한 일이라면 앞을 다투어 종사하고, 위험하고 해로운 일에서는 재빨리 빠져 나간다. 이것이 인간의 정의이다. 만약 남의 부하가 되어 힘을 다해서 공적을 세우고 지혜를 다해서 충절을 나타내고자 하는 자가 있다면 그는 그 몸이 불우해지고 집안은 가난해지며 부자(父子)가 모두 재난을 당하게 된다."

간리(奸利)를 도모하여 윗사람의 눈을 속이고 뇌물을 써서 상관에게 꾸벅거리는 자는 그 몸이 출세하고 집안은 부유해지며 부자가 모두 은혜를 입는다. 이런 식이라면 사람들이 어찌 안전하고 유리한 길을 피하고 위험하고 유해한 길을 택하겠는가. 나라를 다스리는 방법이 그런 식으로 잘못되어 있으면 부하들은 충성을 해도 안전과 이익을 얻을 수 없음을 알고 반드시 이렇게 말할 것이다.

"내가 충성으로 윗사람을 모시고 많은 공적을 쌓아 내 한 몸의 안락을 도모하려는 것은 앞을 보지 못하는 장님이 흑백을 가리려는 것과 같아서 아무런 희망도 없다. 또 도의에 호소하여 주위를 감화시키고 정의를 행하여 부귀영화를 좇지 않고 오직 윗사람을 받들어 내 몸의 안락을 구하려는 것은 듣지 못하는 귀머거리가 소리의 청탁을 가리려는 것처럼 더한층 희망이 없다. 어떤 방법이건 내 한 몸의 안락을 얻을 수 없다고 한다면 차라리 동료와 공모하여 윗사람의 눈을 속여 나쁜 짓을 해서라도 빌붙는 편이 낫지 않겠는가?"

이런 사람은 반드시 윗사람이 요구하는 정의를 무시하게 될 것이다.

또한 수많은 부하들도 정직하고 사심(私心)이 없다는 것만으로는 결코 안락을 얻을 수 없다는 사실을 알게 되면 반드시 이렇게 말할 것이다.

"내가 청렴결백을 신조로 윗사람을 섬기고 그로써 안락을 구하는 것은 컴퍼스와 자도 없이 네모 안에 원을 그리려는 것과 같은 짓이어서 희망이 없다. 법을 지키고 파벌을 만들지 않고 직무를 소중히 하면서 내 몸의 안락을 구한다는 것은, 발로 머리를 그리려는 것과 같아서 더한층 희망이 없다. 아무래도 내 몸의 안락을 얻을 수 없다면 차라리 법망을 빠져 나가 사리(私利)를 도모하고 고관에게 빌붙는 편이 낫지 않은가.”

한비는 정직한 자가 손해를 보게 되는 관리의 잘못으로 인해 전체의 조화가 흔들려 부분적인 이익만을 추구하고 이익을 높이기 위해 나쁜 일에 손을 대는 사람의 심리를 잘 묘사하고 있다.

옛날에 창힐(蒼頡)이 문자를 만들었을 때, 자기만을 위한 것을 ‘사(私)’라 했으며 사와 반대되는 것을 ‘공(公)’이라 했다. 공과 사가 서로 대립하는 개념임을 창힐도 이미 알고 있었다.

공과 사의 이익은 같지 않다. 그것이 같다면 일개 범인(凡人)으로서 이익을 얻기 위해서는 인의(仁義)를 닦고 학문을 배우는 것보다 더 좋은 일은 없다. 인의를 닦으면 신용을 얻을 수 있다. 신용을 얻으면 좋은 일을 맡을 수 있다. 학문을 배우면 이름난 선생이 될 수 있다. 큰 선생이 되면 유명해진다. 이는 일개 범인으로서는 매우 마음에 드는 결론이다. 공적이 없어도 좋은 일자리를 맡을 수 있고 작위가 없어도 유명해질 수 있으니까.

정치가 이렇게 되면 국가는 혼란에 빠지고 윗자리에 앉은 사람도 반드시 위험을 안게 된다. 서로 받아들여지지 않는 것들은 양립할 수 없다. 적을 제거한 자야말로 상을 받아야 하지만 현실은 그 반대가 된다.

그렇게 되면 사람들은 유가(儒家)가 말하는 자혜(慈惠)의 실행을 높이 평가한다. 성을 공격하여 함락시킨 자야말로 작록을 받아야 할 텐데 묵가(墨家)가 말하는 박애(博愛)의 설을 신용한다. 군비를 증강해 전쟁에 대비해야 하는데 느긋한 예복(禮服)을 아름답다고 생각한다. 나라를 부강하게 만드는 일은 농민에게 의존하고 적을 막는 일은 병사에게 의존해야 하는데 학문을 하는 선비를 존중한다. 윗사람을 존경하고 법을 지키겠다는 백성을 버리고 유협(遊俠)이나 자객(刺客) 따위를 길러 낸다.

　이러한 정책으로는 나라가 제대로 다스려지고 병력이 강해질 까닭이 없다. 나라가 평온하다면 유협을 기르고 전쟁이 시작되면 전사를 사용하려 하는데, 나라가 이익을 부여하고 있는 자는 나라에 필요한 자가 아니고 나라에 필요한 자는 나라로부터 이익을 얻을 수가 없다.

　그러므로 정상적인 업무에 종사하는 자는 그 일을 팽개치고 도움이 되지도 않는 무용지물만 나날이 늘어간다. 이것이 세상이 혼란해지는 원인이다.

　원래의 목적은 실업(實業)의 효율을 높이려는 것이었는데 관리를 잘못하면 사적인 이익, 부분적인 효용을 찾아 허업(虛業)을 확대하는 일에만 급급하여 실업을 포기해 버리게 될 우려를 한비는 지적하고 있다.

　송왕(宋王)은 제(齊)나라와 싸운 다음 승전을 축하하는 뜻으로 무궁(武宮)을 축조했다. 가수(歌手)인 규가 장단을 맞추면서 노래를 부르자 길 가던 사람들이 걸음을 멈춰 귀를 기울이고 일하는 자들도 피로를 잊었다.

　송왕은 그 말을 듣자 규를 불러들여 상을 주었다. 그러자 규가 말했다.

　"저의 스승이신 사계(射稽)의 노래는 저의 노래보다 훨씬 훌륭합니다."

　송왕이 사계를 불러들여 노래를 하게 했는데 길을 가던 사람들은 걸음을 멈추지 않았고 일하는 자들도 피로한 기색이 역력했다.

　"길 가는 자가 걸음을 멈추지 않고 일하는 자들도 피로해 보였다. 사계의 노래는 그대의 노래만큼 좋지 않은 것 같구나. 무슨 까닭인가?"

　송왕이 묻자 규가 대답했다.

"전하, 일의 진척을 살펴보시지요."

조사해 보니 규가 노래를 불렀을 때는 길이가 40척 되는 벽이 쌓였으나 사계가 노래를 불렀을 때는 80척이나 되는 벽이 쌓였다. 또 그 튼튼함을 조사해 보니 규가 노래를 불렀을 때는 벽을 찌르자 5치나 허물어졌는데 사계가 노래를 불렀을 때는 2치밖에 무너지지 않았다.

한비는 이 설화를 통해 겉보기의 효용보다는 실질적인 효용이 중요하다는 점을 주장한다. 그러면서 또한 진정한 효용이란, 효용마저도 초월한, 무심한 가운데 성립된다는 것을 시사하고 있다.

제8편 사랑하는 지혜

▌제8편 사랑하는 지혜

초나라 장왕(莊王)의 동생 춘신군(春申君)에게 여(余)라는 애첩이 있었다. 그리고 춘신군은 본처에게서 난 아들을 갑(甲)이라고 불렀다.

여(余)는 춘신군이 그 본처와 이혼해 주기를 바라고 있었다. 그래서 자신이 스스로 자기 몸에 상처를 내어 그것을 춘신군에게 보이면서 눈물로 간청했다.

"당신의 첩이 된 것만 해도 그지없이 행복합니다. 하지만 정실 부인의 마음에 들고자 하면 당신의 마음에 들지 않게 되고, 당신의 마음에 들고자 하면 정실 부인의 마음에 들 수가 없습니다. 저는 원래 수양이 덜 된 사람이라 동시에 두 분의 마음에 드는 행동은 할 수가 없습니다. 거기에다 첩인 제가 두 분 모두의 마음에 들게 모신다는 것은 무리가 아니겠습니까. 될 수만 있으면 부인의 손에 죽기보다는 차라리 당신의 손에 죽었으면 합니다. 제가 죽고 나서 만약에 다시 총애하는 사람을 곁에 두시게 되면 부탁컨대 이런 사정을 살피시어 남의 웃음을 사는 일이 없도록 해 주십시오."

춘신군은 그 같은 첩의 터무니없는 거짓말을 믿고 정실 부인과 이혼하고 말았다.

여(余)는 또 갑(甲)을 죽여 제 자식을 후계자로 삼으려 했다. 그래서 자기 속옷을 미리 찢어 놓은 다음 춘신군이 오자 눈물을 흘리며 호소했다.

"저는 당신의 깊은 사랑을 받은 지도 이미 오래 되었습니다. 갑(甲)도 그걸 잘 알고 있을 것입니다. 그런데 오늘 저를 농락하려고 하지 않겠습니까. 죽음을 각오하고 저항했지만 저는 결국 이렇게 속옷까지 찢겼습니다. 이보다 더한 불행이 어디 있겠습니까?"

사랑이라고는 할 수 없는 이욕(利慾)과 육욕(肉慾)이다. 향기 높고 아름다워야 할 사랑도 가면을 벗기면 현실은 뜻밖에도 이런 모습이다.

용모가 쇠퇴해진 여자가 호색의 마음이 줄지 않는 남편을 섬기면 그 육신은 경원되며 자기 자식이 뒤를 잇지 못하게 되지나 않을까 의심이 생겨난다. 용모가 쇠퇴해지기 시작한 여자로서는 자기 방어책을 강구하지 않으면 안 된다.

한비는 그렇게 말했지만 여자도 먹고 살아가야 하는 인간인 이상 당연히 그렇게 될 것이다. 거짓말도 해야 될 것이고 경쟁자를 끌어내리지 않으면 안 된다.

한비는 다시 피가 이어진 부자 사이에도 신랄한 시선을 쏟고 있다.

〈시경〉 '소아(小雅)'의 '사간(斯干)'에 다음과 같은 말이 있다.

사내아이가 태어나면
방바닥에 누이고
좋은 옷을 입히며
그 손에 옥(玉)을 쥐어 준다.

계집아이가 태어나면
땅바닥에 누이고
홑옷을 입힌 다음
그 손에 실 꾸러미를 쥐어 준다.

부모의 경우에도 사내아이가 태어나면 서로 좋아하고 계집아이가 태어나면 대개는 함부로 다룬다. 똑같이 애정의 결정(結晶)으로서 태어났는데도 사내아이는 축복받고 계집아이는 사내아이만큼 좋아하지 않는 까닭은 장래의 편의를 생각하고 장기간에 걸친 이익을 계산하기 때문이다.

그러고 보면 부모는 자기의 피를 이어받은 자식에 대해서까지도 마음 한구석에 공리적인 계산을 감춘 채 상대하고 있다. 적어도 부모가 좋은 자식을 원하는 이유는 집안이 가난하면 그 자식이 돈을 벌어 오고 부모가 고생하면 그 자식이 즐겁게 해 줄 것을 바라고 있기 때문이다.

한비는 그렇게 말하고 있다.

그러나 그 자식에게 잘못된 행동이 있다면 선생에게 부탁해서 고치려 하고 나쁜 병에 걸리면 의사에게 치료를 받게 할 것이다. 선생에게 부탁하여 고치지 않으면 얼마 후에 형벌을 받게 될 것이고 의사의 치료를 받게 하지 않으면 죽을지도 모른다.

자비스러운 어머니는 아무리 그 자식을 사랑하고 싶어도 그 자식을 형벌에서 구해 내고 죽음에서 살려 내는 데는 아무런 도움도 되지 않는다. 그렇다면 그 자식을 살리는 것은 자비스러운 어머니의 사랑이 아니다.

한비는 그렇게 말한다.

어머니가 그 자식을 사랑하는 정은 아버지의 두 배나 된다. 그러나 그 자식은 아버지가 시키는 말을 어머니의 말보다 열 배나 더 잘 듣는다. 관리는 백성을 사랑하지는 않는다. 그러나 관리가 시키는 말은 부모의 말보다 만 배나 더 잘 듣지 않는가. 부모가 시키는 말은 가끔 듣지 않아도 탈이 없는데 관청은 위엄을 들이대기에 백성은 시키는 대로 따르는 것이다.

위엄과 애정의 차이는 이토록 명백하다. 더구나 부모는 그 자식이 하는 일이 조금이라도 안락하고 유리하기를 바라며 범죄로부터 멀어지기를 바란다.

그러나 국가는 그 백성에게 비상시에는 생명까지 던지게 하며, 평화스러울 때는 죽을 힘을 다해서 일할 것을 요구한다. 부모는 두터운 애정으로 그 자식이 안락하고 유리하게 되기를 원하고 있는데도 그 말은 받아들여지지 않는다. 국가는 애증도 없이 백성의 사력을 이용하고 요구하지만 이런 것들은 모두 받아들여진다.

어머니는 애정으로 자식을 대하는데 그렇게 하면 그 자식은 대개 못 쓰게 된다. 그 까닭은 모든 것에 애정을 미치게 하려고 하기 때문이다. 아버지가 아이를 바로잡을 수 있는 까닭은 애정도 깊지 않으며 회초리로 그 자식을 엄격하게 대하기 때문이라고 할 수 있다.

한비는 이렇게 말한다.

"사랑이란 입에는 달콤하지만 결국은 그 자식을 못 쓰게 만들고 마는 아편과도 같은 것이다."

버릇이 나쁜 자식은 부모가 아무리 화를 내도 고치려 하지 않는다. 마을 사람들이 나무라도 요지부동이다. 선생이나 장로(長老)가 가르치고 깨우쳐 주려 해도 태도를 바꾸지 않는다. 부모의 사랑, 마을 사람들의 충고, 선생과 장로의 지혜라는 훌륭한 선(善)을 다해도 그 마음을 움직일 수는 없다.

그러나 관리가 나서서 법에 의해 처리하겠다고 하면 그만 꼼짝 못하고 마음을 고쳐먹고 행동을 고친다.

그러므로 부모의 사랑은 자식을 교육시키는 데 충분한 효과를 발휘할 수 없고 아무래도 법의 엄정한 힘을 빌리지 않으면 안 된다. 사람은 사랑을 받으면 오만해지고 엄격하게 대하면 복종하는 존재이기 때문이다.

사랑은 힘을 따른다. 법을 다스리는 사람이 들으면 눈물을 흘리면서 좋아할 한비의 말이다. 하지만 힘에 의해 억압된 에너지가 사회의 에너지로 변환되도록 유도하는 지혜가 필요하다.

한비는 다음과 같은 두 가지 이야기를 소개한다.

자산(子産)은 정(鄭)나라의 재상이었다. 병에 걸려 죽음이 눈앞에 다가왔을 때 유길(遊吉)을 불러서 말했다.

"내가 죽으면 반드시 당신이 정나라의 재상이 될 것입니다. 그렇게 되면 꼭 백성을 엄격하게 다스려 주시오. 불이라는 것은 보기에는 무서운 모습을 하고 있습니다. 그러므로 사람들은 조심하여 좀체 불에 타죽거나 하지 않습니다. 그러나 물은 아주 느긋한 모습을 가지고 있어서 보기에는 조금도 무섭지 않습니다. 그래서 자기도 모르게 방심하여 사람들은 흔히 물에 빠져 죽게 됩니다. 당신은 꼭 형벌을 엄격히 시행하여 당신의 양순함 속에 사람들이 빠져 죽는 일이 없도록 조심하십시오."

얼마 후에 자산은 죽었다.

유길은 자산이 말한 대로 재상이 되었지만 너무 잔혹한 것 같아서 도저히 형벌을 엄중히 시행할 마음이 나지 않았다.

그 무렵, 정나라의 젊은이들이 도당을 만들어 도둑질을 하고 '환부택(崔符澤)'이라는 소택지를 근거지로 하여 날뛰고 있었는데 그것이 커져서 드디어 정나라를 파멸에 몰아넣을 정도에까지 이르렀다. 유길은 전거와 기병들을 이끌고 그들과 하루 밤낮을 싸운 끝에 겨우 이길 수 있었다.

유길은 한숨을 쉬면서 말했다.

"진작에 자산의 가르침을 따랐더라면 이토록 후회하지는 않았을 텐데."

〈춘추좌씨전(春秋左氏傳)〉에 의하면 공자(孔子)는 자산(子産)이야말로 '고래의 진정한 사랑을 알고 있었다'고 말하고 환부의 소택지 사건에 관해 이렇게 논했다.

'정치가 관대하면 백성은 오만해지고 오만해지면 맹위(猛威)로 다스리지 않으면 안 된다. 정치가 맹렬해지면 백성은 잔인해지고, 잔인해지면 관용을 베풀어서 중화(中和)시키지 않으면 안 된다. 관용으로 맹위를 보하고 맹위로 관용을 보하니 정치는 균형을 유지하는 것이다.'

유길은 미리 엄벌로 백성을 계율하지 않았으므로 보다 큰 희생과 피해를 당했던 것이다.

형벌을 엄중하게 하지 않는다는 것은 얼핏 보기에는 애정이 넘쳐흐르는 것 같지만 시간이 지나면 반드시 애정이 결핍된 잔혹한 결과를 가져온다. 사랑은 끊임없이 '사랑 아닌 것'으로 보완하지 않는 한 절대로 사랑으로 존재할 수 없다.

은(殷)의 법률에는 거리에 재를 버린 자는 손목을 자르게 되어 있었다.

"재를 버린다는 행위는 죄로서는 아주 가벼운 죄입니다. 손목을 자른다는 벌은 무거운 벌입니다. 가벼운 죄에 무거운 벌을 주다니 옛 사람들은 얼마나 잔혹했습니까?"

자공(子貢)이 그렇게 말하자 공자가 대답했다.

"오히려 나라 다스리는 방법을 잘 알고 있었다고 할 수 있다. 재를 거리에 버리면 바람에 날려서 틀림없이 뜻하지 않을 때 사람 위에 내려앉게 된다. 눈에 들어갈지도 모른다. 재가 뜻하지 않게 내려앉아 눈에 들어가면 그 사람은 반드시 화를 낼 것이다. 화를 내면 결국 싸움이 벌어지게 된다. 싸움이나 난투를 벌이게 되면 부모·자식·손자 삼대에 걸쳐 처형을 받는다. 재를 거리에 버린다는 행위는 부모·자식·손자 삼대가 모두 처형되는 원인을 만들게 되므로 무거운 벌을 내려야 당연한 일이다. 더군다나 무거운 형벌은 사람이 싫어하는 것이기 때문이다.

한편, 재를 거리에 버리지 않는 행위는 누구나 간단히 할 수 있는 일이다. 누구나 간단히 할 수 있는 일을 실행시켜서 사람이 싫어하는 무거운 형벌을 당하지 않게 하는 일, 그것이 바로 나라를 다스리는 방법이다."

그러므로 백성에게 형벌을 주는 것은 백성을 미워해서가 아니다. 그것이야말로 사랑의 근본이다. 형벌이 분명하면 악이 싹트지 못한다. 그러므로 사람들은 조용하게 살 수 있다. 함부로 은상을 내리면 요행을 바라는 사심이 생긴다. 따라서 백성을 다스리는 데는 형벌이 분명해야 한다. 그것이 잘 다스리는 출발점이며, 함부로 은상을 주는 정책은 혼란의 원인이 된다고 한비는 논하고 있다.

형벌을 무겁게 하고 은상을 적게 하는 것은 윗자리에 있는 자가 백성을 사랑하기 때문이다. 백성은 은상을 받기 위해 사력을 다하게 된다. 은상을 두텁게 하고 형벌을 가볍게 한다는 것은 윗자리에 있는 자가 백성을 사랑하지 않는다는 뜻이다.

결국 사랑은 사랑 아닌 것을 계기로 실현된다.

초(楚)나라에 직궁(直躬)이라는 자가 있었다. 그의 아버지가 양(羊)을 훔쳤으므로 그 사실을 관청에 고발했다. 그러자 초나라의 재상이 명했다.

"그자를 사형에 처하라!"

국가와 사회에 대해서는 정직하고 충실하지만 아버지에 대해서는 불효(不孝)·부도(不道)라고 생각한 까닭이다. 결국 직궁을 잡아들여서 정말로 사형에 처해 버리고 말았다.

노(魯)나라에 임금을 따라 전쟁터에 나갔으나 세 번 싸우다 세 번 다 도망쳐 온 자가 있었다. 공자가 그 이유를 물었다.

"나에게는 늙은 아버지가 있는데 내가 죽으면 돌봐 줄 사람이 없기 때문입니다."

그 대답을 듣고 공자는 효자라고 생각하여 관리로 추천했다.

이런 이야기를 끌어들여서 한비는 말한다. 그렇게 보면 국가와 사회에 대해 정직하고 충실한 자는 아버지에 대해서는 난폭하여 부모를 배신한 자식이 된다. 그러므로 재상이 직궁을 사형에 처하고 나서부터 초나라에서는 악을 고발하는 자가 없어지고, 공자가 도망병을 발탁하고 나서부터 노나라에서는 전쟁터에서 항복하거나 도망쳐 오는 일을 예사로 생각하게 되었다. 가치의 다양화는 공동성을 파괴하는 일이 될 수도 있다.

그리하여 한비는 다시금 이야기를 끌어들인다.

위(魏)나라의 어떤 부부가 신에게 소망을 빌었다. 아내가 말했다.

"제발 저에게 재난이 닥치지 않게 하여 주소서. 그리고 백 묶음의 돈을 내려 주소서!"

"어쩌자고 그렇게 작은 소원을 비는 거야?"

남편이 묻자 아내가 대답했다.

"어째서라니요? 그보다 더 많으면 당신이 첩을 거느릴 것 아니에요?"

부부 사이에도 그 이해관계는 이토록 다르다고 한비는 말한다. 존재하는 거의 모든 것들은 각각 차이점을 가지고 있다. 차이가 있으므로 존재할 가치가 있는 것이지만 차이가 있으면 그 차이점을 접점으로 하여 서로 모순되고 대립하게 된다. 따라서 국가와 사회와 개인 사이에는 조직과 구성 기반과 성립 논리를 달리하고 있는 만큼 서로 대립하는 면이 매우 크다.

그럼에도 불구하고 '수신(修身)·제가(齊家)·치국(治國)·평천하(平天下)'라는 윤리 항목처럼 유교는 국가나 사회라는 조직을 개인의 연장으로 상정한다. 그리고 개인 사이에서도 성립이 의심스러운 사랑의 원리를 채용하여 국가와 사회의 복리를 불러들이려 한다. 그러면 이런 조직과 구성의 대립과 모순 때문에 결국 희망대로 될 까닭이 없지 않느냐고 한비는 말하는 것이다.

따라서 한비는 우선 국가와 사회의 원리와 개인의 원리는 분명하게 구별해야 한다고 주장한다. 그리고 한 가지 일화를 덧붙여 논하고 있다.

정(鄭)나라의 자산(子産)이 아침 일찍 외출하여 동장(東匠)이라는 고을을 지나가고 있었다. 그 때 여자의 울음소리가 들려 왔다. 죽은 사람을 위해 소리를 크게 내어 곡을 하는 일종의 의식이었다. 자산은 마부의 등을 두들겨 마차를 멈추게 했다. 한동안 귀를 기울이고 있던 그는 관원을 보내 그 여자를 잡아 오게 하여 심문했다.

결국 여자는 강도의 소행인 것처럼 꾸미고 남편을 교살(絞殺)했다고 자백했다.

뒷날 마부가 자산에게 물었다.

"주군께서는 어떻게 그것을 아셨습니까?

자산은 대답했다

"그 울음소리가 몹시 겁을 먹은 것 같았기 때문이다. 대체로 사람들은 사랑하는 사람이 병에 걸리면 걱정을 하고, 죽을 것 같으면 겁을 먹으며, 죽고 나면 슬퍼하게 마련이다. 그런데 그 여자는 이미 죽은 사람 앞에서 울고 있으면서도 슬퍼하지 않고 오히려 겁을 먹고 있는 것 같았다. 그래서 뭔가 뒤가 켕기는 일이 있구나 생각한 것이다."

어떤 사람이 말했다.

"자산의 정치는 한없이 바쁘지 않은가. 범죄를 반드시 자기 귀로 듣고 자신의 눈으로 보아 비로소 안다는 식이라면 나라에서 일어나는 범죄는 대단히 적다고 할 수 있을 것이다. 사직(司直)의 관리에게 맡기지도 않고, 갖가지 사실을 꿰맞추어 다방면에 걸쳐 검증하는 방법을 취하지도 않으며, 사물의 기준이나 규칙을 분명히 하지 않고, 다만 자신의 뛰어난 청각이나 시각만 믿어 지력(智力)을 다한 끝에 겨우 한 가지 범죄를 발견한다는 것은 일국의 정치로서는 너무나도 무책(無策)한 것이 아닌가."

하물며 천하의 사물은 한정이 없는 데 반해 인간의 지력에는 한계가 있다. 한계가 있는 것은 한정이 없는 것을 이길 수가 없으며, 사람의 지력은 천하의 사물을 모조리 알고 이해할 수 없다. 그러므로 각각의 사물을 이용하여 각각의 사물을 다스리고 처리할 수밖에 없는 것이다.

아래에서 일하는 자들의 수는 많지만 윗자리에서 일하는 사람은 적다. 적은 수가 많은 수를 이길 수 없고, 윗자리에 있는 사람은 아래에서 일하는 사람들을 빠짐없이 다 알고 이해할 수 없다. 그러므로 각각의 사람에게 의지하여 사람을 알고 이해하는 것이다. 그렇게 하면 신체를 피로하게 만들지 않고도 천하를 다스릴 수 있고 지력을 다하지 않고도 범죄자를 잡을 수 있을 것이다.

"궁술의 명인인 예(羿)라도 곁을 스치고 날아가는 새는 어떤 새건 반드시 쏘아 맞힌다고 한다면 거짓말이다. 그러나 천하를 그물로 삼는다면 새는 단 한 마리도 도망칠 수가 없다."

범죄를 발견하는 데에도 커다란 그물이 있으면 어느 것 하나 놓치는 일이 없다. 그런 법규를 마련하지 않고 개인의 통찰력이나 판단력을 궁시(弓矢)로 하여 모든 범죄를 찾아낼 수 있다고 한다면 자산도 거짓말을 한 셈이다.

"지(知)로 나라를 다스리는 것은 나라의 적(賊)이다."

노자(老子)가 말했거니와 그 말은 그대로 자산에게 해당된다.

어떤 사람의 입을 빌어 한비는 그렇게 논단(論斷)하고 있다. 총명하다 해도 단 한 사람의 힘으로 움직이려 하면 반드시 틈새가 생기게 마련이며, 조직은 조직 구성원 전체의 힘으로 운영되지 않으면 안 된다. 윗자리에 있는 사람은 그 기준을 명시하기만 하면 된다.

그러나 한비가 하고 싶은 말은 그뿐만이 아니다.

자산이 정나라의 재상이 되었다. 정나라의 임금인 간공(簡公)이 자산에게 말했다.

"술을 마셔도 즐겁지 않고, 제사에 쓰는 제수가 충분하지 못하며, 종(鐘)·고(鼓)·우(竽)·슬(瑟)이 잘 울리지 않고 예악이 퇴보하기라도 한다면 그것은 나의 책임이다. 국가가 안정되지 못하고 국민이 안심하지 못하며, 평시에는 농경에 종사하고 전시에는 병사가 되는 경전(耕戰)의 선비가 평화롭게 화합하지 못하는 일이 발생한다면 그것은 그대의 책임이다. 그대에게는 직책이 있다. 우리는 서로 그 직책을 다해야 하지 않겠는가."

자산이 정치를 지휘하기 5년, 나라에는 도적이 없어졌고 길에 떨어진 물건을 주워 제 것으로 삼으려는 자도 없었다. 복숭아나 대추가 길마다 나무들에 주렁주렁 달려 있어도 팔을 뻗어 그것을 따려는 자도 없어졌으며, 칼 같은 작은 물건을 길에서 잃어도 사흘이 지나면 주인의 손에 돌아오게 되었다.

3년 동안 그 방침을 변함 없이 계속했더니 국민들 사이에는 굶는 자가 없어졌다.

한비는 이런 설화를 인용하면서, 국가를 유교적으로 이상화(理想化)된 개인의 연장선상으로 설정하게 되면 그 정치는 폐해를 일으킬 수밖에 없다고 말한다. 개인과 동질의 것으로 가정한 국가의 정치에서는 국민 한 사람 한 사람에게 베푸는 '자산(子産)식'의 빈틈없는 배려나 사랑 같은 것은 도로(徒勞)에 지나지 않을 뿐만 아니라 오히려 해로운 것이라고 설화에 빗대서 말한다.

정나라가 잘 다스려졌다고 한다면 그것은 자산 개인이 베푼 사랑 때문이 아니라, 개인과는 다른 이질적 조직인 국가의 다른 요인이 작용했기 때문이며, 개인의 사랑을 찬미하기 전에 그 다른 요인을 탐구하는 일이 중요하다. 자산의 사랑을 국민 모두에게 빠짐없이 베푼다는 것은 그가 아무리 유능하다고 해도 또 아무리 대단한 노력을 한다고 해도 불가능한 일이다. 그것은 환상이기 때문에 위험하다.

유가(儒家)들은 동질물(同質物)의 조화와 융화를 국가 조직에까지 확장시키려 했지만, 한비는 고군분투하며 대립물(對立物)의 통일을 위해 고심하고 있었다. 그에 관한 일화 한 가지를 보자.

역산(歷山)의 농부들이 서로 남의 논두렁을 침범하고 있었다. 그러나 순(舜)이 그 곳에 가서 농사를 짓게 되자 1년 만에 논두렁은 정상으로 되돌아갔으며 아무도 남의 논두렁을 침범하려고 하지 않았다.

하빈(河濱)의 어부들이 하주(河州)의 어장을 서로 다투고 있었다. 그런데 순이 그 곳에 가서 고기잡이를 하자 1년 만에 어장을 연장자에게 양보하게 되었다.

동이(東夷)의 도공(陶工)이 만드는 도기는 깨어지기 쉬운 조악품이었다. 그런데 순이 그 곳에 가서 도기를 만들자 1년 만에 동이의 도기는 튼튼해졌다.

"농사를 짓는 일, 고기를 잡는 일, 도기를 만드는 일이 순의 직책은 아니었다. 그럼에도 불구하고 순이 직접 나서서 그런 일을 한 까닭은 나쁜 점을 고치려고 했기 때문이다. 순은 진정한 박애자(博愛者)라고 할 수 있다. 스스로 경작을 하며 고생하는 동안에 백성이 자연스럽게 순의 방식을 따르게 된 것이다. 그러므로 성인의 덕은 사람을 감화시킬 수 있다."

유가(儒家)인 공자는 당연히 이렇게 감탄했다.

한비는 순의 사랑으로 이루어지는 이 같은 자연적인 교화(教化)에 대해 어떤 사람의 말을 빌려 이렇게 반론하고 있다.

어떤 사람이 유자(儒者: 유학을 공부하는 선비)에게 물었다.

"그 때 요(堯)는 대체 어디에 있었습니까?"

유자는 대답했다.

"요는 천자(天子)였다네."

"그렇다면 공자가 요를 성인이라고 한 말은 무슨 뜻입니까? 깊은 통찰력을 가진 성인이 위에 있으면 모든 것을 내려다보고 온 세상에 나쁜 짓은 있을 수 없게 해야 할 것 아니겠습니까? 그렇게 되면 농부나 어부도

다툴 일이 없을 것이고 도기도 조악품이 아니었을 것이므로 순으로서는 굳이 그 사랑으로 백성을 교화할 필요가 있었겠습니까? 그런데 순이 나쁜 점을 고치려 한 것을 보면 요에게 실수가 있었음이 틀림없습니다. 순을 훌륭한 사람이라고 칭찬하면 요의 깊은 통찰력은 부정되어야 할 것이며, 요를 성인으로서 칭송하면 순의 사랑으로 이루어진 교화는 부정되어야 마땅합니다. 그 두 가지가 양립한다는 것은 있을 수 없습니다. 더구나 순은 1년 걸려 나쁜 점 한 가지를 고치고 3년 걸려 세 가지를 고쳤을 뿐입니다. 순의 행위에는 한계가 있고 수명도 언젠가는 다하게 됩니다. 그러나 세상의 악은 그칠 날이 없습니다. 한정된 것으로 영원한 것에 대처한다면 고칠 수 있는 악은 극히 적을 것이 아니겠습니까? 상벌(賞罰)이야말로 세상 사람들이 복종하지 않을 수 없게 만듭니다.

'기준에 맞는 것에는 상을 주고 기준에 맞지 않는 것에는 벌을 준다'는 법령을 발포(發布)하면, 그 법령이 이른 아침에 도달하면 저녁에는 고쳐지고 저녁에 도달하면 다음날 아침에는 고쳐져서, 열흘 만에 전국 각처에서 잘못이 고쳐질 것입니다.

어째서 1년이나 기다려야 할 필요가 있습니까? 그런데도 순은 그렇게 말하여 요로 하여금 온 세상 사람들을 복종시키게 하지 않고 오히려 제 발로 걸어가서 손수 일을 했습니다. 이 얼마나 책략에 어긋나는 짓입니까? 더구나 자신의 몸을 괴롭혀서 사람을 감화시키는 방법은 요·순과 같은 훌륭한 사람들마저도 쉽게 이룩하지 못했던 일입니다.

권위가 있는 지위를 이용하여 사람들을 교정하려는 방법은 범상한 군주라도 쉽게 성공할 수 있는 일입니다. 세상을 다스릴 때 범상한 군주라도 쉽게 성공할 수 있는 방법을 버리고 요·순으로서도 실행하기 어려운 방법을 주장한다는 것은 잘 다스리는 길이라고 말할 수 없습니다."

개인적인 사랑을 바탕으로 감화시켜 전체의 통일을 도모하려는 시도가 힘만 들고 효과가 미미한 방법이라는 한비의 주장은 설득력이 있다. 물론 한 조각의 법령 때문에 악이 곧 없어지지는 않을 것이다. 구체적 대상인 인간을 하나하나 사랑하고 그 마음속에까지 들어가서 감화시킨다는 방법은 그 자체로서는 대단히 좋다고 하겠다. 하지만 조직은 추상적인 개념이어서 그 운영이 곧 벽에 부딪치고 말 것이다. 오히려 사랑이라는 개인적 정서를 버린 추상적 규율이야말로 추상적 조직의 운영에는 한층 더 효과적이라는 비유를 말하고 있다.

　　그러나 그러한 비능률적인 방법을 취한 순이 어째서 요와 나란히 칭송받는 성제가 될 수 있었을까?

　　순의 아버지 고수(瞽叟)는 장님이었다. 순의 어머니가 죽자 고수는 다시 아내를 맞아 상(象)이라는 아이를 낳았다. 상은 오만했다. 고수는 후처의 아들을 사랑하여 가끔 순을 죽이려는 생각을 했다. 그럴 때마다 순은 몸을 피하여 고수 앞에 나타나지 않았다. 조그만 잘못을 저질렀을 때는 자진해서 벌을 받았다. 아버지와 계모와 동생에게 잘해 주면서 몸가짐을 조심하였는데 이를 조금도 게을리 하지 않았다.

　　순은 기주(冀州) 사람이었다. 역산(歷山)에서 농사를 짓고, 뇌택(雷澤)에서 고기를 잡고, 하빈(河濱)에서 도기를 만들고, 수구(壽丘)에서 집기(什器)를 만들면서 때때로 부하(負夏)까지 장사도 하러 다녔다. 아버지는 완고하고 어머니는 잔소리가 많았으며 동생은 오만하여 다들 순을 죽여야겠다고 생각하고 있었다. 그러나 순은 거역하지 않고 아들의 도리에서 벗어나는 일을 한 적도 없었으며 동생도 잘 돌보아 주었다. 그러므로 죽이고 싶어도 죽일 이유가 생기지 않았다. 아버지가 자신을 찾으면 순은 언제든지 그 곁에 대기하여 명령을 기다렸다.

순의 나이 20세 때 그의 효도가 유명해졌다. 30세 때 요제(堯帝)가 후계자를 찾고 있었는데 사악(四岳)이 한결같이 순을 추천하면서 그를 등용하면 아무런 염려가 없을 것이라고 했다. 그래서 요는 두 딸을 순에게 시집보내 그의 가정 생활을 관찰케 하고 아홉 아들들을 보내 그의 사회 생활을 살피게 했다.

순은 위예(鴻汭)에서 살면서 사생활을 더욱 신중히 했다. 요의 두 딸도 그들의 높은 신분을 들먹이는 일 없이 순의 가족에게 정성을 다했으며 부인의 도리에서 벗어나는 행동을 하지 않았다. 아홉 명의 아들들도 순과 우정이 점점 도타워졌다.

순이 역산에서 농사를 짓자 역산 사람들은 다투고 있던 논두렁을 서로 양보하게 되었다. 하빈에서 도기를 만들자 하빈 사람들은 깨지기 쉬운 나쁜 도자기는 더 이상 만들지 않게 되었다.

순이 있는 곳에는 사람들이 모여들어 1년 만에 마을이 되고, 2년 만에 큰 길거리가 되고, 3년 만에 도읍이 되었다. 그래서 요는 순에게 갈포(葛布) 의복과 거문고를 내려 주고 곡식 창고를 만들어 주었으며 소와 양을 나누어 주었다.

그럼에도 고수는 순을 죽이려 했다. 순에게 창고 위에 올라가서 벽을 칠하라고 시킨 다음 밑에서 불을 질러 창고를 태워 버렸다. 순은 두 개의 삿갓을 새의 날개처럼 펼치고 뛰어내려 겨우 죽음을 면했다.

얼마 후에 고수는 순에게 우물을 파도록 했다. 순은 우물을 파면서 옆으로 빠져 나갈 구멍을 만들어 두었다. 순이 우물 깊숙이 들어간 것을 확인한 고수는 상(象)과 함께 흙으로 우물을 메워 버렸다. 그러나 순은 미리 마련해 둔 구멍으로 빠져 나갔다. 그런 줄도 모르고 고수와 상은 순이 죽었다고 생각하여 기뻐서 날뛰었다.

"원래 이 계획을 생각한 사람은 나다."

상이 부모와 함께 순의 재산을 나누어 가지려 할 때 속으로 말했다.

"순의 부인이었던 요의 두 딸과 거문고는 내 차지이다. 소와 양과 곡식과 창고는 아버지와 어머니께 드리겠다."

그리하여 상은 순의 집에 머물면서 순의 거문고를 탔다. 그러자 순이 돌아와서 얼굴을 들이밀었다. 상은 깜짝 놀라며 어색한 목소리로 말했다.

"형님 생각을 하다 보니 기분이 울적하던 참입니다."

"음, 그럴 줄 알았다."

순은 그렇게 말하고는 변함없이 고수를 받들고 동생을 사랑했으며 점점 더 근신했다.

〈사기〉는 순에 대한 내용을 역사적인 사실로 이렇게 기록했으며, '순이 제왕의 자리에 앉자 천자의 기를 내세우고 아버지와 고수를 찾아가 인사를 했으며 대단히 화기애애한 분위기 속에서 아들의 도리를 다했다. 동생인 상을 제후(諸侯)에 봉했다'라고 결론을 맺었다.

그러나 한비는 '고수는 순의 아버지였지만 순은 그를 추방했다. 상은 순의 동생이었지만 순은 그를 죽였다'고 적었다.

고고학은 은(殷)나라를 신화 시대가 아니라 역사 시대라고 확인했다. 은나라보다 앞선 하(夏)나라 역시 역사 시대로 확인될지 모른다. 그러나 역사 시대로 확인되지 않은 하 왕조의 시조 우(禹) 임금 이전의 황제인 순 임금까지 역사적 인물로 보기란 거의 불가능하다. 역사 시대를 훨씬 거슬러 올라가는 그 시기에 순이라는 역사적 인물이 존재하고 있었다고는 생각할 수 없기 때문이다. [* 중국의 신화 시대는 '삼황 - 오제 - 요 - 순 - 하(우 임금)'의 순서로 서술되어 있다.]

사마천(司馬遷)은 〈사기〉에 순을 역사적 인물로 기재할 때 유교적인 교의(敎義)에 맞춰 윤색을 했거나 아니면 유교적으로 합리화된 유가들의 자료만 적극적으로 채용했을 것이다.

순은 제국을 평정하고 주변의 개척을 위해 노력한 영웅신(英雄神)으로 해석된다. 그렇다면 한비가 기록했듯이 자신에게 위해를 가한 자에게는 끝까지 잔혹하게 보복을 가하여 복수하는 일이야말로 거칠게 날뛰는 영웅신에게 걸맞는 모습이다.

후대의 사마천이 취하지 않았거나 혹은 사마천 시대에는 이미 없어져 버린 '순의 신화'의 단편이 한비가 살았던 무렵에는 아직 남아 있었을 가능성이 있다. 그 순의 신화가 품고 있는 뜻은 잔혹한 복수와 비애(非 愛)를 매개로 진정한 사랑이 실현된다는 것이다.

낱낱의 인간에게 베푼 그러나 어딘가 의심스러운 개별적이고 구체적 인 순의 사랑이 고수를 추방하고 상을 죽인다는 잔혹한 비애(非愛)를 계 기로 보편적인 사랑으로 전환되어 순은 성제가 될 수 있었다.

추상의 세계에 사는 우리에게도 그런 보편적인 사랑이 필요하다.

제9편 욕망을 다스리는 지혜

▌제9편 **욕망을 다스리는 지혜**

중국 고대사의 전설적 인물인 신농씨(神農氏)는 농업의 신(神)으로 알려진 존재이지만 동시에 의약(醫藥)의 신으로서 성적인 일과도 관계가 있다.

신농씨에게는 세 딸이 있었는데 그중에서 요희(瑤姬)라는 딸이 가장 아름다워 요염한 육체로 사나이들을 매혹했다.

그런데 불행하게도 요희는 과년한 처녀로 남성을 알지 못한 채 죽고 말았다. 남성을 그리워한 나머지 그녀는 고산(姑山)이라는 산 중턱의 요초(瑤草)가 되어 노란 꽃을 피웠다.

그 꽃의 열매를 따먹은 사람은 누구나 이성의 사랑을 받게 되었다. 그녀의 영혼이 미약(媚藥)으로 변하여 인간의 체내로 들어가 성을 즐기는 음녀(淫女)로 화신한 듯하다.

이 말을 들은 천제(天帝)께서 그녀를 가련히 생각하사 그녀를 사천성 무산(巫山) 땅에 운우(雲雨)의 신으로 임명하였다.

이로부터 그녀는 아침엔 한 조각의 아름다운 구름으로 화하여 산령 협곡(山嶺峽谷)을 두루 소요하고, 저녁에는 소소(蕭蕭)한 밤비로 변해 산곡(山谷)에 비를 뿌리면서 욕구 불만을 달래었다.

그러나 그녀가 참으로 욕구 불만을 해소할 수 있었던 기회는 전국 시대 말엽에 초(楚)의 회왕(懷王)이 호북성 운몽택(雲夢澤)에서 놀 때 고당(高唐)이라는 누각에서 찾을 수 있었다.

아침 구름으로 화하여 소요하고 밤비로 변하여 산곡을 적시는 것만으로는 욕망을 달랠 수 없게 된 그녀는 마침내 회왕의 백일몽에 환상처럼 나타나 정열의 불덩이로 변하여 회왕과 운우의 정을 즐겼다.

그녀가 무산(巫山)의 여신(女神)이라는 것을 안 회왕은 고당 근처에 묘(廟)를 세워 그녀의 영혼을 달래었다.

요희와 회왕의 정사(情事)는 당시의 궁정 시인(宮廷詩人) 송옥(宋玉)이 '고당부(高唐賦)' '신녀부(神女賦)'라는 두 편의 시로 역사에 기록했다.

중국 문학에서 남녀의 교열(交悅)을 '무산의 꿈(巫山之夢)' 또는 '무녀의 운우(巫女之雲雨)'라고 부르고 '운우지정(雲雨之情)'이라는 멋있는 표현을 쓰는 것은 여기에서 유래된 것이다.

중국인들은 옛날부터 왕성한 성욕(性慾)에 시달려 온 것 같다. 유난히 정력이 절륜했던 때문은 아니고 아마도 의식 속의 욕망 과잉에 대해 신경 썼다는 말이다.

예를 들자면 순자(荀子)는 이렇게 말했다.

"물이나 불은 에너지는 있지만 생명이 없다. 풀이나 나무는 생명은 있지만 지능이 없다. 새나 짐승은 지능은 있지만 질서가 없다. 인간은 에너지가 있고 생명이 있고 지능이 있고 더구나 질서도 가지고 있다. 그러므로 인간은 세상에서 최고의 지위에 있는 존재이다."

이른바 인간은 만물의 영장인 것이다. 그 같은 인간이 금수처럼 성욕에 좌우되는 존재라면 얼마나 부끄러운 일인가. 그 자체로서는 뛰어난 이런 반성적 사색을 유가(儒家)는 극단까지 밀고 나갔다.

그 결과, 그들이 이상으로 삼은 대상은 욕망을 모조리 떨어버린 순수한 인간이었다. 욕망 체계를 모조리 배제한 순수 인간의 문화를 구축했다.

그에 따라 만물의 영장인 인간의 성성(聖性)은 확실히 보증되었지만,

비록 유가라 해도 현실 인간에게서 욕망을 박탈할 수는 없었으므로, 약간의 트릭을 이용하여 '순수 인간 문화 체계'와 현실의 타협을 꾀하였다.

즉, 우선적 욕망, 특히 성욕, 그리고 그 대상인 여성을 인간의 본질적인 부분이 아니라며 배제시켜 순수 인간의 성성(聖性)을 확보했다. 그렇게 배제한 욕망, 특히 성욕 및 그 대상인 여성을 '자손을 남긴다'는 명분 아래 금지 항목에 속하는 하위 가치(下位價値)로 그 문화 체계에 짜넣었다.

맹자가 말한 바와 같이 씨앗의 보존을 위해 '어쩔 수 없는 소이'로써 눈을 감고 간신히 문화 체계와 현실 사이의 평형을 유지했다.

그리하여 그 문화 체계는 픽션이 되었지만 그 같은 경위는 알려졌다. 합리주의자인 유가들이 파괴하고 변형시킨 우(禹)의 홍수 신화 일부를 중국 신화학의 대가 원가(袁珂)는 갖가지 단편을 모아 다음과 같이 복원했다.

우가 어느 때 홍수를 다스리기 위해 환원산(還轅山)으로 갔다. 이 산은 산세가 험하고 산길은 마치 수레의 채처럼 구불구불했다. 그래서 이 산을 환원이라 불렀는데 이런 산을 파서 물길을 내야 했다.

"이 일은 쉬운 일이 아니다. 그러나 어떻게 해서든 수로를 만들지 않으면 안 된다. 이 절벽 위에 북을 놓아 둘 테니 북소리가 들리면 점심을 가지고 오도록 하라!"

우가 그렇게 말하자 그의 아내는 아무 말 없이 고개를 끄덕였다.

아내가 돌아간 다음 우는 좋은 방법을 생각하기도 전에 몸을 추슬러 털 투성이 검은 곰으로 변신하여 온 힘을 다해 산을 파기 시작했다.

우가 입으로 흙을 밀어내기도 하고 네 발톱으로 땅을 파기도 하면서 열심히 물길을 뚫고 있을 때 그만 실수하여 뒷발로 돌멩이 하나를 걷어 찾는데 그것이 한 치 오차도 없이 북 한복판에 명중하여 '둥' 하고 소리를 내고 말았다.

북소리를 들은 아내는 황급히 점심 광주리를 들고 남편에게 달려왔다. 그러나 우는 무슨 일이 일어났는지도 모른 채 땅 파기에 바빠 자신의 추한 모습을 아내인 도산씨(塗山氏)가 보리라고는 생각지도 못했다.

그녀도 자기 남편이 곰이라고는 꿈에도 생각지 못했으므로 곰을 보자마자 놀랍고 당황하여 외마디 소리를 지르고는 점심 광주리마저 팽개친 채 몸을 돌려 도망가기 시작했다.

우는 아내의 외마디 소리를 듣고서야 사태를 알아차려 하던 일을 멈추고 아내의 뒤를 쫓기 시작했다. 그녀의 오해를 풀어 주기 위해서였다. 하지만 그는 당황한 나머지 원래의 모습으로 돌아가야 할 것을 잊었다. 아내는 뒤쫓아오는 것이 곰이었으므로 더한층 무서워 더욱 빨리 도망을 쳤다. 그처럼 두 사람은 쫓고 쫓기면서 숭고산(崇高山) 기슭까지 왔다. 우의 아내는 기진맥진하여 더 이상 달아날 수 없게 되자 몸을 추슬러 돌이 되고 말았다. 우는 아내가 돌이 되어 그를 받아들이지 않는 것을 보고 화가 나서 돌을 향해 크게 소리를 질렀다.

"자식을 돌려다오!"

그러자 돌이 북쪽을 향해 열리면서 계(啓)라는 이름의 아이를 낳았다. '계(啓)'란 '열다 또는 열리다(開)'라는 뜻이다.

이처럼 뒤틀린 신화의 부서진 조각은 여성이란 어디까지나 남편에게 순종해야 하며 아이를 낳기 위한 도구에 지나지 않는다는 가치관을 이야기하고 있다. 아이만 낳아서 남편에게 돌려주면 아내의 역할은 그것으로 끝나는 것이며 그 뒤는 돌과 같은 존재라는 뜻이다.

유가들이 신화를 파괴하여 이런 식으로 변형시킨 것은 그 성스러운 문화 체계와 현실의 타협을 꾀하려 한 증거이다.

때로는 그러한 성욕을 배제하는 체제 내부로부터 이상스럽게 비대해진 성욕이 드러나기도 했다. 그 성적 괴물성(怪物性)에 맞추어 통속적 에로티시즘을 터무니없이 확대하여 사회적 터부를 일깨워 주었던 〈금병매(金瓶梅)〉 같은 작품이 그런 것들이다.

열자(列子)는 다음과 같은 일화를 남겨 놓았다.

자산(子産)이 정(鄭)나라 재상이 되어 국가 치정에 전념한 지 3년이 되었다. 마음이 착한 자는 그 같은 교화를 고마워했고 마음이 착하지 못한 자는 그 율법을 두려워했다. 정나라는 잘 다스려졌으며 제후(諸侯)들은 정나라를 높이 평가했다.

자산(성은 공손[公孫]이며 이름은 교[僑]이고 자산은 그의 자[字]이다)에게는 공손조(公孫朝)라는 형과 공손목(公孫穆)이라는 동생이 있었다. 형 공손조는 술을 대단히 좋아했고 동생 공손목은 여자를 무척이나 좋아했다.

공손조는 그의 방에 천 병이 넘는 술을 모아 놓고 밖에도 누룩을 산더미처럼 쌓아 두었기 때문에 집 앞 백 보 거리에 미치기도 전에 술 냄새와 누룩 냄새가 천지를 진동하는 형편이었다.

허구한 날 술에 취해 세상의 도덕이야 어찌 되었건 아랑곳하지 않았을 뿐만 아니라 인간으로서 윤리적인 반성 따위는 해 본 적도 없었다. 가정이 파괴되건 말건, 또 일족들의 왕래나 생사의 애락도 거들떠보지 않고, 홍수, 화재, 전쟁이 눈앞에 닥쳐오거나 말거나 오불관언이었다.

공손목은 그의 집 후당(後堂)에 수십 개나 되는 거실을 즐비하게 세운 다음 나이 젊고 아리따운 여성을 골라 그 방으로 끌어들였다. 그저 외골수로 여색만 탐닉하여 육친을 멀리하고 교제를 끊어 후당에 틀어박힌 채 밤낮을 가리지 않는 상태였다.

3개월에 한 번 밖으로 나오는데 그래도 역시 만족을 느끼지 못하는 것 같았다. 마을에 예쁜 처녀가 있다는 말을 들으면 반드시 선물을 보내 초대하고 매파를 중간에 세워 제 것으로 만들고자 했다. 그래도 말을 듣지 않으면 하는 수 없이 단념했다.

자산은 이 형제들로 인해 밤낮 없이 속을 썩이고 있었다. 어느 날 밤 자산은 아무도 모르게 등석(鄧析)을 찾아가서 의논했다.

"우선 내 몸을 다스리고 그 결과를 가정에 펴며, 가정을 다스린 다음 그 결과를 나라에까지 넓힌다는 말을 배웠습니다. 즉, 가까운 곳에서 손을 쓰고 그것을 차츰 먼 곳으로 미치게 한다는 말이 되겠지요. 그런데 제가 나라를 다스리니 나라는 그야말로 잘 다스려지는데 반대로 집안은 흐트러지고 있습니다. 참으로 거꾸로 되어 있습니다. 잘못된 일이 아닙니까? 어떻게 해야 저 두 사람을 구제할 수 있겠소이까?"

등석이 대답했다.

"저도 꽤 오래 전부터 이상하다고 생각하고 있었지만 제가 먼저 말을 끄집어내기도 무엇하고 해서 가만히 있었소. 이번에 생명의 중대함을 철저히 가르치고 예의가 존엄하다는 것을 알게 하여 올바른 길로 인도함이 어떻겠소?"

자산은 등석의 조언을 받아들여 틈을 만들어 두 형제를 만나러 갔다.

"인간이 새나 짐승보다 훌륭한 이유는 생각을 하기 때문입니다. 그 생각을 행동으로 나타내는 규범이 예의라는 것입니다. 그러므로 예의가 갖추어지면 명예나 지위는 저절로 찾아오게 마련입니다. 그런데 그와는 반대로 정념(情念)에 사로잡히고 욕망에 빠져 있으면 생명까지도 위험해집니다. 내가 하는 말을 잘 듣고 회오(悔悟)한다면 당장에라도 봉록(俸祿)을 드리지요."

"그런 말은 하지 않아도 알고 있네. 그래서 전부터 이런 생활을 선택해 왔지. 아우의 말을 듣고서야 이제 알았다는 건 있을 수 없지 않겠나.

대체로 삶이라는 것은 좀체 만날 수 없는 것이며 죽음이라는 것은 언제든지 오는 것 아니겠나. 이 좀체 만날 수 없는 삶 속에서 금세라도 찾아오는 죽음을 기다리며 살고 있는 게 인간이라는 생각을 하지 않을 수 없지. 그런데도 자네들은 예의를 존중하느니 어쩌느니 하면서 남한테 거드름을 피우고 정욕(情慾)을 억누르며 억지로라도 명예를 손아귀에 넣으려고 하지. 그런 짓을 하기보다는 죽는 편이 훨씬 낳을 것 같네.

한평생 기쁨을 다하고 현재의 즐거움을 끝까지 좇겠다고 생각하기에 배가 가득 차서 마음껏 마실 수가 없고 힘이 다하여 정욕을 마음껏 풀지 못하는 것이 유감스러울 뿐이야. 추악한 명성이라든가 생명의 위험을 생각하고 있을 틈이 어디 있겠나?"

"거기에다 형님은 제법 나라를 잘 다스렸다고 해서 그것을 코에 걸고 내로라하는 표정으로 말로만 우리를 구슬려 비싼 봉록을 주겠다는 것이오? 몹시 천하고 속 빈 소리라고 생각하오. 대체적으로 외면만 다스리려 하면 모든 것이 제멋대로 뿔뿔이 흐트러져 그 몸을 괴롭히게 될 것이오.

그러나 그 속에 있는 마음을 소중히 했다고 해서 주변의 것이 흐트러진다 할 수 없으며, 무엇보다 성정(性情)이 그야말로 활달해지오. 형님처럼 외면만 다스리려고 한다면 그 법률인가 뭔가로 해서 한동안은 나라 안의 백성들을 억압할 수는 있겠지만 그건 아무래도 인간의 성정에는 맞지 않는 것 같소.

우리처럼 속에 있는 것을 소중히 여기는 생각을 세상에 펼친다면 인간이 인간을 수단으로 하여 인간을 혹사하는 일도 없어질 것이라고 생각하고 있소. 우리는 이 방법을 형님에게 가르쳐 주고자 했는데 반대로 형님의 방법을 우리에게 가르치려고 하다니 놀라운 일이 아닐 수 없소."

공손조와 공손목은 그렇게 대답했다. 자산은 멍해서 무슨 말을 해야 좋을지 몰랐다. 한참 지난 다음에 자산이 등석에게 그 말을 고하였다. 그러자 등석이 말했다.

"그들이야말로 진정한 인간인지 모르겠소이다. 당신이 그것을 몰랐다니 지혜 덩어리라는 당신의 평판도 의심스럽구려. 정나라가 잘 다스려지고 있는 것은 오로지 우연이지 당신의 공적은 아닌 것 같소이다."

대주가(大酒家)나 호색가(好色家)나 이 정도면 경지에 올라 그 도를 깨친 듯하다.

그들의 말은 유가들의 욕망 부정에 대한 정면 비판이었다. 그러나 유가들과 정반대 방향이기는 했지만, 유가들이 욕망 배제의 순수 인간을 생각했을 때 그들 역시 욕망 긍정의 순수 인간을 구상했다. 양극단으로 나뉘기는 했지만 순수 인간을 지향했다는 점에서는 유가들과 같은 궤도를 걸었다.

그러나 보통 인간에게는 순수 인간 따위는 필요 없다. 필요한 것은 현실의 생생한 인간이다. 현실주의자인 한비 역시 순수 인간 범주에는 가담하지 않는다. 한계 짓기 어려운 욕망에 대해 정교한 고찰을 전개할 필요 없이, 오히려 현명하게도 인간에게는 욕망이 있고 욕망은 억누를 수 없는 것이라며 그것을 인정하자는 태도를 취하고 있다.

한비는 이렇게 말한다. '인간의 본질적 경향은 안전하면서 이익 되는 일을 추구하고 위험하면서 곤궁하기까지 한 일은 피하려고 한다.' 갖가지로 변화하고 다종 다양한 욕망을 단순히 안전과 이익을 추구하고 위험과 곤궁을 회피하는 것이라고 개괄(概括)해 버린 데에는 한비로서는 계산해 둔 마련이 있었을 것이다.

월왕 구천(句踐)이 거북 등 껍질을 불에 구워 점을 치고는 거기에 나타난 길조(吉兆)를 믿고 오나라와 싸움을 했으나, 결과는 크게 패하여 구천 자신도 잡힌 뒤 오왕 부차(夫差)의 노예가 되었다. 뇌물을 주고 자유의 몸이 되어 귀국한 후 숙적 오왕에게 복수를 하여 설욕하려고 무용이 뛰어난 사람들을 우대했다. 그러자 월나라에는 월왕에게 잘 보이고 자신의 무용을 인정받으려고 생명을 소홀히 하는 자들이 속출했다.

초나라 영왕(靈王)은 허리가 가늘고 날씬한 여성을 좋아했다. 그러자 초나라의 여성들은 초왕의 기호에 맞추어 잘만 하면 영왕의 총희가 될 수 있으리라는 생각으로 식사의 양을 줄인 나머지 드디어 굶어 죽는 자들까지 나타났다.

제(薺)나라의 환공(桓公)은, 정사는 포숙아(鮑叔牙)에게 맡기고 외교는 관중(管仲)에게 맡긴 다음, 자신은 머리를 풀어헤친 채 여인들과 희롱하기를 즐겼다. 매일같이 궁중에 설치해 놓은 2백 채가 넘는 기루(妓樓)에 드나들면서 놀았다. 환공은 그토록 여자를 좋아한 데다 질투 또한 심한 성격이었다. 그것을 알고 수조(竪刁)는 스스로 고환을 제거해 고자가 된 다음 환공의 호감을 산 끝에 궁녀들을 관리하는 책임자가 되었다.

환공은 또 맛있는 요리를 좋아했는데 그가 그 때까지 먹어 보지 못한 음식은 사람 고기뿐이라는 것을 알자 요리장(料理長)인 역아(易牙)는 제 자식을 삶아 온갖 정성을 다해 조리하여 환공에게 권해 그의 호감을 사서 출세의 길을 만들었다.

연왕 쾌(噲)는 훌륭한 인물의 흉내를 내고 싶어했다. 그의 신하인 자지(子之)는, 성제 요(堯)가 제 자식을 제쳐 놓고 유덕한 사람인 순(舜)에게 제위(帝位)를 물려주었고, 순 또한 제 자식에게 물려주지 않고 유덕한 사람 우(寓)에게 제위를 물려준 선양(禪讓)의 고사를 들려주면서, 자기에게 물려준다 해도 왕위를 이어받을 생각은 없다면서 연왕의 욕망을 자극했다.

연왕이 그 말을 곧이듣고 왕위를 물려주자 그대로 나라를 빼앗고 말았다.

한비는 갖가지 개성과 견해를 가지며 갖가지로 사고하고 갖가지로 행동할 개별적이고 구체적인 인간을 단일한 노동력으로 추상화했다. 더구나 그 추상적인 노동력을 최대한으로 활용하는 수단으로 사람들이 모두 가지고 있을 욕망에 대한 자극을 주장했다.

효용을 조준한 신상필벌 체제가 그것이다. 욕망이 아무리 비대하고 변형되어도 상관할 바가 아니다. 사회에 효용이 있고 사회 조직에 기여하는 면이 있으면 상을 후하게 하여, 더욱 그 노동력을 끌어내야 한다.

한비는 한 일화를 소개하고 있다.

남궁경자(南宮敬子)가 안탁취(顔涿聚)에게 물었다.

"계손(季孫)은 공자의 제자들을 양성하여 조복(朝服)을 입고 동석하는 자들이 십 단위로 셀 수 있을 만큼 많았습니다. 그런데도 칼에 찔려 죽고 말았습니다. 어째서일까요?"

"옛날에 주나라의 성왕(成王)은 가무(歌舞)를 하는 사람, 북 치는 사람, 소인(小人)들을 가까이 하여 마음껏 즐기고 있었습니다. 그러나 어떤 일을 결정할 때에는 교양이 있는 사람들과 의논했습입니다. 그러나 계손은 공자의 제자들을 양성하여 조복을 입고 동석하는 자가 십 단위로 셀 수 있을 만큼 많이 있으면서도 가무를 하는 사람, 북 치는 사람, 소인들과 의논하여 일을 결정했습니다. 그러므로 살해당하게 된 것입니다. 속담에도 '더불어 있는 것이 아니라 더불어 도모하는 데 있다. 보통 때는 누구와 함께 있건 상관없다. 누구와 의논할 것인가가 중요하다'라고 하지 않습니까?"

이 이야기는 이것은 주의 성왕이라는 제왕의 예이긴 하지만, 효과적으로 일을 수행하려면 일을 떠난 곳에서는 욕망을 추구할 수 있으며,

이를 너그럽게 보는 관용적 태도는 일반 사람들에도 적용된다. 다만 그 욕망이 사회의 조직 원리를 위태롭게 할 정도로 비대하거나 변형되었을 때는 용서 없이 처벌받아야 한다.

한비보다 시대는 내려가지만 〈사기(史記)〉에 이런 이야기가 있다.

초왕(楚王)인 항우(項羽)와 한왕(漢王)인 유방(劉邦)이 천하를 두고 싸우고 있을 때의 이야기이다.

유방의 군대가 항우의 군대에 포위된 채 형양(滎陽)에서 고전하고 있었다. 마침 거기에 제(薺)나라를 평정한 한나라의 용장 한신(韓信)으로부터 사자가 왔다.

"제는 권모술수가 많고 반복(反覆)이 그칠 사이가 없는 나라입니다. 더구나 남쪽은 초나라와 국경을 맞대고 있으므로 임시 왕이라도 앉혀서 지키지 않으면 도저히 안정될 수 없는 정세입니다. 저를 임시 왕으로 임명해 주신다면 대단히 유리할 것 같습니다."

유방은 크게 노하여 호통을 쳤다.

"나는 여기서 이렇게 고전을 면치 못하고 밤낮으로 구원을 기다리고 있는데 너는 자립하여 왕이 되고 싶단 말이더냐?"

그러나 장량(張良)과 진평(陳平)이 유방의 발을 꾹 밟으면서 소곤거렸다.

"한나라는 지금 불리한 때입니다. 한신이 왕이 되고 싶어하는 욕심을 말릴 겨를이 없습니다. 오히려 한신을 제나라의 왕으로 임명하시어 자신을 위해 한나라를 지키도록 해야 합니다. 그렇게 하지 않으면 일은 더욱 크게 벌어집니다."

그야말로 용장 한신의 명성은 대단하였으며 한신이 있어야만 승리를 거둘 수 있을 것 같은 형세였으므로 유방은 노여움을 가라앉히고 말했다.

"대장부가 평정한 곳이다. 임시로 왕이 될 게 아니라 정식으로 왕이 되어야 하지 않겠는가.”

그리하여 유방은 한신의 능력을 충분히 끌어내었으며 가는 곳마다 고전을 면치 못하던 항우와의 전투에서 드디어 최후의 승리를 거둘 수 있었다.

한신의 비대해진 욕망은 그 효용과 비교해서 용인되었다고 할 수 있다. 그러나 한신의 욕망이 더욱 비대해져 유방의 자리까지 노리려 했을 때, 즉 한나라의 조직 원리를 전복하려 했을 때, 숨 쉴 틈도 없이 유방에게 사로잡히고 말았다.

“천하가 평정되니 마침내 죽음을 당하는구나!”

그는 이런 말을 남기고 참살당하고 말았다.

한비는 이런 사례들을 들어 보인다.

윗자리에 있는 자의 욕망이 남에게 알려지면 많은 부하들이 그에 영합하고, 그 틈을 타서 자기 욕망을 만족시키기 위해 갖가지 혼란을 야기하고, 드디어는 윗자리에 있는 자의 지위나 생명마저도 위험에 빠뜨리게 된다는 사례이다.

안전과 이익을 추구하고 위험과 곤궁을 회피하는 것이라고 개괄한 인간의 욕망 중에서도 이익의 추구야말로 가장 우선하는 욕망이라는 이야기이다. 이익을 위해서라면 자식을 죽이고 몸의 기능을 파괴하고 자신의 생명까지 버릴 수 있다는 것을 보여 주는 가장 좋은 예증(例證)이다.

그리하여 한비는 말한다.

“부귀란 인신(人臣)에게 최대의 이익이다. 인신은 이 최대의 이익을 목표로 하여 종사하고 있다. 그러므로 죽음에 이를 정도의 위험도 저지르며 힘이 다할지라도 원망하지는 않는다.

대체로 농사 짓는 일은 힘들며 괴롭다. 그래도 농민들이 그 일을 하는 이유는 그것으로 부(富)를 얻을 수 있다고 생각하기 때문이다. 전투에 참가하는 것은 위험하기 짝이 없다. 그래도 백성이 참가하는 이유는 그것으로 높은 지위를 얻을 수 있다고 생각하기 때문이다.

사력(死力)이라고 하는 힘은 백성이 가지고 있는 것이다. 누구나 사력을 다하여 바라는 바를 획득하고자 하는 욕망은 인지상정(人之常情)이다.

한편, 호오(好惡)는 윗자리에 있는 자가 제어할 수 있다.

백성은 이록(利祿)을 좋아하고 형벌을 미워한다. 윗자리에 있는 자는 그 호오를 장악하여 백성의 사력을 관리하는 것이다.

상이 후하면 좋아하는 것을 쉽게 얻을 수 있다. 벌이 무서우면 미워하는 것은 곧 사라진다. 대체로 이익을 탐하는 자들은 재해를 미워한다. 재해는 이익의 반대물이다. 탐하는 바의 반대되는 것을 어찌 미워하지 않을 수 있겠는가."

한비의 말은 인간을 추상적인 노동력으로 포착하고 그 관리는 인간의 욕망을 바탕으로 '신상필벌'로 한다는 주장이다. 인간을 단일한 노동력으로 본다는 것은 어디까지나 추상적인 개념이지, 현실적으로는 개별의 구체적 인간이 각자 여러 가지 생활 방식을 가지고 있다는 점도 잘 알고 있었다.

인간이 밥을 먹지 않고 옷을 입지 않더라도 배고픔이나 추위를 느끼지 않으며 죽음을 아무렇지 않게 생각한다면 윗자리에 있는 사람을 위해 봉사하려는 마음이 생기지 않을 것이다. 그 욕망이 윗자리에 있는 사람의 제어를 받지 못하면 인간은 쓸모가 없다.

한비는 그렇게 말하면서 한 일화를 인용하고 있다.

태공망(太公望) 여상(呂尙)이 동쪽 나라인 제(齊)나라의 왕으로 봉해졌다.

제나라의 동쪽 발해(渤海) 변경에 광율과 화사라는 은사(隱士) 형제가 살고 있었다. 두 사람은 의논하여 강령을 만들었다.

'천자의 신하가 되지 않고 제후(諸侯)들과 교분도 맺지 않는다. 전답을 갈아 식량을 얻으며 우물을 파서 물을 마시고 남에게 얻으려 하지 않는다. 위로부터 지급되는 명예도 봉록도 필요 없다. 관직에 올라 체제에 얽매이는 일 없이 체력을 사용하는 노동에 종사한다.'

태공망은 제나라 수도 영구(營丘)에 도착하자마자 즉시 두 형제를 잡아 오게 하여 죽여 버렸다. 최초의 사형 집행이었다.

주공 단(周公旦)은 노(魯)나라에서 그 이야기를 듣고는 긴급히 사자를 보내 힐문했다.

"그 두 사람은 행실이 뛰어난 사람입니다. 오늘 제나라 왕에 봉해지자마자 그 훌륭한 두 사람을 죽인 것은 무슨 까닭입니까?"

그러자 태공망은 이렇게 대답했다.

"그들 두 형제는 서로 의논하여 '천자의 신하가 될 수 없고 제후와 교분도 맺지 않는다. 전답을 갈아 식량을 얻으며 샘을 파서 물을 마시고 남에게 얻고자 하지 아니 한다. 위로부터 지급되는 명예도 봉록도 필요 없다. 관직에 올라 체제에 얽매이는 일 없이 체력을 사용하는 노동에 종사하자'는 강령을 만들었습니다.

천자의 신하가 될 수 없다는 자는 저도 신하로 삼을 수 없습니다. 제후와 교분을 맺지 않겠다는 자는 저도 사용할 수가 없습니다. 전답을 갈아서 양식을 얻고 우물을 파서 물을 마시며 남에게 구하려 하지 않겠다는 자는 저로서도 상벌에 따라서 장려하거나 다스릴 수가 없습니다.

더구나 위로부터 주는 명예가 필요 없다고 한다면 아무리 현명하다 해도 저를 위해 도움이 되려 하지 않을 것이고, 위로부터 주는 봉록이 필요 없다면 아무리 현명하더라도 저를 위해 필요한 공적을 세우려 하지 않겠지요. 관직에 오르지 않으면 관리할 방법이 없고 임용되지 않으면 충성심이 없다고 말할 수 있습니다. 더구나 이상적인 정치를 행한 옛날의 왕들이 신민으로 하여금 일을 잘할 수 있게 한 것은 작록(爵祿)과 형벌에 의했기 때문입니다.

지금 작·녹·형·벌 네 가지로 충분히 일을 시킬 수 없다고 한다면 저는 대체 누구 위에 서 있는 것이겠습니까? 전쟁터에서 공을 세우지도 않은 터에 이름이 높아지고, 농경으로 생산성을 높이지도 않았으면서 평이 좋아진다면, 국민을 교화시키는 데 좋지 못합니다.

가령 여기 말이 있다고 하겠습니다. 그야말로 겉모양만으로는 천하에 제일가는 양마(良馬)입니다. 그런데 달리게 하려 해도 달리지 않고 멈추게 하려 해도 멈추지 않으며, 왼쪽으로 가라고 해도 왼쪽으로 가지 않고 오른쪽으로 가라고 해도 가지 않는 식이라면, 천한 하인이라도 그 말의 다리를 믿으려 하지 않을 것입니다. 하인이 양마(良馬)의 다리를 신뢰하는 까닭은 양마에게 의지하면 이익을 얻을 수 있고 위해를 모면할 수 있기 때문입니다. 사람에게 도움이 되지 못한다면 천한 하인일지라도 그 다리를 믿으려 하지 않을 것입니다.

그러므로 자신은 천하의 현인이라고 생각할지 모르지만 윗사람에게 도움이 되지 않으려 하고 자신은 그 행위가 최고의 수준에 도달하였다고 생각할지라도 윗자리에 있는 자를 위해 일하려 하지 않는 자를 훌륭한 군주라면 신하로 삼아서는 안 되는 것입니다. 시키는 말을 듣지 않는 양마와 같습니다. 그래서 두 사람을 사형에 처했던 것입니다."

생산을 높이고 국가를 방위하기 위한 노동력 또는 전력(戰力)에 지나지 않는 인간은 기대된 만큼만 욕망을 가져야 하며, 더구나 그 관리의 범위 내에서 조직 원리를 침범하지 않을 정도의 욕망밖에 가질 수 없다.

그러나 범위 안에 있는 이상, 사람은 누구나 크게 욕망을 키우고 효용을 높여 충분한 만족을 얻을 수는 있다. 다만 조직 원리를 침범할 정도로 욕망을 키우는 실수를 저질러서는 안 된다.

그러므로 욕망을 지렛대로 하여 '신상필벌'에 의해 '백성의 사력'을 효율적으로 조직할 것을 제안한 한비는 동시에 욕망의 억제에 대해서도 충고하지 않으면 안 되었다.

'희'라는 뱀이 있다. 몸은 하나인데 입은 두 개다. 그 두 개의 입이 먹이를 빼앗으려고 서로 물어뜯다가 결국에는 서로 죽여 버리고 만다.

이러한 기괴한 뱀 이야기를 끌어들여 한비는 탐욕스런 욕망이야말로 몸을 망치고 나라를 망치는 근원이라고 암시하며 경고한다.

그는 이어서 말했다.

제나라 환공(桓公)이 관중(管仲)에게 물었다.

"부자가 되려는 욕망에 한계라는 것이 있는가?"

"물의 한계란 물이 다한 곳을 말합니다. 부에 대한 욕망의 한계란 그 부가 이미 만족할 만한 경지일 것입니다. 사람이 그 만족할 만한 지점에 이르렀으면서도 아직 충분하지 못하다고 생각한다면 부에 대한 욕망에는 한계가 없다고 말할 수밖에 없습니다."

이러한 일화를 끌어들여 만족해야 할 곳에서 만족할 것을 한비는 은연중에 권하고 있다. 만약에 만족을 모르고 한없이 그 욕망을 확대한다면 그 욕망의 근원인 자기 몸을 망치게 된다면서 한비는 다음과 같은 일화를 들고 있다.

진(晉)나라의 지백(智伯)이 오랑캐의 나라인 구유(仇由)를 치고자 했으나 길이 나빠서 지나갈 수가 없었다. 그래서 큰 종을 제작하여 구유의 왕에게 보냈다.

구유의 왕은 대단히 기뻐하며 도로를 확장하고 정비하여 그 큰 종을 받으려고 했다.

그러나 대신인 적장만지(赤章蔓枝)가 만류했다.

"안 됩니다. 종을 선물한다는 것은 소국이 대국에게 하는 일입니다. 그런데 지금 대국인 진나라가 우리 나라에 큰 종을 선물하겠다고 하니 그 뒤에는 반드시 진나라의 군대가 따라올 것입니다. 큰 종을 받지 마시기 바랍니다."

그러나 구유의 왕은 그 말을 듣지 않고 종을 받아들이기로 했다. 적장만지는 빨리 달릴 수 있게 마차의 곡(轂: 바퀴통)을 짧게 자른 다음 황급히 제나라로 도망쳤다. 7일이 지난 뒤에 구유는 멸망했다.

구유의 왕이 행동으로 보여준 바와 같이 욕망의 비대화가 우리 몸을 위험에 노출시키는 것이라면, 그와는 반대로 욕망의 적당한 억제야말로 욕망의 유지와 지속을 보증할 것이 틀림없다.

초나라의 장왕(莊王)은 필(邲)에서 진(晉)나라 군대를 깨뜨리고, 형양(衡陽)에서 사냥을 하면서 그의 무력을 과시한 다음, 귀국하여 손숙오(孫叔敖)에게 상을 내리려 했다. 그러자 손숙오는 한수 유역(漢水流域)의 땅을 달라고 했다. 모래와 자갈뿐인 척박한 땅이었다.

초나라의 법률은 봉록을 받는 대신 그 봉록으로 받은 영지를 다음 대까지만 소유한 후 반환하도록 했다. 그러나 손숙오의 영지만은 반환하지 않은 채 그대로 남게 되었다. 반환하지 않아도 되었던 까닭은 그 땅이 쓸모 없는 땅이었기 때문이다.

그리하여 손숙오의 자손은 아홉 대에 걸쳐 그 영지를 소유했으며 조상의 제사를 모셨다.

미리 욕망을 억제하여 쓸모 없는 땅을 받은 손숙오는 눈앞의 이익은 작았지만 욕망을 억제한 덕택에 그 이익을 장기간 유지할 수 있었다고 한비는 말했다.

한비자는 이어서 또 하나의 예를 들고 있다.

송(宋)나라의 한 시골 사람이 박옥(璞玉)을 입수하여 현인으로 널리 알려진 송나라의 대신 사성 자한(司成子罕)에게 헌상했다. 그러나 자한은 받지 않았다. 시골 사람이 말했다.

"이것은 쉽게 구할 수 없는 보물입니다. 높으신 분의 도구가 되어야 할 물건이지 우리처럼 천한 사람들이 가질 만한 것이 못 됩니다."

그러자 자한이 대답했다.

"그대는 구슬을 보물이라고 생각하지만 나는 구슬을 받지 않는 것을 보물로 여기고 있소."

시골 사람은 구하기 힘든 구슬을 좋은 보물로, 욕망의 대상으로 생각하고 있었으나, 자한은 그렇게 생각하지 않았던 것이다. 그러므로 한비는 말하고 있다.

"욕심내지 않는 것을 욕망으로 삼고, 손에 넣기 힘든 재보를 소중하게 여기지 않는다."

아마도 뇌물 받지 않는 행위을 고결하게 여기는 도덕률(道德律)이 있었던 것 같다. 생각건대 자한도 그 같은 도덕률에 의거하여 행동했을 것이다.

그렇게 보면 '인간의 욕망이란 이익과 안전을 추구하고 위험과 곤궁을 회피하는 것이다'라고 개괄했던 한비는 별도의 가치를 슬며시 도입한 셈이다. 근거 없는 이익은 주거나 받거나 할 것이 아니라는 명제에 합치된다고 하겠다.

아무튼 한비자는 말한다.

"자연에는 보편적인 법칙이 있다. 인간에게도 보편적인 법칙이 있다. 맛있고 입에 맞는 음식, 맛있는 술, 기름기 있는 고기는 먹기에는 좋지만 몸에는 해가 된다. 살결이 곱고 아름다운 여성은 사람을 즐겁게 하고 흥분시키지만 정력을 소모하지 않을 수 없게 만든다. 따라서 무엇이든 지나침을 피하면 그 몸에 해를 입는 일은 없다.

욕심이 있으면 생각이 흐트러지게 된다. 생각이 흐트러지면 욕심이 깊어진다. 욕심이 깊어지면 사심(邪心)이 이긴다. 사심이 이기면 일을 성취하는 도리가 서지 않는다. 일을 성취하는 도리가 서지 않으면 재해가 발생한다. 그러고 보면 재해는 사심에서 생기고 사심은 욕심의 유혹으로 생겨나는 것이다."

얼핏 보기에 욕망을 부정하는 말처럼 들린다. 그러나 욕망이 없어지면 관리하는 수단을 잃게 되므로 한비는 지나친 욕망을 억제하라고 제언한 것이다. 한비의 법칙은 허용되는 범위 내에서 욕망의 활발한 발전을 전제로 하고 있다.

한 권씩으로 엮은 中國 古典 十五選 ❻

한비자(韓非子)

· 지은이 한비(韓非)

전국 시대 중국의 정치철학자, 사상가, 작가이다. 한비의 생애는 불분명하다. 사마천의 <사기>에 있는 극히 적은 정보 뿐인데 이에 따르면 그는 한(韓)나라의 공자 가운데 한 명으로 일찍이 형명과 법술을 익혀 중앙집권적 제국의 체제를 적극적으로 창도한 법가 이론의 집대성자 정도로 알려져 있다. <한비자>는 바로 법가 사상을 집대성한 책이다.

· 평역 김영진

'책은 재미있어야 한다'는 소신을 갖고 있는 작가 겸 칼럼니스트. 쓰고 엮은 책으로는 〈징기스칸〉 〈연개소문〉 〈황진이〉 〈인간 경영 십팔사략〉 〈이야기 한국 야사〉 〈이야기 중국 야사〉 〈신의 유산 고조선〉 〈날아라 한글아〉 〈만화가는 진짜 못 말려〉 등 여러 작품이 있다.

2019년 7월 31일 1쇄 발행
2022년 12월 10일 3쇄 발행

펴 낸 곳 | 학술편수관
펴 낸 이 | 조점숙
기획·편집·제작 | 그린하우스(GREEN HOUSE)
총   괄 | 방효균
표지 디자인 | 이관일
편   집 | 김 성 · 김미숙 · 이관일
디 자 인 | 세일포커스(주) (02)2275-6894~6
인   쇄 | ㈜한빛인쇄 (031)906-8591

등록번호 | 제388-2008-00022호
주   소 | 경기도 부천시 소사구 소사본동 181
전   화 | (02) 2618-0700
팩   스 | (032) 348-1240

ISBN 978-89-93039-30-6
ISBN 978-89-93039-38-2(전15권)

값 11,000원(전15권 260,000원)